MICHI SCHREIBER

UNBÄNDIG

Für all meine tierischen Weggefährten,
die mein Herz berührt haben

Hast mir gezeigt
Was wirklich wichtig ist.
Hast ein Lächeln gezaubert
Mit deinem stillen Blick.
Ohne jedes Wort,
Doch voll von Liebe und Leben.
Hast so viel von dir
An mich gegeben.

Unheilig

Für Marc, der mein Herz noch heute berührt

MICHI SCHREIBER

UNBÄNDIG

Wie ich nicht nur einen Affen auswilderte, sondern auch mich selbst.

MALIA

Inhaltsverzeichnis

Vorwort

Es erscheint mir unmöglich, ein Vorwort für ein Buch über die Liebe zu Affen zu schreiben, ohne dabei die Frau zu erwähnen, die unseren nächsten Verwandten wie keine andere eine Stimme verliehen hat: Schimpansen-Forscherin, Umweltaktivistin, und meine persönliche Superheldin Jane Goodall. Jane hat einmal so treffend gesagt:

„Was du tust, macht einen Unterschied, und du musst entscheiden, welche Art von Unterschied du machen möchtest."

Es ist nicht machbar, sich als moderner Mensch durch diese Welt zu bewegen, ohne sie dabei zu beeinflussen, sie zu verändern, sie zu verschlechtern und zu verbessern. Die Betonung liegt hier bewusst auf dem „und", hat doch jeder Einzelne unserer Schritte das Potenzial, Dutzende von Ameisen zu zerquetschen. Jainistische Mönche in Indien tragen deshalb Netze über ihren Gesichtern, um das Einatmen von Insekten zu vermeiden, und führen stets weiche Besen mit sich, mit denen sie ihre Wege von jeglichem Getier frei fegen, um nicht auf sie zu treten. Und wenngleich diese Art zu leben gewiss vorbildlich ist, so ist sie für die meisten von uns in unserer heutigen Gesellschaft nicht umsetzbar (sonst würden wir, da bin ich mir sicher, auch Jane Goodall benetzt und mit Besen bewaffnet vorfinden). Nein, unser Dasein in dieser modernen Welt ist vielmehr eine Waage, und es sollte unser Bestreben sein, dass die Schale der guten Taten schwerer wiegt.

Meine persönlichen Vorbilder in diesem Zusammenhang sind die Elefanten. Wie kein anderes Tier beeinflussen, verändern, verschlechtern und verbessern diese grauen Riesen ihre Umwelt. Sie sind stark genug, um Jahrzehnte alte Bäume umzunieten (nur, um sich im Anschluss auf die Stämme zu setzen und sich den Hintern zu rubbeln). Ein ausgewachsener Elefant benötigt pro Tag bis zu 100 Liter Wasser und verbringt achtzig Prozent eines jeden Tages mit Fressen. In Afrika gelten Elefanten als „die Gärtner der Savanne", denn so ungestüm und zerstörerisch sie auch sein können, genauso sorgen sie auch dafür, dass das Ökosystem sich stets erneuert. Indem sie Bäume umstoßen, kreieren sie Lebensraum, Nahrung und Verstecke für kleinere Lebewesen wie Mangusten, Vögel oder Warzenschweine. Zugegeben: Ihr Hunger kennt keine Grenzen, aber – mit Verlaub – Elefanten sch***ßen fast genauso viel, wie sie fressen, und ihr Mist dient als Dünger, als Nahrungsquelle, als unersetzlicher Verbreiter für etliche Pflanzensamen. In unserer heutigen Gesellschaft nehmen sie, neben den anderen afrikanischen Riesen, die wir alle aus den Bilderbüchern im Wartezimmer unseres Hausarztes kennen, außerdem die unfassbar wichtige Rolle der Schirmherren ihres ganzen Ökosystems ein: Die afrikanischen Nationalparks, die Elefanten, Löwen, Leoparden und Co. ihr Zuhause nennen, werden zum Großteil von internationalen Tourismusgeldern finanziert, die die Tiere vor Wilderei schütze, die Parks instand halten, und somit auch alle anderen hier vorkommenden Lebewesen eine Zukunft ermöglichen. Die traurige Realität ist: Die meisten Touristen würden wohl nicht nach Afrika reisen, gäbe es dort nicht diese legendären Tiere zu sehen.

Es ist vielleicht genau hier, wo Michi Schreiber mit ihrem Buch und ihrer überwältigenden, ansteckenden Leidenschaft für Paviane ansetzt. Ich habe es selbst oft auf Safari erlebt: Wenngleich es keiner vorab geahnt hätte – die Tiere, die unter den Gästen am meisten für Gelächter und Freude sorgen, sind (mal abgesehen von unbeholfenen Baby-Elefanten vielleicht) die Pavianhorden, die sich auf den Bäumen trollen.

Warum? Weil sie uns Menschen so ähnlich sind.

Paviane zanken sich mit ihren Geschwistern und trauern um ihre verstorbenen Angehörigen. Sie beten jeden Abend zur Dämmerung die untergehende Sonne an, als würden sie diese zum letzten Mal zu Gesicht bekommen. Was diese Affen sonst noch alles draufhaben und warum es unsere absolute Obliegenheit sein sollte, diese Tiere zu schützen, davon berichtet Michi Schreiber in „Unbändig“. Doch beim Lesen ihres Erlebnisberichts wird schnell klar: Es geht hier um weitaus mehr als unsere quirligen Verwandten; es geht auch um uns Menschen, und wie wir zu unserer eigenen, wilden Natur zurückfinden können. Michi folgt ihrem Weg aus dem Bauchgefühl heraus, und gibt uns damit den Mut, das Gleiche zu tun. Haben wir uns nicht alle schon mal gefragt, was alles möglich wäre, wenn wir die Angst vergessen und dieses verrückte Ding wagen würden, das seit unserer Kindheit tief in unserem Inneren schlummert?

Je mehr Menschen sich auf diese spannende Reise zu sich selbst begeben und davon berichten, desto mehr werden sich trauen, zu folgen. Und das Beste daran ist: Indem wir unserer inneren Stimme vertrauen und zur besten Version unseres Selbst werden, befähigen wir uns dazu, im Überfluss an unsere Gemeinschaft zurückzugeben – eine Gemeinschaft, die nicht nur uns Menschen, sondern auch alle anderen Lebewesen umfasst, mit denen wir diese Erde teilen.

In einer Welt, die sich mit jedem Tag etwas schwerer anzufühlen scheint, in der das Artensterben mehr und mehr eskaliert und die Klimakrise uns entglitten zu sein scheint, ist es allzu einfach, sich von dieser schweren Last herunterziehen zu lassen und die Hoffnung zu verlieren. Die vermeintlich schwierigere – wenngleich umso kraftvollere – Entscheidung ist jene, das Gute in dieser Welt nicht nur zu sehen, sondern es zu stärken, es zu nähren, es zu teilen.

Michis Geschichte und die Art und Weise, wie sie sie erzählt, vermittelt das Gefühl von natürlicher Leichtigkeit, an das wir uns noch vage aus Kindertagen erinnern, und das uns heute zum Beispiel ein Spaziergang mit dem Hund durch den Wald zu schenken vermag. Und wenngleich ihre Liebe für Tiere, die Natur und vor allem Affen gewiss für sich allein schon bemerkenswert genug wäre, so geht die Botschaft ihres Buches tiefer:

Michi Schreiber stellt uns vor eine stille Wahl: „Das hier ist es, was ich mit der Zeit anfangen möchte, die mir gegeben ist," sagt sie, „das hier ist der Unterschied, den ich mich entschieden habe, zu machen."

... Welchen wirst Du machen?

Gesa Neitzel

Spiegel-Bestseller-Autorin „Frühstück mit Elefanten"

Vorbemerkung

Dieses Buch basiert auf meinen Erfahrungen in Südafrika. Mir ist es wichtig, dass Du als Leser*in folgendes weißt: Die Orte in diesem Buch gibt es. Sie sind real. Doch ich habe die Namen aller Auffang- und Tierschutzstationen zum Schutz der Privatsphäre verändert. Aus dem selben Grund tragen die Personen, die ich erwähne, nicht ihren tatsächlichen Namen und zeigen auch nicht alle ihre Charakterzüge. Manche Begegnungen habe ich ausgelassen. Einige Zeiträume meiner Reise habe ich stärker zusammengefasst, weil die Ereignisse dadurch verständlicher werden. Alle Eindrücke in diesem Text sind meine persönlichen Erfahrungen. Ich habe versucht, sie so ehrlich, so wahrheitsgemäß und so authentisch wie möglich zu schildern, doch bedenke bitte beim Lesen, dass dieses Buch meine persönliche Geschichte ist und damit nur meine Sicht der Geschehnisse erzählt.

Das Ziel dieses Buches ist es, Dich als Leser*in mit in meine Welt als Tierschützerin in Südafrika zu nehmen und Dir zu zeigen, dass alles möglich ist, wenn Du den Mut hast, Deinem Herzen zu folgen!

Prolog

Ich reibe meine Augen. Jemand schlägt mit Fäusten an meine Tür: Bumm, bumm, bumm! Dieses Poltern war es, das mich aus meinem Traum gerissen hat. Noch nehme ich meine Umgebung nur verschwommen wahr, doch mit jeder Sekunde werden weiße Fliesen, ein Waschbecken und eine barrierefreie Toilette klarer. Ich atme schwerfällig aus, blicke auf mein Handy. Es ist halb zwei in der Früh. Wo bin ich nur?

Plötzlich hämmert es nicht nur gegen die Tür, sondern wütende Schreie in gebrochenem Englisch dringen zusätzlich in mein Ohr. Erst unverständlich, ergibt das Echo der Worte nach und nach einen Sinn.

„Open the door. Security! Or we will call the police!“

„Ach du Scheiße“, murmele ich und springe aus meinem Koffer, den ich als Bett benutzt habe. Von einer Sekunde auf die andere bin ich hellwach und mir fällt wieder ein, wie ich in dieser Flughafentoilette am anderen Ende der Welt gelandet bin. Ich, die Michi, ein junges Mädchen aus einem behüteten Dorf in der Vulkaneifel, das doch nur ein Abenteuer erleben wollte.

Steve ruft

Dienstag. Ein Tag wie jeder andere. Ich scrolle müde durch Facebook, schmunzle über die Bilder, auf denen meine Freunde mich markiert haben, und verliere mich irgendwann in der Flut aus nichtigen Nachrichten. Mein Handy vibriert. Schon wieder eine E-Mail. Ich wische sie einfach fort.

„Du bist langweilig", sage ich zu nichts und niemandem im Zimmer. Seit ich vor drei Monaten Abitur gemacht habe, vegetiere ich vor mich hin: Zwei Mal die Woche fahre ich zu meinem Minijob. Den Rest meiner vielen freien Stunden vertrödele ich in sozialen Medien, beim Online-Shopping, wo ich nie etwas kaufe, weil ich alles habe, oder schaue Serien. Ich bin gelangweilt. Von mir, von meinem Alltag, von meinem Leben.

Irgendwie hatte ich mir das Erwachsenwerden immer anders vorgestellt. Seit ich denken konnte, fieberte ich jedem Geburtstag und all den Dingen, die mir damit erlaubt waren, entgegen. Ich freute mich auf den 12., weil ich endlich abends mit Mama und Papa die Filme mit FSK 12 schauen durfte. Ich ersehnte den 16., weil ich dann offiziell länger auf Partys bleiben durfte. Und den 18. konnte ich kaum erwarten. Er war die ultimative Deadline jeglicher Einschränkung – der Beginn meiner Freiheit. Über diese Freiheit hatte ich jahrelang Geschichten geschrieben: Sie handelten vom Abhauen, von Reisen durch die ganze Welt und von meinem Wunsch, die gefährlichsten Tiere in freier Wildbahn zu beobachten.

Nun bin ich 18 Jahre alt. Ich habe alle Möglichkeiten, von denen ich immer geträumt habe und liege antriebslos in meinem Bett.

Mein müder Blick schweift zum Nachttisch. Die Wasserflasche ist schon wieder leer. Während ich noch überlege, ob ich womöglich zu faul bin, um mir etwas zu trinken zu holen, denkt sich das Universum: „Dieser jungen Dame muss ich wohl mal einen Arschtritt verpassen und ihr zeigen, welche Weichen sie gerade für ihr Leben stellt!"

Nach fünf Minuten entscheide ich mich tatsächlich, die 32 Stufen von meinem Zimmer im ersten Stock bis hinunter in den Keller zurückzulegen, um nicht zu verdursten – First World Problems. Zurück in meinem Bett starre ich die Dachschräge über mir an und stelle mir mein Leben vor. Ich denke daran, dass ich wohl bald studieren gehen werde, einen guten Abschluss mache, danach einen sicheren Job finde und am Ende heirate und Kinder bekomme. Wie schön! Ich denke an die Liebesfilme, die ich so gern schaue, und male mir aus, dass es bei mir irgendwann genauso sein wird: Perfekt, einfach und rosarot. Aber wenn ich mich umblicke, sehe ich frustrierte Menschen, entzweite Paare, genervte Eltern und mich mittendrin als eine von ihnen. Irgendwann baue ich ein Haus zwischen all die anderen Gebäude, pflanze bunte Blumen in meinen Vorgarten, schicke die Kinder zur Schule und grüße den Postboten auf meinem Weg zur Arbeit. Ich sehe mich, wie ich die Kaffeetasse in der Hand halte, die ich zu Muttertag geschenkt bekommen habe. Ich höre, wie mein Mann mich anruft mit der Frage, wer die Kinder heute zum Schwimmen bringt. Komme ich nach Hause, erwarten mich Wäscheberge, Haushalt und Gartenarbeit. Die Kinder erzählen mir von ihrem Tag und ich freue mich über die guten Noten, die sie für ihre kunstvollen Gemälde bekommen haben. Bevor sie ins Bett gehen, lese ich ihnen noch eine Gute-Nacht-Geschichte vor und schalte dann das Licht in ihren Zimmern aus. Die Abende verbringe ich in meiner Vorstellung vor dem Fernseher. Ich frage mich, welche Serien bis dahin wohl noch gedreht werden oder ob ich dann schon so alt bin, dass ich freiwillig *Tatort* schaue. Um 22 Uhr trotte ich die Treppe hinauf, blicke nochmal in die Zimmer meiner Kinder, die friedlich schlafen, und lege mich dann ins Bett. Der Wecker ist gestellt, das Licht geht aus, ich schließe die Augen und beginne zu träumen: Von Abenteuern! Von Steve Irwin und seiner Frau Terri, die durch den Busch wandern, von fernen Ländern und wilden Tieren. Ich sehe ein vollkommen verrücktes Leben: In khakifarbenen Hosen laufe ich durch die Steppe. Per Jeep düse ich auf sandigen Straßen durch die Savanne und pirsche mich mit dem Fernglas meines Opas an Antilopen heran, ehe mich ein schrilles Piepen aus meinem Abenteuer reist. Es ist sechs Uhr morgens. Die Kinder müssen geweckt werden, mein Mann ist bereits auf. Mit einem sanften Kuss verabschiedet er sich von mir, denn er muss pünktlich im Büro sein. Noch immer in Gedanken, blicke ich dem Mann im grauen Anzug nach und frage mich, wie er wohl in den grünen Hosen eines Rangers aussähe. Gut, schmunzle ich und weiß nicht, wie klischeehaft meine inneren Bilder sind. Woher auch? Verschlafen stapfe ich ins Bad und blicke meinem Spiegelbild ins Gesicht. Meine Haut ist käsig, anstatt braungebrannt wie im Traum. Auf der Fensterbank bildet sich Staub. Während ich überlege, ob der Staub in Südafrika genauso grau ist, rollen mir urplötzlich Tränen übers Gesicht. Die Frau, mein älteres Ich, weint bitterlich.

Und dann beginne ich selbst zu weinen, weil mir diese inneren Bilder eine unglaubliche Angst bereiten. Fragen überstürzen sich in meinem Kopf: Soll das etwa mein Leben sein? Aber ist es denn kein gutes Leben? Viele Menschen träumen vom Heiraten, von Nachwuchs und von einem Haus mit Garten. Warum träume ich dann von absurden Abenteuern? Sollte ich nicht Dankbarkeit dafür empfinden, in diesem Land aufgewachsen zu sein, die Möglichkeit zum Studium zu haben, die Chance, meine Kinder sicher aufziehen zu können? Ist das hier nicht das ultimative Leben im Wohlstand, das alle anstreben? Die Gedanken in meinem Kopf kreisen so stark, dass ich das Gefühl habe, mein Bett dreht sich mit ihnen.

Kopfschüttelnd finde ich nur eine Gegenfrage auf all den Wahnsinn: Vielleicht ist all das einfach nur die Torschlusspanik vor dem Erwachsenwerden, vor der Verantwortung, die nun auf mich zukommt, vor dem wahren Leben?

Statt mir weitere Netflix-Serien reinzuziehen, schaue ich mir an diesem Abend eine Folge *Crocodile Hunter* an. Dabei träume ich mich in den tiefsten Dschungel Südafrikas, wo ich Cobras begegne und auf durstige Büffelherden lauernde Krokodile erspähe. Unwillkürlich lächle ich. Die Nahaufnahmen von den wilden Tieren begeistern mit derart, dass mein Herz ganz aufgeregt und gespannt pocht. Steve und Terri ziehen mich vollkommen in ihren Bann. Als die beiden den Zuschauer Arm in Arm verabschieden, frage ich mich: Gibt es dieses Leben wirklich? Ein Leben als Tierschützer*in?

Zu meinen sonstigen Lebensfragen schweigt das Universum. Auf diese aber reagiert es unverzüglich! Als ich das nächste Mal auf Facebook gehe, hat es meine Startseite mit Anzeigen über Freiwilligenarbeit in Südafrika vollgeknallt. Okay, vielleicht schulde ich das auch dem ganzen Online-Marketing und all den Algorithmen, die mein Verhalten analysieren, um mir maßgeschneiderte Werbung zu präsentieren? Mir egal! Ich weiß nur eins: Steve ruft!

Im Tierheim suchen sie auch immer Helfer*innen

Nur weil Steve ruft, muss ich ihm ja nicht folgen. Aber irgendwie findet mein kleines verrücktes Herz die Idee schon ziemlich toll und pocht immer ganz wild, wenn es dran denkt, jenseits von Europa für mich zu schlagen. Sich zu informieren schadet ja nicht, denke ich mir und klicke mich durch die Projekte. Völlig erstaunt stelle ich fest, dass es viel mehr Möglichkeiten der Freiwilligenarbeit gibt, als mir bewusst war; dass ich tatsächlich mit Affen[1], Schildkröten, Löwen, Haien und Elefanten arbeiten könnte. Obwohl ich schon immer fasziniert von den großen Meeresbewohnern war, ist mir bei dem Gedanken, mit Haien zu schwimmen, etwas mulmig. Dann doch lieber Affen.

Die Preise[2] erstaunen mich allerdings auch. Zwar habe ich Geld auf die hohe Kante gelegt, jedoch ist das für mein erstes Auto, für

1 Das Wort *Affe* beschreibt aus biologischer Sicht nicht alle Primatenarten. Im Grunde sind mit dem Wort *Affe* nur Alt-und Neuweltaffen gemeint. Umgangssprachlich bezeichnen wir aber auch Halb- und Menschenaffen als Affen.

2 Viele Tierschutzstationen verlangen eine Pauschale für Essen und Unterkunft, da sie es sich nicht leisten können, Helfer*innen zu versorgen, denn die Stationen finanzieren sich ausschließlich durch Spenden. Daher kommen die Helfer*innen mit einer Pauschale für Essen, Unterkunft und einen Teil der laufenden Kosten auf.

mein Studium und für meine erste eigene Wohnung gedacht – nicht für ein Abenteuer am anderen Ende der Welt. Nachdem ich so genügend Gründe gefunden habe, diese Abenteuer nicht zu wagen, schließe ich die Internetseiten und lege mich aufs Ohr. Immerhin ist es mittlerweile bereits drei Uhr nachts und mein Wecker wird in wenigen Stunden klingeln.

Am nächsten Morgen fahre ich völlig übermüdet zu meinem Minijob und bin den ganzen Tag in Gedanken. Immer wieder fixiere ich meine Umrisse im Fenster: Wie ich wohl mit Rangerhut und Boots aussehe? Bei diesem Gedanken muss ich stärker lächeln, als mir lieb ist und mit jeder Sekunde, die ich von diesem verrückten Mädchen träume, habe ich das Gefühl, der Leere in mir einen Namen geben zu können: Südafrika!

Nun, wo das Kind einen Namen hat, jammert es unentwegt. Wieder und wieder öffne ich die Seiten der Organisation für Freiwilligenarbeit, grinse verlegen und sage mir: Stell dir mal vor, du würdest das wirklich machen! In diesen Momenten glaube ich selbst noch nicht daran, diese Idee irgendwann verwirklichen zu können.

Tatsächlich wird es noch eine Weile dauern, bis ich mich an ihre Umsetzung herantrauen werde. Doch eine Kündigung, viele Tränen und noch mehr Träume später, ist es soweit. Ich habe das gesamte Buchungsformular ausgefüllt, alles durchgerechnet und muss nur noch auf „bestätigen" drücken. „Nur noch". Jeder, der schon mal eine wichtige Entscheidung von einem Mausklick abhängig gemacht hat, weiß, wie schwer es sein kann, dieses kleine Knöpfchen zu drücken. Meine Gedanken rotieren. Hunderte von Fragen schießen mir durch den Kopf, die mir die Michi in Boots und mit Abenteuerrucksack auf dem Buckel auch nicht beantworten kann. Letztendlich ist es mein bester Freund, der mich ermutigt und mir den letzten Schubs in Richtung Südafrika gibt. Denn aus dem lebensfrohen Mädchen, das er kennengelernt hatte, ist ein abgestumpfter Angsthase geworden, der sich verloren, eingesperrt und unglücklich fühlt, weil er mit angezogener Handbremse durchs

Leben fährt. Wie Recht er hat! Ich gehe immer auf Nummer sicher, anstatt auf mein Herz, meine Instinkte und meine Träume zu hören und das zu tun, von dem ich genau weiß, dass es mich glücklich macht. Ich zittere, lächle, grüble, träume, zweifle und fixiere dabei Affi, meinen alten, vom vielen Knuddeln zerdrückten Stofftieraffen, der in der Ecke meines Bettes verdächtig grinst. Erschrocken schaue ich auf, denn ein neues Bild erstrahlt auf meinem Desktop. „Vielen Dank für Ihre Buchung", steht da. Irgendwann zwischen all diesen chaotischen Gedanken habe ich tatsächlich die Enter-Taste gedrückt. Die Reise ist gebucht!

Hilfe! Starr vor Schreck glotze ich auf den Bildschirm. Nach ein paar Minuten mündet diese Schockstarre in einen Kicheranfall: Oh mein Gott, ich hab's wirklich getan! Adrenalin schießt durch meine Adern. Mir wird ganz heiß. Ich atme so tief ein, wie nie zuvor. Plötzlich kann ich mich nicht mehr halten und springe auf. Dass mein Bett unter einer Dachschräge steht, vergesse ich ganz und gar und stoße mir heftig den Kopf. Autsch! Das tut ganz schön weh! Trotz einer wachsenden Beule plumpse ich einfach wieder in mein Bett, und male mir die Bilder aus, die ganz bald Realität werden. Mein Mund formt sich zu einem breiten Grinsen und meine Augen schließen sich, um besser träumen zu können. Ein Gefühl von Erfülltheit überkommt mich und ganz leise flüstere ich: „Ich bin bereit, bereit für ein Abenteuer."

Beim Frühstück lasse ich die Bombe platzen.

„Aber im Tierheim kann man doch auch aushelfen", lauten die Worte meiner schockierten Mutter nach einer langen, einer sehr langen Stille.

Mein Vater zieht die Brauen hoch und fragt nur: „Südafrika? Da würden mich keine zehn Pferde hinkriegen."

Nicht schlimm, denke ich mir. Ihr sollt ja eh nicht nachkommen, fügt mein sarkastisches Ich hinzu. Nach außen bin ich diplomatischer: „Ja, es ist auch nur für sechs Wochen. Ich arbeite drei Wochen mit Löwen und Großkatzen, zwei Wochen mit Affen und dann mache ich eine Woche Urlaub in Kapstadt."

„Affen gibt es hier auch genug“, sagt einer der beiden. Doch da ich mit dieser Reaktion gerechnet habe, höre ich schon gar nicht mehr zu. Meine Entscheidung steht fest: Ich fliege – komme was wolle.

Limpopo, gibt's das überhaupt?

Innerhalb weniger Tage ist meine Buchung bestätigt. Ich fülle abschließend noch zwei Formulare aus, die den Auffangstationen für verletzte und verwaiste Wildtiere vor Ort ein paar Informationen über mich geben sollen.

*Warum möchten Sie als Freiwilligenhelfer*in arbeiten?*

Haben Sie schon mal mit Primaten gearbeitet?

Was sind Ihre Fähigkeiten, die Sie vor Ort nutzen können?

Die Fragen beantworte ich nach dem Motto: Was würden die wohl gerne hören? Denn, wenn ich schreibe, dass ich schon immer mit wilden Tieren arbeiten wollte, weil ich als Kind zu viel *Crocodile Hunter* geschaut habe oder sage, dass ich all das mache, um ein Abenteuer zu erleben, hinterlasse ich womöglich nicht den kompetentesten Eindruck. Also schildere ich auch nicht meine besondere Fähigkeit, mich mit dem Fuß wie ein Affe am Hinterkopf kratzen zu können.

Fröhlich mit meinem Schreibtischstuhl wippend schicke ich den Fragebogen ab. Schon am Tag darauf flattert eine Mail der Organisation in mein Postfach: Meine Reiseunterlagen sind auf dem Weg zu mir.

Der Tag, an dem der große Umschlag mit dem gelben Logo ankommt, fühlt sich wie der Beginn von etwas Magischem an. Ihn in den Händen zu halten, gibt mir das Gefühl, bald nicht nur einen neuen Kontinent mit mir unbekannten Tieren kennenzulernen, sondern auch eine Michi, der ich bis jetzt noch nicht allzu oft begegnet bin. Ich kann es kaum erwarten, sie kennenzulernen! Ich reiße ihn auf – wie ein wildes Tier, das sich auf seine Beute stürzt – und bin für die nächste Stunde in einen dicken Blätterstapel vertieft. Neben den Ablaufplänen finden sich auch seitenlange Rechts- und Reisehinweise mitsamt einem Zettel, auf dem mit roter Tinte „WICHTIG!“ prangt: „Folgende Impfungen sind für Ihren Aufenthalt in Südafrika verpflichtend: Hepatitis A, Tollwut, Tetanus und gegebenenfalls eine Malaria-Prophylaxe.“

Meine letzte Impfung ist gefühlt zehn Jahre her. Ob ich überhaupt irgendeine dieser Vorsorgen habe? Ich habe keine Ahnung! Dr. Google verrät mir, dass die meisten Kinder gegen Hepatitis und Tetanus geimpft sind, Tollwut ist eher die Ausnahme. Da der Blick in meinen kleinen, gelben Impfpass mir auch keinen Aufschluss gibt, rufe ich bei meinem Hausarzt an und lasse mir einen Termin für den gleichen Tag geben.

Direkt danach folgt der Anruf im Reisebüro, um meine Flüge zu buchen. Als die Dame am Telefon fragt, wo es hingehen soll, denkt sie zuerst, ich wolle sie auf den Arm nehmen.

„Limpopo, gibt es das überhaupt? Und da soll ein Flughafen sein?“

„Ja, in Phalaborwa“, antworte ich selbstbewusst.

„Kommen Sie doch einfach die Woche in unser Reisebüro vor Ort, dann können wir uns das gemeinsam anschauen“, schlägt sie vor. Keine Stunde später sitze ich mit meinen Reiseunterlagen in der Hand vor ihr. „Limpopo“ steht auf dem Folder. Ungläubig schielt sie über ihre Brille.

„Was wollen Sie denn da?“, fragt sie, um Zeit zu gewinnen. Scheinbar hat sie wenig Ahnung, wie sie mich bei meinem Vorhaben unterstützen soll. Skeptisch zieht sie die Brauen hoch, als Google Maps sie ans Kinn von Südafrika führt, mitten in einen Pixelhaufen, den ich mir als südafrikanischen Busch ausmale.

„Mit Affen arbeiten“, antworte ich ganz selbstverständlich.

Jetzt ist ihr Blick starr. Tiefe Falten graben sich in ihre Stirn. Wenn ich genau hinsehe, kann ich die Worte „Oh Gott“ in ihren Augen lesen.

„Habe ich was Falsches gesagt?“, kichere ich in mich hinein. Mir gefällt dieses neue Gefühl, mich selbst und andere zu überraschen. Obwohl ich sonst eher sensibel bin und mir die Worte anderer sehr zu Herzen nehme, prallen alle ihre skeptischen Kommentare zu meinem Vorhaben an mir ab. Ganz im Gegenteil! Sie bestärken mich noch in meinem Wunsch, etwas zu tun, nur weil ich es machen will. Nicht, um anderen zu gefallen oder in deren Fußstapfen zu treten. Ich hinterlasse ab jetzt meine eigenen Spuren!

Mit einem mehrseitigen Flugangebot in der Hand verlasse ich das Reisebüro und hüpfe in die Arztpraxis, die keine hundert Meter entfernt ist. Das ist ein wahrer Vorteil am Landleben: Alles liegt quasi auf der anderen Straßenseite und was nicht auf dem Fußweg gegenüber stattfindet, ist direkt am anderen Ende der Welt.

Ich erfahre, dass ich nur noch eine Tollwutimpfung benötige und bekomme bereits in der nächsten Woche den Termin für die erste von drei Injektionen.

Auf dem Nachhauseweg drehe ich das Radio laut, lasse die Fenster herunter und singe. Mann, das habe ich viel zu lange nicht mehr gemacht! Der Wind weht durch mein Haar und ich fühle mich frei. Zwar fahre ich nur für sechs Wochen weg, doch ich ertappe mich bei dem Gedanken, alle meine Zukunftsplanungen über den Haufen zu werfen und irgendetwas völlig anderes zu machen. Ganz neue Töne! So habe ich noch nie gedacht! Aber nur, weil Abenteuer zu erleben bisher kein Teil meiner perfekten Lebensplanung war, heißt das doch nicht, dass es kein Teil davon werden kann, oder? Plötzlich fallen all die Schranken in meinem Kopf und meine Gedanken laufen unaufhaltsam in alle Richtungen. Wer sagt, dass ich mich nicht auf Tische stellen und tanzen darf? Wer sagt, dass ich nicht verkleidet einkaufen gehen kann? Wer sagt, dass man nach dem Abitur studieren gehen und einen sicheren Job suchen soll? Wer sagt, dass es nicht normal ist, im Ausland mit Affen arbeiten zu wollen? Wer setzt diese Normen? Und wer verlangt, dass ich nach ihnen leben muss?

Meine Eltern verlangen es: Jung, verrückt und unerfahren, nennen sie mich immer wieder im Versuch, mich doch noch umzustimmen. Aber, denke ich mir, vielleicht sind diese drei Merkmale die perfekten Voraussetzungen für mein Vorhaben?

Ich beschließe: Ab heute ist mir egal, wer das sagt und was er sagt! Ich tanze das Leben und male es bunt. Ganz lässig löse ich meine mentale Handbremse, gebe Gas und düse vor meinem inneren Auge in einem grünen Geländewagen durch die Steppe davon.

Was mir zum damaligen Zeitpunkt noch nicht bewusst war, ist, dass all diese Gedanken, Vorstellungen und Träume ziemlich naiv waren. Denn Südafrika ist natürlich vielseitiger und vielschichtiger als das medial geprägte Bild von Rangern, die mit ihren Geländewagen an Großkatzen vorbeidüsen. Es hat tausend Facetten, es ist nicht nur schwarz und weiß, es ist schnell und es ist langsam, es ist abenteuerlich und andachtsvoll, es ist wild und zahm und vor allem anders – wie anders, das würde ich bald erfahren.

Wenn ich eine Taube wäre

Und Stopp! Vollbremsung! Es ist der letzte Tag vor meiner Abreise. Mein grüner Geländewagen ist wieder zu einem blauen Fiesta geworden, der auf dem Parkplatz eines Drogeriemarktes hält.

Meine letzten Erledigungen und Einkäufe stehen an und das Gefühl von völliger Freiheit hat sich in eine Heidenangst gewandelt. Seit Tagen behauptet eine Stimme in meinem Kopf, dass ich nicht bereit für dieses Abenteuer sei, mich übernommen hätte und die Reise lieber verschieben oder ganz absagen sollte. Die Worte sind so laut, dass ich mich auf nichts mehr konzentrieren kann und total zerstreut bin. Drei Mal laufe ich am selben Regal vorbei, suche zwanzig Minuten nach Sonnencreme und als ich wieder am Auto ankomme, habe ich die Hälfte vergessen. Ich schmeiße die Abschminkpads in den Fußraum, lege meinen Kopf aufs Lenkrad und beginne zu weinen.

„Ich kann das nicht", schluchze ich. „Was habe ich mir dabei nur gedacht? Ich bin nicht Steve Irwin oder Jane Goodall. Ich bin Michi, verdammt. Michi war noch nie allein im Urlaub und schon gar nicht außerhalb von Europa. Oh Gott, ich kann das alles nicht!", sprudelt es aus mir raus, ohne dass ich die Worte zurückhalten kann.

Ich zittere heftig und fühle mich so überladen, dass in mir eine kleine Bombe platzt und nun all meine Gedanken wie Splitter durch das Auto schwirren.

Hektisch starte ich meinen Motor und ohne Mascara, Handcreme und Haargummis gekauft zu haben, fahre ich nach Weinfeld. Dort steht eine alte, verlassene Kapelle am Weinfelder Maar. Als Kind habe ich sie häufig mit meinem Vater besucht. Ehe wir in den Urlaub flogen, wenn meine Oma im Krankenhaus lag oder vor einer Klassenarbeit zündeten wir dort gemeinsam eine Kerze an und setzten uns dann auf die Bank vor dem Friedhof. Die fehlenden Haargummis werde ich bereuen, das weiß ich, aber gerade brauche ich einen Ort voller Ruhe, frische Luft zum Atmen und das Licht der Kerzen, die mir immer so viel Hoffnung geschenkt haben.

Mein Wagen rollt auf den Schotterparkplatz und stoppt unmittelbar vor der Kapelle. Kraftlos öffne ich die Autotür, rutsche vom Fahrersitz und stolpere zu der Bank, von der aus man das ganze Maar beobachten kann. Zaghaft sehe ich mich um. Die Vögel zwitschern, viele Wanderer sind unterwegs und die Sonne spiegelt sich im blaugrünen Wasser. Von hier aus habe ich einen perfekten Blick auf den Mäuseturm am anderen Ufer. Früher sind meine Familie und ich oft den Hügel zu diesem Turm hinaufgewandert. Ich hechtete immer seine Wendeltreppe nach oben, um als erste auf der Aussichtsplattform zu stehen und freie Sicht in alle Himmelsrichtungen zu haben. Meilenweit war mir dann nichts im Weg. Ich war frei! Vögel mussten es lieben, von hier aus zu starten, dachte mein siebenjähriges Ich damals. Deswegen habe ich mich dort oben immer wie eine kleine Taube gefühlt und mir vorgestellt, eines Tages selbst fliegen zu können. Wenn ich das irgendwann kann, sagte ich damals zu mir, dann starte ich meinen ersten Flug genau hier und reise mit den anderen Vögeln in den Süden.

Ich lächle über das Bild, das in meinem Herzen erscheint und denke daran, dass ich ja tatsächlich morgen Richtung Süden fliegen werde. Als Kind habe ich mir das zwar anders vorgestellt, aber da mir bis heute keine Flügel gewachsen sind, muss ich wohl auf

Flugzeuge zurückgreifen. Vielleicht mache ich ja doch nicht alles falsch, schmunzle ich plötzlich. Ich schließe die Augen. Womöglich stelle ich nur die falschen Fragen? Aber vielleicht ist es auch gar nicht wichtig, was die Frage ist, wenn man die Antwort kennt. Südafrika.

„Tja, und wenn alles schiefläuft, habe ich sicher noch einen Telefonjoker", mache ich mir selbst Mut und lache über meinen schlechten Witz. Meine Ängste werden etwas kleiner. Gänzlich jedoch verschwinden sie nicht.

Zu Hause wartet meine Schwester bereits auf mich, um sich zu verabschieden. Wir beide wissen gar nicht, was wir sagen sollen, als wir oben in meinem Zimmer auf dem grünen Linoleumboden sitzen. Bevor sich das Schweigen ausbreiten kann, schwelgen wir lieber ein wenig in Erinnerungen.

„Weißt Du noch, wie wir hier immer Playmobil gespielt haben?", fragt sie.

Ich nicke: „Ich weiß auch noch, wie ich immer deinen Freund darstellen musste, anstatt meine eigene Liebesgeschichte zu spielen oder die Figur, die mir besser gefallen hat."

„Du bist die Jüngere. Es ist dein Job, nach meiner Nase zu tanzen", lacht sie.

Obwohl ich nur für sechs Wochen weg sein werde, kommt mir der Abschied von ihr nun richtig hart vor. Ich werde nostalgisch und beginne zu weinen, als sie mir ein kleines Buch mit einem Schutzengel-Anhänger in die Hand drückt. Es beinhaltet weise Sprüche mit Bildern, die mir Hoffnung schenken sollen, sollte ich auf meiner Reise einmal nicht weiter wissen.

„Pass auf dich auf", sagt sie.

„Versprochen", erwidere ich, obgleich wir beide wissen, dass ich blind für Stufen, Hinweisschilder und Gefahren bin. Gerade bei dieser Naivität kann ein kleiner Schutzengel ja nicht schaden, denke ich mir und meine Schwester denkt sich das sicher auch.

Am Abend lege ich meine Sachen zurecht und kontrolliere zum dritten Mal die Packliste. Manche Punkte sind nun bereits drei Mal abgehakt, während die bestellte Regenjacke noch immer nicht angekommen ist. Auch einige Kosmetikartikel, wie die Haargummis, die ich heute eigentlich gekauft haben wollte, fehlen. Dann muss ich wohl morgen früh nochmal los.

Ansonsten habe ich alles besorgt, abgeklärt und erledigt, doch noch immer fühle ich mich nicht bereit. Andauernd habe ich das Gefühl, etwas sehr Wichtiges vergessen zu haben, nicht ausreichend vorbereitet zu sein. Ich male mir aus, wie ich am Ende im falschen Flieger sitze. Mein Kopf ist ein ganz schöner Spinner, stelle ich fest. Er legt sich wirklich ins Zeug: Innerhalb von nur zehn Minuten bin ich bereits fünf Mal gestorben, habe mir acht Beine gebrochen und bin zwei Mal zum Mond geflogen. Heil in Südafrika angekommen bin ich allerdings noch nicht. Vielleicht heute Nacht in meinen Träumen, denke ich. Doch in der Nacht bekomme ich kaum ein Auge zu. Als die Müdigkeit mich schließlich doch packt und in den Schlaf reißt, bleibt keine Zeit mehr zum Träumen. Ich brauche Erholung und Ruhe, denn morgen ist mein großer Tag.

Sechs Wochen sind ein Wimpernschlag

Ich erschrecke, als mein Wecker klingelt und schalte ihn panisch aus. Komischerweise ist mein erster Gedanke: Habe ich verschlafen? Mein müder Blick verrät mir jedoch, dass es gerade einmal halb sechs in der Früh ist. Mein Flug geht in neun Stunden, also habe ich noch ausreichend Zeit, obwohl wir zwei Stunden bis zum Düsseldorfer Flughafen brauchen und deswegen gegen elf losfahren werden.

Bis dahin muss ich mich nur noch fertigmachen, den Reißverschluss meines Koffers zuziehen sowie Haargummis, Mascara und Handcreme kaufen. Dennoch laufe ich wie eine tickende Zeitbombe durch das Haus und finde keine Ruhe. Um sieben bin ich geduscht, der Koffer ist geschlossen und ich trage bereits das dritte weiße

Shirt, weil auf dem zweiten Zahnpasta gelandet war und ich das erste mit Kaffeeflecken geschmückt hatte.

Mein Fuß wippt unruhig, meine Miene ist so starr, dass ich beinahe Muskelkater im Kiefer bekomme und meine Nägel sind blutig gebissen. Jedes Geräusch wirkt wie ein Alarmsignal auf meinen Körper und jede Berührung lässt meine Muskeln verkrampfen. Ich beginne plötzlich zu schluchzen. Ich versuche, die Tränen zu verdrücken, damit sie meine Schminke nicht verschmieren, doch es gelingt mir nicht: Ein salziger Tropfen nach dem anderen rollt meine Wange herunter.

Jede Träne steht für eine Befürchtung. Und davon habe ich unzählige: Ich könnte in den falschen Flieger steigen. Mit der Verständigung könnte es hapern. Ich könnte Fehler machen. Ich könnte mich als totale Niete herausstellen und am Ende nur im Weg stehen. Ich könnte versagen. Versagen. Versagen. Versagen. Das Wort hämmert gegen die Innenseite meines Schädels und ich schluchze, bis die Worte endlich leiser werden und so etwas wie ein friedliches Schweigen einkehrt. Dann fühle ich mich viel ruhiger. Vielleicht sogar ein wenig leer. Nichtsdestotrotz flüstert meine Angst mir immer wieder zu, dass ich besser hier bleiben sollte – aber immerhin schreit sie nicht mehr. Und sie hat ja auch Recht. Ich könnte jetzt tatsächlich meine Zimmertür abschließen und mich verstecken. Aber ich möchte nicht meiner Angst folgen, ich will mit meinem Herzen gehen. Ich möchte mir beweisen, dass auch in mir eine Räubertochter, ein kleiner Steve und eine mutige Jane steckt. Ein Blick in den Spiegel verrät mir jedoch, dass ich mich besser nochmal abschminke, da ich sonst allemal als Pandabär durchgehe. Daher stapfe ich ins Bad und wasche mir das Make-Up mit einem Waschlappen ab. Während ich mir das Gesicht trockenreibe, sage ich ganz zaghaft: „Ich könnte es schaffen!"

Meine Mutter sieht das noch nicht so. Obwohl sie nichts sagt, strahlt sie ein Gefühl von Unsicherheit, Überforderung und Hilflosigkeit aus. Unruhig poltert sie am Morgen durchs Haus, wischt diese Ablage sauber und staubsaugt jenen Teppich drei Mal. So ist sie eben. Putzen ist ihr Heilmittel, wenn sie aufgewühlt, genervt, traurig oder gelangweilt ist. Sie putzt eigentlich immer. Da mich ihr Verhalten nur noch unruhiger macht, verziehe ich mich in mein Zimmer und versuche, mich mit einer Folge *Crocodile Hunter* zu ermutigen. Für die nächsten drei Stunden fühle ich mich nochmals in meine Kindheit zurückversetzt und lasse mich von Steve in die Welt der giftspeienden Kobras entführen. Jetzt, wo ich sehe, wie mein Vorbild durch das Laub hechtet und Giftschlangen nachjagt, kommt das Herzklopfen zurück. Tief in mir weiß ich, dass mein Herz nicht einfach schlägt, es trommelt.

Steve schließt die Sendung mit der roten, südafrikanischen Speikobra ab und verabschiedet sich dann in einem Gewand der Massai von den Zuschauern. Und nun ist auch meine Zeit des Abschieds gekommen. Es ist inzwischen halb elf und meine Eltern warten in der Küche, denn nicht sie, sondern mein Freund wird mich zum Flughafen bringen. Ich schleiche die Treppenstufen hinab, damit sie mich nicht kommen hören und bleibe noch zwei Minuten vor der dunklen Eichentür stehen, bis ich sie schließlich öffne.

Mein Vater sitzt rauchend am Tisch, während meine Mutter aus dem Wohnzimmer gelaufen kommt. Mit Papa wird es leicht: Ein kurzes „Mach's gut und pass auf dich auf", eine Umarmung und das war's – zumindest glaube ich das. Anders als erwartet, fängt auch er an zu weinen. Ich weiß gar nicht, was ich sagen soll.

„Ach, Papa", kommt es mir über die Lippen und Tränen schießen auch mir in die Augen. Er legt seine Kippe auf den Aschenbecher und drückt mich so fest wie nie zuvor. Ich schließe die Augen. Als sich schließlich sein Griff lockert und er mich loslässt, fühle ich mich nicht bereit ihn zurückzulassen. Seine Hände zittern, als er mich ansieht und zur Beruhigung an seiner Kippe zieht. So ergriffen habe ich ihn noch nie gesehen.

Ich drehe mich zu meiner Mutter. Auch sie drückt mich wortlos an sich. Sie ist 1,84 Meter groß, was sie stört, seit ich denken kann. Aber gerade das liebe ich an ihr! Denn egal wie alt ich werde, meine Mama wird immer mindestens einen Kopf größer sein und somit werde ich mich in ihren Armen immer behütet und sicher fühlen.

Der Abschied von meinen Eltern fällt mir viel schwerer als gedacht. Vor allem, weil sich plötzlich ein schlechtes Gewissen meldet: Schau mal, wie viele Sorgen sich deine Eltern machen! Immer wieder lächle ich und versuche ihnen Mut zu machen, verspreche auf mich Acht zu geben, doch die Tränen wollen einfach nicht trocknen.

Nach minutenlangem Schweigen springen wir um kurz vor elf alle auf, nehmen uns in die Arme und dann gehe ich. Meine Mutter bricht nun, wo ich über die Türschwelle trete, in haltloses Schluchzen aus, während mein Papa sich mit einer weiteren Zigarette beruhigt. Die letzte hatte er einfach im Aschenbecher verglühen lassen. Auch meine Mutter wird gleich erst einmal eine Tasse Kaffee trinken und ein halbes Päckchen Kippen rauchen. So gut kenne ich sie eben doch! Neben dem Putzen beruhigt sie nur ein blaues Päckchen Chesterfield. Sobald die Packung leer ist, wird sie aufspringen und meinen Vater dazu drängen, irgendetwas zu reparieren, während sie die Teppiche ein viertes Mal staubsaugen wird. Ich habe Mama sehr gern, aber wenn sie Hummeln im Hintern hat, sorgt sie dafür, dass diese auch alle anderen stechen.

Egal, für die nächsten sechs Wochen werde ich weit weg von den deutschen Hummeln sein. Ich lehne meinen Kopf ans Fenster und schließe die Augen. Am liebsten würde ich jetzt einschlafen und erst in Südafrika wieder aufwachen, denn so würde ich mir nicht nur einen langen Flug, sondern auch die ganze Nervosität ersparen. Immer wieder öffne ich die Augen, beobachte die Bäume, an denen wir mit 130 Stundenkilometern vorbeirauschen und schaue in die anderen Autos, nur um mich zu fragen, wo diese Menschen wohl gerade hinfahren. Geht es einem von euch gerade genauso wie mir? Bist du da im blauen Polo auch auf dem Weg nach Südafrika? Oder wird die Fahrerin des schwarzen Benz nachher neben mir im Flugzeug sitzen? Begleitet mich die Familie mit den frechen, rothaarigen Zwillingen? Ist irgendwer bei mir?

Doch egal, in welches Auto ich blicke, weder der Geschäftsmann, noch die Hausfrau, die Seniorin oder der Hipster machen den Eindruck, als würden sie meinen Weg begleiten. Für Millisekunden ziehen sie durch mein Leben und sind genauso schnell verschwunden, wie sie gekommen sind. Die meisten Begegnungen werde ich vergessen. Aber manche Menschen werden zu Erinnerungen, weil sie einen Fußabdruck auf meinem Weg hinterlassen. So wie Helga.

Mittlerweile bin ich am Flughafen angekommen, habe mein Gepäck aufgegeben, einen Kaffee getrunken, ohne mich zu bekleckern, und stehe zitternd in der Sicherheitskontrolle. Immer wieder blicke ich zurück und schluchze heftig. Noch kannst du umkehren, sagt mein Verstand. Untersteh dich, fordert mein Herz. „Lenk dich ab", sage ich zu mir selbst und beginne die Leute um mich herum zu beobachten. Vor mir steht eine vierköpfige Familie, die alle Hände voll zu tun hat, weil ihre kleine Tochter nicht ohne ihr Stofftier durch die Kontrolle möchte. Die Mutter ist langsam genervt, da alle Leute die Familie mittlerweile verständnislos anblicken. Ich will nicht auch noch starren und drehe mich daher lieber um. Manchmal ist unsere Gesellschaft echt kalt, denke ich. Alles soll immer schnell, schnell gehen, für Ausnahmen gibt es kein Verständnis und für Individualität ist kein Platz. Ich verstehe das kleine Mädchen bestens, habe ich nicht selbst ein Kuscheltier in meinem Rucksack? Niemals würde ich ohne Affi auf Reisen gehen!

Meine Augen schweifen entlang der wahnsinnig hohen Decken, über die mit Werbebannern tapezierten Wände und mustern schließlich die Menschen, die mit mir warten. Hinter mir steht eine alleinreisende Frau. Sie scheint Anfang fünfzig, ist circa 1,70 Meter groß und sportlich schlank. Immer wieder fährt sie durch ihre braunen, schulterlangen Haare und klopft sich den Staub von ihrer schwarzen Tuchhose, die den Dreck des Flughafengebäudes magisch anzieht. Selbstbewusst tippt sie eine Nachricht in ihr Smartphone, nachdem sie das Gespräch beendet hat, und legt ganz routiniert ihr Handgepäck auf das Rollband. Obwohl sie wie eine Karrierefrau wirkt, hat ihre Aura etwas sehr weibliches, fürsorgliches, gar mütterliches. Und den Namen auf dem Schild, das mit einer Anstecknadel an ihrer Bluse befestigt ist, würde man auch nicht in der Wall Street vermuten: Helga.

„Ist alles gut bei dir?", fragt sie besorgt, als sie ihr Handy in den grauen Behälter auf dem Rollband legt. Offenbar hat sie bemerkt, dass ich sehr unruhig bin und geweint habe. Während ich im Schnelldurchlauf erzähle, dass ich zum ersten Mal alleine verreise, für ganze sechs Wochen und dass ich sicher schlimmes Heimweh bekommen werde, schmunzelt sie nur.

„Soll ich dir was verraten? Du siehst nicht aus wie ein Mädchen, das Heimweh bekommt. Ich habe schon oft Zeltlager geleitet und deine Eltern hätte ich sicher nie anrufen müssen. Das wird sicher eine tolle Zeit für dich und ehe du dich versiehst, wird alles um sein. Genieß jede Sekunde. Sechs Wochen sind nur ein Wimpernschlag."

Ich will antworten, doch sie deutet auf den Sicherheitsbeamten, der genervt winkt, damit ich endlich durch die Kontrolle laufe. Helga wird auf die andere Seite gewunken und als ich meinen Rucksack wieder gepackt habe, ist sie bereits verschwunden. Schade, ich hätte mich wirklich gerne bei ihr bedankt!

Mit Kopfhörern in den Ohren studiere ich die Tafel, die mir sagt, dass mein Flug nach London in einer halben Stunde von Gate 32 startet und wir nun mit dem Boarding beginnen. Dennoch schlendere ich langsam entlang der Hinweisschilder und stöbere in jedem noch so überteuerten Geschäft. Dabei merke ich, dass nichts schlimmer ist, als das Unvermeidliche aufzuschieben. Ich werde heute von Gate 32 losfliegen und morgen in Südafrika landen. Das ist so sicher wie das Amen in der Kirche und so unvermeidbar wie jeder meiner Atemzüge. „Akzeptier das endlich, nimm es an, freu dich und mach dich jetzt endlich zu deinem Gate auf, bevor dein Name noch quer durch den Flughafen gerufen wird", mahnt mich mein Herz und ich laufe los.

Eine Portion Socken mit Mayonnaise, bitte

Wie von selbst lege ich den Sicherheitsgurt an. Automatisch folge ich den Anweisungen der Flughafenmitarbeiterin, die vor mir mit einer Rettungsweste wedelt und uns auf alle Sicherheitshinweise aufmerksam macht. Meine Finger berühren die Scheibe des Fensters. Ich blicke auf das Flugticket in meiner Hand und realisiere: Ich sitze tatsächlich im Flieger.

Erst in diesem Moment wird mir bewusst, dass all das wirklich passiert. Es ist kein Traum. Bis hierher fühlte sich die Reise an wie das Leben in einer Blase. Diese Blase ist jetzt geplatzt. Ich bin in der Wirklichkeit angekommen. Und genau jetzt, in diesem Moment des Erwachens, fällt alles von mir ab. Die Angst, die Anspannung, die Nervosität. Wer auch immer sagte, dass der erste Schritt der schwerste sei, hatte verdammt nochmal Recht!

Ich schließe die Augen, lausche meiner Musik und bestelle mir eine Apfelschorle. Mich kann nichts mehr aus der Ruhe bringen, denke ich und grinse.

Was für ein Irrtum! Diese Erkenntnis serviert mir die kleine Flugbegleiterin mit meiner dritten Apfelschorle. Im Flieger herrscht saftige Unruhe, denn unser Flug ist auch nach über 60 Minuten Verspätung immer noch nicht gestartet. Leider kann mir die Stewardess auch nicht sagen, wann wir starten und ob ich meinen Anschlussflug nach Südafrika noch erreichen werde. Zu allem Überfluss fällt mir auch genau jetzt ein, dass ich heute nicht mehr einkaufen war und nun keine Haarbänder dabeihabe. Die wären nämlich in einem schlecht klimatisierten Flugzeug Gold wert. Die Achterbahn meines Lebens macht wohl gerade wieder eine Talfahrt.

Nach zweieinhalb Stunden setzt sich unser Flieger in Bewegung. Endlich! Der Kapitän verspricht bei seiner Durchsage, etwas Zeit gutzumachen. Tatsächlich landen wir nach 50 Minuten in London. Nur mit einer Riesenportion Glück könnte ich meinen Flug nach Johannesburg noch erwischen. Ich gebe alles: Mit Affi unterm Arm hechte ich von einem Terminal zum nächsten. In den Flughäfen, in denen ich bisher war, dauerte das Umsteigen jeweils keine fünf Minuten, doch am Heathrow Airport in London muss ich dafür erneut durch die Sicherheitskontrollen. Dann in einen Bus. Gefühlt muss ich bis ans andere Ende der Stadt. Völlig außer Atem stelle ich mich in die kurze Schlange am Sicherheitscheck und komme fast unverzüglich an die Reihe. Das Glück ist auf meiner Seite, denke ich mir noch, bis der Metalldetektor bei meiner Kontrolle piept. Ich habe kein Stück Metall am Körper. Der Detektor weiß das anders. Er piept. Ich versuche so ruhig wie möglich zu bleiben, um keinen bedenklichen Eindruck zu hinterlassen, merke jedoch, wie alle Fasern meines Körpers zu zappeln beginnen. Ich will loslaufen, denn ein Schild sagt mir, dass ich von hier noch zehn Minuten bis zu meinem Gate benötige. Das Boarding, so die Lautsprecherdurchsagen, hat allerdings schon geschlossen. Ich beginne unruhig zu zucken und verliere mich gedanklich in der Panik, meinen Flug zu verpassen. Der Detektor piept wieder.

„Excuse me", mahnt die Sicherheitsbeamtin, die mich abtastet, nun streng. Fordernd deutet sie auf meine Schuhe. Nicht das auch noch! Ich streife mir die Sneakers ab, schleudere sie aufs Band und nachdem ich nun ein viertes Mal durch den Detektor spaziere, gibt er auf. Ich darf endlich gehen – oder wohl eher spurten. Denn in dem Moment, als die Beamtin mir mit einer Handbewegung zu verstehen gibt, dass alles in Ordnung ist, schnappe ich mir meine Sachen, klemme mir die Turnschuhe unter den Arm und rase zu meinem Terminal. Auf dem Weg dahin trete ich in unzählige Steinchen und rufe etwa einhundert Mal „Excuse me!", während ich die Menschen beinahe über den Haufen renne.

Gerade noch schlüpfe ich durch die sich schließenden Schiebetüren in den Bus. Er fährt los, bevor ich mich mit Sack und Pack auf eine Bank fallen lasse. Meine Socken sind total durchnässt, denn wie für England üblich, regnet es in Strömen. Alle zwei Sekunden blicke ich auf mein Handy, dann aus dem Fenster, dann auf mein Ticket. Mein Kopf rechnet durch, ob ich es noch schaffen kann, wann ich am Terminal ankommen werde und wie schnell ich die letzten Meter zurücklegen muss, um vielleicht noch eine Chance zu haben. Ein Gepard würde das sicher locker schaffen, aber Michi, mit zwei Handgepäckstücken und ohne Schuhe? Nein, lass es ruhig bleiben, beginnt mein Kopf zu flüstern und es wäre tatsächlich so leicht, aufzugeben. Doch noch ehe ich diesen Gedanken zu Ende denke, wird die Gegenstimme laut. Du schaffst es, sagt mein Herz. Es gibt keine andere Möglichkeit und tatsächlich habe ich keinen Plan B für den Fall der Fälle, dass der Flieger ohne mich startet. Es ist bereits spät, einen anderen Flug würde ich wohl kaum bekommen und am Flughafen zu übernachten, wäre dann die einzige Möglichkeit. Lass den Scheiß, mahnt mich mein Herz, als ich mir einen Alternativplan überlege. Du schaffst das!

Der Busfahrer lässt seinen Fuß auf die Bremse fallen und sorgt damit für einen abrupten Halt. Fast werde ich von meiner Bank geschleudert.

„Thank you", rufe ich trotzdem und mache mich, ohne festes Schuhwerk, auf zur nächsten Etappe. Es erscheint mir nämlich cleverer, nun in Socken weiterzulaufen, damit nur diese nass und schmutzig werden und ich die Sneakers gleich wieder anziehen kann. Ich eile so sehr, dass nicht mal die Schiebetüren rechtzeitig reagieren können und ich nur knapp einem Zusammenstoß entgehe. Im Augenwinkel erkenne ich, dass sich immer mehr Menschen nach mir umdrehen. Tatsächlich würde ich auch gerne sehen, wie urkomisch es ausschaut, wenn eine junge Frau in Socken, voll bepackt, mit Kuschelaffen und Schuhen unterm Arm in höchstem Tempo durch einen Flughafen stürmt. Ich lache und denke mir im selben Moment: Nicht lachen! Dafür bleibt mir nämlich keine Luft und so kurz vor dem Ziel habe ich nicht vor, zu kollabieren. Endlich sehe ich die Nummer meines Gates. Es sieht verlassen aus. Nur noch eine Uniformierte steht dort. Gerade startet sie eine letzte Durchsage. Unter den wenigen Namen, die sie verliest, ist auch meiner.

„Ich bin da", rufe ich ihr schon von Weitem zu und winke.

„Geschafft!" keuche ich dann. „Tut mir total leid! Mein Flug hatte Verspätung, deswegen bin ich so spät dran. Ich hatte nicht einmal Zeit, mir die Schuhe anzuziehen", deute ich auf die Sneakers in meiner Hand. Dabei lache ich krächzend wie ein Kettenraucher, weil ich noch immer keine Luft bekomme.

„English, please!"

Ups! Ich bin ja gar nicht mehr in Deutschland. Daran muss ich mich wirklich noch gewöhnen. Sie reißt mein Ticket ab, winkt mich durch und streicht meinen Namen von der Liste der noch fehlenden Passagiere. Jetzt kann ich gemütlich machen, denn sie fliegen nicht mehr ohne mich, denke ich mir, und gehe die Treppen hinab, entlang des gläsernen Ganges zur Maschine. Das Personal begrüßt mich freundlich und weist mich zu meinem Platz 47I, während die anderen Passagiere mich mit vorwurfsvollen Mienen strafen. Ich wäre auch lieber pünktlich gekommen, rechtfertige ich mich in Gedanken.

In der Reihe 47 sitzt bereits ein dunkelhaariger Mann. Freundlich lächelnd steht er auf, verstaut mit mir mein Gepäck in den Fächern über den Sitzen und stellt sich dann vor: „My name is Anwar."

„My name is Michi. Nice to meet you."

„Nice to meet you, too", antwortet Anwar und schaut mich fragend an, so als ob er darauf warte, dass ich ihm erzähle, warum ich so zerzaust, außer Atem und ohne Schuhe nach Südafrika fliege. Doch ehrlich gesagt ist mir gerade nicht nach Small-Talk zumute, denn mein Puls ist noch immer auf hundertachtzig und jedes Wort daher eins zu viel, weshalb Anwar noch ein wenig auf meine Antwort warten muss. Schwerfällig ziehe ich mir die nassen Socken aus und bemerke, dass ich offenbar in sämtliche Essensreste der letzten Tage getreten bin, unter anderem in eine Portion Fritten mit Mayonnaise. Da wir sowieso noch auf die anderen Passagiere warten, husche ich mit meinen Sneakers unterm Arm zur Toilette, um meine wehen Füße zu waschen. Die Strümpfe versenke ich mit den Worten „Eine Portion Socken mit Mayonnaise, bitte!" im Mülleimer.

Kaffee statt Telefon

Zurück an meinem Platz braucht es nur Minuten, bis ich in meinem Sitz versinke und zu träumen beginne. Mitten in der Nacht erwache ich mit einem steifen Nacken und leerem Magen, während alle anderen Passagiere schlafen. In all der Aufregung habe ich den ganzen Tag noch nicht einen Bissen zu mir genommen. Selbst wenn ich keine Freundin von Boardverpflegung bin, in diesem Moment könnte ich für eines dieser trockenen Brötchen töten. Der Hunger macht mich müde und kühlt meinen Körper aus, sodass ich die Flugbegleitung um eine weitere Decke bitten muss. Immer wieder nicke ich ein, werde aber von meinem Magenknurren geweckt, nur um festzustellen, dass seit meinem letzten Erwachen keine halbe Stunde vergangen ist.

Um fünf Uhr morgens höre ich endlich, wie es in der Bordküche zu knistern beginnt. Ich spitze die Ohren und fühle mich in diesem Moment wie eine ausgehungerte Löwin. Mit müden, glasigen Augen warte ich darauf, dass der Servierwagen kommt und mein Futter bringt. Es dauert allerdings noch eine gefühlte Ewigkeit, bis mir das Personal mein Tablett reicht. Da ist es endlich: Ein trockenes, geschmackloses Brötchen, welches ich sonst unter keinen Umständen essen würde. Doch da mein Flug noch über drei Stunden dauert, muss mein Feinschmeckergaumen sich nun damit zufrieden geben. Im Grunde darf mein Gaumen sich gar nicht beschweren, denn das Essen hier ist vermutlich hochwertiger zubereitet, als das, was meine Wasserkocher-Mikrowellen-Künste mir manchmal abends auf den Teller zaubern. Ja, mein Zuhause unter dem Dach hat keinen Herd oder Ofen. Häufig genug gibt es einen Beutel Reis aus dem Wasserkocher mit einer halben Flasche Maggi als Soße, Salate ohne Dressing oder irgendetwas, das man in zwei Minuten in der Mikrowelle erwärmen kann. Fest steht: Sterneköchin werde ich in diesem Leben wohl nicht mehr. Aber das ist auch gar nicht mein Ziel: Ich will verrückt, frei und glücklich werden.

Viel zu schnell ist mein Brötchen mit Marmelade aufgegessen. Als ich das Aluminium von seinem Schälchen fingere, steigt mir ein rauchiger Duft in die Nase. Wehleidig versinke ich in meinem Sessel: Speck mit Eiern! Ich esse doch kein Fleisch! Erneut schimpft mein Magen laut los und ich habe das Gefühl, durch das bisschen Semmel nur noch mehr Hunger bekommen zu haben.

„Magst du meins auch haben?", fragt Anwar mich freundlich und deutet mit seiner Gabel auf sein Brötchen. So freudig als hätte ich im Lotto gewonnen, nehme ich sein Brötchen an und reiche ihm im Gegenzug meinen Eierspeck. Ein guter Deal, findet er und auch ich bin nun rundum glücklich!

Noch während des Frühstücks kommen wir ins Gespräch, plaudern über Gott und die Welt und tauschen uns über das Ziel unserer Reise aus. Anwar kommt aus Ägypten, ist Arzt und besucht einen Teil seiner Familie in Südafrika. Fröhlich berichtet er von seiner Arbeit, seinen Reisen und gesteht dann, dass er nur traurig sei, weil er bisher nicht Vater geworden ist. Ich bin verwundert, dass ein Mann mit vielleicht Ende 20 denkt, er sei zu alt für Kinder. Aber ich möchte mir kein Urteil erlauben, immerhin kenne ich nicht mehr von ihm als seinen Steckbrief. Andere Länder, andere Sitten und wir Deutschen sind sowieso oft spät dran, was die Familienplanung angeht. Damit ist die Sache für mich abgehakt, doch für ihn scheint sie sehr wichtig zu sein. Er fragt mich nach meinem Familienstand, ob ich Kinder habe oder welche möchte. Für mich sind das jedoch total abstrakte Fragen: Woher soll ich denn wissen, ob ich jemals dazu bereit sein werde, meinen Körper neun Monate mit einem kleinen Lebewesen zu teilen und mir danach mehrere Jahre Schlafentzug anzutun? Hoppla, fällt mir auf, wie war das mit meinen Träumen vom Mann im grauen Anzug und dem Garten, durch den zwei Kinder toben? Oder waren das gar nicht meine Träume?

Zum Glück gibt Anwar sich mit einem kurzen „Ich weiß es noch nicht" zufrieden, bevor er weinerlich sagt: „Du hast auch noch alle Zeit der Welt."

„Mach dir keine Sorgen", beruhige ich ihn. „In Deutschland bekommen die meisten heutzutage erst mit über 30 Kinder. Du hast also auch noch alle Zeit der Welt!"

„Ich bin aber doch schon 42", grinst Anwar verschmitzt in mein erstauntes Gesicht. Er muss geahnt haben, dass ich ihn viel jünger geschätzt habe. Aber wer würde bei so einem glattrasierten, faltenfreien Boy-Band-Gesicht denken, dass das Gegenüber quasi schon in der Midlife-Crisis steckt. Für mich ist das unfassbar und ich werde es ohne Beweis definitiv nicht glauben, weshalb Anwar seinen Ausweis rausnimmt. Leider kann ich die arabischen Schriftzeichen nicht entziffern, aber auf den englischsprachigen Reisedokumenten steht ebenfalls sein Geburtsdatum. Tatsächlich. Er veralbert mich nicht und ist wirklich schon so alt. Nicht, dass die Vierziger ein hohes Alter wären, aber das ist definitiv verblüffend. In diesem Moment bete ich zu Gott, dass er es bitte genauso gut mit mir meinen möge und taste meine Stirn ab. Vermutlich habe ich mit 18 bereits mehr Falten als Anwar mit 42.

Die letzten Stunden vor der Landung verfliegen wortwörtlich, da ich mir die Zeit nehme, meine Gedanken, Gefühle und Hoffnungen in mein Schutzengelbuch zu schreiben. Wie schön, dass dieses Geschenk gleich zum Einsatz kommt.

Liebes Leben,
jetzt sitze ich im Flieger, bin auf dem Weg und ganz bald sehe ich wilde Löwen, freche Affen und gefährliche Krokodile!

Es fühlt sich alles so wahnsinnig und gleichzeitig so unglaublich an. Kann es wirklich sein, dass ich in drei Stunden in Südafrika lande? Dass meine Füße den Boden am anderen Ende der Welt berühren? Ich frage mich, wie es dort riecht und bin so gespannt auf dieses typische Südafrikafeeling, auf die Menschen, die Kleidung und das Leben.

Die Gedanken daran lassen mich so hibbelig werden, dass ich mich kaum halten kann. Vorfreude, Nervosität und meine Ungeduld sind wohl keine gute Mischung, wenn ich mich nicht auspowern und bewegen kann. Aber immerhin ist das erdrückende Gefühl von Angst verflogen, den Kloß im Hals habe ich runtergeschluckt und den Frosch gegessen.

Ich bin bereit für Stiefel, sandfarbene Hosen und einen Rangerhut!

Als der Kapitän die Durchsage zur Landung in sein Mikrophon schickt, beginnt mein Herz wieder ganz aufgeregt zu trommeln. Das Flugzeug setzt auf und mein Herz hört für eine Sekunde auf zu schlagen, bevor es das bis dahin größte Konzert seines Lebens spielt!

Zügig verlasse ich nach der zweiten Zugabe den Flieger, raffe mein Gepäck zusammen und folge den Hinweisschildern Richtung Ankunftshalle. Die große Glasschiebetür öffnet sich vor mir und ich werde von gefühlt einhundert Willkommensschildern begrüßt. Jetzt muss ich nur noch meinen Namen finden!

„Henry Miller, Savannah Safari Lodge, Johannesburg Backpacker Hostel", „Elizabeth Warren", „Shakti el-Nassar", „Emma DeJagger", „Charlotte Tilburry" lese ich Schild für Schild. Mein Name ist nicht darunter. Auch nicht in einer eigenwilligen Schreibung. Auch nicht abgekürzt oder verstümmelt, muss ich bei meinem zweiten und dritten Durchgang feststellen. Unzählige Menschen werden in Empfang genommen und begrüßt, ich jedoch nicht.

Meine innere Stimme mahnt mich bereits, ruhig zu bleiben, doch das ist völlig überflüssig. Ich bin von den letzten 24 Stunden so geschafft, dass ich keine Energie habe, aufgewühlt zu sein. Stattdessen beschließe ich, mir erst einmal einen Kaffee zu besorgen, damit ich nicht eingeschlafen bin, wenn mein Taxi eintrifft. Mit dem Affen in der Hand tapse ich in Richtung *Mug & Beans*, studiere die Anzeigetafel und bekomme einen halben Herzinfarkt, als ich die Preise lese: „25 Euro für einen Latte Macchiato?"

Ich schaue nochmal genauer hin und bemerke des Rätsels Lösung: Es sind keine Euro, es sind Rand. Und da ich davon noch keine besitze, gehe ich im Handumdrehen mein Geld wechseln und stehe nun mit den Noten, die für mich wie Spielgeld wirken, im Coffeeshop und bestelle mir einen Latte.

Affi in der einen und den Kaffee in der anderen Hand, setze ich mich in die Wartehalle und beschließe, nochmal den Ablaufplan am Handy durchzugehen. Vielleicht bin ich einfach nur zu früh dran. Ich fasse mir in die linke Hosentasche und mein Herz bleibt stehen. Mein Handy ist weg!

Hastig springe ich auf, reiße meinen Rucksack vom Stuhl und schaue unterm Sitz nach. Nichts. Es dämmert mir plötzlich. Natürlich. Auf dem Hinweg hatte ich den Affen in der linken und das Handy in der rechten Hand. Auf dem Rückweg trug ich allerdings den Kaffeebecher. Es muss im *Mug & Beans* liegen. Ich sprinte die Rolltreppe hinauf, stürme in den Laden und frage panisch, ob ein Handy hier liegen geblieben sei. Doch egal, bei wem ich mich erkundige, sie alle schütteln nur den Kopf. Meine Lippen beginnen zu zittern und meine Augen werden feucht. Das darf nicht wahr sein! Für einen Moment bin ich nun wie versteinert. Mein Kopf sucht nach einer Antwort auf die Frage, was nun zu tun sei, doch mir fällt nichts ein. Mein Handy ist weg und dagegen kann ich nichts mehr machen!

Langsam trotte ich zu dem Platz, an dem ich meinen Kaffeebecher habe stehen lassen. Unberührt dampft er an Ort und Stelle vor sich hin. Mit einem Rumms falle ich neben ihm auf den Sitz und flüstere: „Wärst du doch nur mein Handy."

TiA – This is Africa

Zum Glück habe ich meine Reiseunterlagen alle in zweifacher Ausfertigung ausgedruckt, sodass ich den Plan nun in Papierform durchgehen kann. Er besagt, dass ich bereits vor gut einer Stunde hätte abgeholt werden sollen. Hätte, hätte, Fahrradkette, sagt mein Kopf und ich atme tief aus. Meine Augen beobachten die wartenden Menschen und ich überfliege erneut die Schilder, jedoch ohne Erfolg. Wer auch immer mich abholen soll, verspätet sich. Und da ich kein Handy habe, nützt mir die Notfallnummer auch nichts. Alles, was mir bleibt, ist hier zu sitzen und zu warten. Sollte bis heute Nachmittag niemand aufgetaucht sein, kann ich mir noch immer einen Plan B überlegen.

Plan B kommt jedoch schneller um die Ecke als gedacht. Anwar setzt sich plötzlich neben mich und fragt, ob alles in Ordnung sei.

Ich muss ganz schön hilflos aussehen. Im Schnelldurchlauf bekommt er die Ereignisse der letzten Stunde erzählt und beruhigt mich, dass es ganz normal sei, hier beklaut zu werden. Er warnt mich auch, dass ich mich unbedingt vom Flughafenpersonal fernhalten soll, da diese Menschen in Uniform keine netten Helfer, sondern Abzocker seien.

„Wenn du magst, kannst du das Hotel von meinem Handy aus anrufen. Ich habe eine südafrikanische Sim-Karte."

„Oh, du rettest mir heute echt das Leben! Erst das Brötchen, jetzt das Handy. Vielen, vielen Dank!"

Während Anwar auf meine Sachen aufpasst, gehe ich vor die Wartehalle, um zu telefonieren. Leider hebt niemand ab. Also hinterlasse ich eine Nachricht auf dem Anrufbeantworter, die hoffentlich im Laufe des Tages abgehört werden wird. Mehr kann ich einfach nicht tun. Daher setze ich mich wieder in die Wartehalle, verabschiede mich von Anwar und winke ihm hinterher. Wir werden uns vermutlich nie wieder sehen, denke ich und werde damit Recht behalten. Dennoch hast du einen Fußabdruck auf meinem Weg hinterlassen und ich bin froh, dich kennengelernt zu haben!

Mein Heißgetränk ist mittlerweile auf Zimmertemperatur abgekühlt. Das hat immerhin den Vorteil, dass ich mir nun nicht mehr den Mund verbrennen kann. Es sind doch die kleinen Dinge im Leben, lächle ich und nehme einen Schluck kalten Kaffee. In diesem Moment bin ich selbst verblüfft darüber, wie ruhig und gelassen ich bleibe, obwohl ich am anderen Ende der Welt sitze ohne abgeholt zu werden, mein Handy verloren habe und bei allem auf mich allein gestellt bin. In Deutschland wäre ich jetzt völlig ausgerastet! Ich erinnere mich an einen Schulausflug, an dem man mich und meinen damaligen Partner in Köln vergessen hatte. Während er, ähnlich gelassen wie ich jetzt, auf der Treppe saß und aß, war ich außer mir. An der Situation konnte ich auch nichts mehr ändern, aber irgendwie wollte ich keine Ruhe finden, mich in die Wut hineinsteigern und nicht akzeptieren, dass das Leben auch mal Umwege fährt.

Wir sind oftmals viel zu sehr darauf gepolt, dass alles perfekt sein muss und enttäuscht, wenn das Leben einfach passiert, anstatt unsere Erwartungen zu erfüllen. Aber ich glaube, das Geheimnis liegt darin, den Fluss des Lebens zu akzeptieren, all die künstliche Perfektion zu verbannen und stattdessen Vertrauen zu lernen. Nicht alles, was schief läuft, geschieht, um uns zu strafen. Nein, wir lernen dadurch, wir wachsen daran und haben dabei immer die Wahl! Entweder wir sehen das Leben als Chance oder wir sehen es als Kampf. Und da ich zu müde dafür bin, will ich heute nicht kämpfen. Zudem weiß ich eins mit Sicherheit: Ich werde nicht die nächsten sechs Wochen hier sitzen, weil mich jemand holen kommt! Und wenn nicht, dann gelange ich trotzdem an mein Ziel, irgendwie! Durch diese Feststellung entspannt, lege ich die Füße hoch, drücke den Affen an meine Brust und beschließe, dass all das hier in fünf Jahren eine lustige Geschichte sein wird. So hat mein Abenteuer eben begonnen: abenteuerlich.

Nach insgesamt sechs Stunden taucht ein korpulenter, kleiner Mann mit einem Schild auf. Ich traue meinen Augen kaum, als ich es lese: Miss Michelle Stolz[3]. Mein Name!

„Herzlich Willkommen und Entschuldigung für die kleine Verspätung, aber Pünktlichkeit ist nicht des Südafrikaners Stärke. So ist das hier eben. Eines musst du direkt lernen: TiA."

„TiA?", frage ich verwundert.

„This is Africa, meine Liebe. This is Africa."

Im selben Atemzug beichtet er mir auch, dass wir noch auf sechs weitere Helfer*innen warten müssen, die in den nächsten Stunden eintreffen werden. Mein Gefühl von Erleichterung mischt sich mit Ärger über die zusätzliche Wartezeit. Eine Wahl habe ich jedoch nicht und daher werden die drei Buchstaben zu meinem inneren Mantra der Ruhe. TiA, TiA, TiA.

Um mich ein wenig zu beschäftigen, krame ich in meinem Rucksack nach meinem Kindle: Ich könnte die nächsten Stunden mit

3 Das war mein Mädchenname bis 2018.

einem guten Buch totschlagen. Plötzlich liegt mein Handy am Boden meines Rucksacks. Ich flippe vor Freude aus, als ich es wieder in den Händen halte. Manchmal bin ich wirklich blind für das Offensichtliche. Anstatt erst einmal in meinem Rucksack nach meinem Mobiltelefon zu schauen, habe ich lieber den halben Flughafen abgesucht. Typisch Michi, lache ich und atme erleichtert aus.

Die erste Helferin, die nach mir eintrifft, ist Tana. Sie ist gerade mal 1,60 Meter groß, hat schwarze lange Haare, einen dunklen Teint und trägt einen XXL-Pullover in weinrot. Ich erfahre, dass sie aus Norwegen kommt und genauso alt wie ich ist. Gemeinsam schlendern wir im Flughafengebäude an den Geschäften und Restaurants vorbei, essen einen Joghurt mit Früchten, trinken zwei Kaffee und tauschen uns über unsere Beweggründe für diese Reise aus. Tana möchte Journalistin werden. In zwei Monaten beginnt ihr Studium.

„Das ist mein letztes Abenteuer, bevor ich erwachsen werde, Verantwortung übernehmen muss und im Leben stehe. Dann ist man immer so gefangen. Also habe ich mir versprochen, mir einen verrückten Wunsch zu erfüllen und ich wollte schon immer mal Löwen in freier Wildbahn sehen. Also wenn nicht jetzt, wann dann?"

Ich verstehe genau, was sie meint. Ich wollte mein Leben lang immer groß werden, mit 18 ausziehen und dann mein eigenes Ding machen. Ich dachte, dass es irgendwann Klick macht und man bereit ist, erwachsen zu sein. Aber es macht einfach nicht Klick. Ich bin noch immer Michi, die manchmal ihre Kuscheltiere knufft, sich heimlich überteuerte Gummibärchen am Kiosk kauft, die am liebsten draußen ist und Tiere erkundet. Es beruhigt mich, dass ich all das nicht verloren habe. Dass ich noch immer ich bin und noch so herzlich und frei lachen kann wie früher, wenn ich Mistkäfer auf meinem Weg fand. Aber genauso macht es mir Angst, weil ich keinen anderen Erwachsenen kenne, der springenden Fröschen nachläuft und versucht, sie zu bestimmen oder der davon träumt, durch den Busch zu robben. Das scheint den meisten einfach zu kindisch und zu verspielt. Ich habe immer das Gefühl, andere Prioritäten im Leben zu haben: Spaß, Abenteuer und ja nicht mit sauberen Klamotten nach Hause kommen. Natürlich denke ich daran, eines Tages erwachsen und vernünftig zu sein, eine Familie zu gründen und mein eigenes Geld zu verdienen. Doch all das erscheint mir so weit weg. Erschreckenderweise rückt diese Zukunft mir immer näher, während die Vergangenheit, in der ich mit schmutzigen Hosen und einem Eimer voller Käfer nach Hause kam, sich immer weiter entfernt. Trotzdem fühle ich mich diesem Mädchen, der kleinen Räuberin und Käfersammlerin, so viel näher!

Nach und nach stoßen immer mehr Leute zu unserer Gruppe und nach weiteren viereinhalb Stunden verkündet unser Taxifahrer, dass wir vollständig sind. Die Gruppe besteht aus einer Niederländerin, einer Schweizerin, einigen Belgiern, zwei Engländern und Tana aus Norwegen. Gemeinsam machen wir uns auf und ich verlasse nun zum ersten Mal das Flughafengebäude. Draußen nehme ich einen tiefen Atemzug durch die Nase, um alle Eindrücke einzusammeln, doch Johannesburg riecht im Endeffekt genauso schmutzig wie alle anderen Großstädte auch. Das erhoffte Südafrikafeeling bleibt vorerst aus.

Die Straßen in Johannesburg entsprechen so gar nicht dem Bild von Südafrika, das ich mir ausgemalt habe. Sie erinnern mich mit ihren zugemauerten Vorgärten und dem Baustil fast ein wenig an Spanien. Das Verkehrsnetz ist verwinkelt und bereits nach der zweiten Abfahrt verliere ich die Orientierung. Das mag vielleicht auch an den Wolkenkratzern liegen, die hinter diesem „spanischen Viertel" plötzlich aus dem Boden schießen. Wir fahren nun durch die City: Überall flackert Werbung, überall ist Müll, überall sind Menschen. Ich versuche all das nicht zu bewerten, sondern beobachte alles so gespannt und neugierig, als wäre ich in einer neuen Welt – was ich ja bin! Doch ganz gleich, ob das hier gut oder schlecht ist, ist es kein Ort, an dem ich länger bleiben möchte. Glücklicherweise erstreckt sich unsere Einführung hier nur über zwei Tage, bis es endlich weiter in mein erstes Projekt geht: ein Wildlife Center. Die beiden Tage in Johannesburg, die uns abgesehen von einem kurzen historischen Abriss während der Stadtführung nichts über das Land, die Leute oder unsere künftige Tätigkeit verraten haben, vergehen dennoch wegen der tollen Menschen aus aller Welt wie im Flug und ehe ich mich versehe, verabschiede ich mich von Tana. In meinem Projekt werden mich die Schweizerin und eine Belgierin begleiten. Sie sind beide älter als ich und bisher kamen wir noch nicht ins Gespräch. Das ändert sich jedoch auf unserer dreistündigen Fahrt zur Farm. Lina ist Mitte zwanzig, hat blondes schulterlanges Haar und ist über 1,80 Meter. Mit ihrer witzigen, verspielten Art erinnert sie mich an einen großen Golden Retriever, der sich seiner Energie manchmal nicht bewusst ist. Dennoch arbeitet sie im Bereich Medien und Kommunikation, hat also einen langweiligen Bürojob, wie sie selbst sagt. Sie ist spontan nach Südafrika gereist. Stefanie ist schon über dreißig, hat braune schulterlange Haare und reicht Lina gerade bis zur Schulter. Sie ist wortgewandt und direkt. In der Schweiz arbeitet sie als Bankerin und macht, wohl zum Ausgleich für diesen tristen Job, jedes Jahr eine Abenteuerreise. Zuletzt war sie in einem Gebirge, das ich geographisch nicht zuordnen kann, zum Mountainbiking. Davor ist sie für einen Marathon um die halbe Welt geflogen und nun arbeitet sie eben als Freiwillige in Südafrika. Sie schiebt all das darauf, dass sie noch nicht den Mann fürs Leben gefunden hat und bis es so weit sein wird, eben ein Blatt ist, was vom Wind verweht wird. Aber ich bin davon überzeugt, dass sie einfach eine Power-Frau ist, die mit beiden Beinen fest im Leben steht. Vielleicht wirkt das ja beängstigend auf manche Männer. Auf mich hingegen wirkt sie faszinierend!

Nach zwei Stunden halten wir an einer Tankstelle im Nirgendwo. Uns umgibt rein gar nichts außer einem sandigen Boden mit ein paar vereinzelten Bäumen. Er erstreckt sich weit über mein Sichtfeld hinaus und geht in weiter Ferne in eine Gebirgslandschaft über. Stefanie vergleicht diese Bergformationen mit einer Landschaft, die ich schon wieder nicht zuordnen kann. An meinen Erdkundekenntnissen könnte ich noch etwas arbeiten, fällt mir auf. Unser Taxifahrer lädt das Gepäck ab und erklärt uns, dass jemand von der Station uns hier abholen würde. Bis dahin könnten wir uns die Beine vertreten und ein paar Snacks besorgen.

Als würden wir uns schon ewig kennen, schlendern wir gemeinsam in den Shop, decken uns mit Süßigkeiten und Kaffee ein und ich lausche den Männergeschichten der beiden Frauen. Sowohl Stefanie als auch Lina sind nicht in festen Händen, weswegen die beiden nichts dagegen hätten, einen südafrikanischen Mann kennenzulernen.

„Aber ihr fliegt doch in zwei Wochen wieder heim?“, frage ich.

„Du bist noch so naiv“, lacht Stefanie. „Das war ich auch mal mit 18. Ebenso wie romantisch. Aber das ist lange her.“

„Es geht doch darum, dass das hier nur ein Abenteuer ist“, fügt Lina noch hinzu.

Ich bin tatsächlich unerfahren, stelle ich fest. Ich hätte zwar auch keine Einwände, meine große Liebe in einem coolen anderen Land zu finden und für sie auszuwandern, aber noch mehr Abenteuer? Vielleicht bin ich dafür noch zu jung. Lina und Stefanie sind sich sicher, dass mein Herz für derartige Affären noch nicht oft genug gebrochen wurde!

Wir bezahlen unseren Kram, verlassen den Shop und erstarren alle drei gleichzeitig, als wir sehen, dass unser Gepäck verlassen dort liegt, wo eben noch der Truck stand. Der Taxifahrer hat uns tatsächlich einfach alleingelassen, ohne Info, wann wir abgeholt werden. Ohne Notfallnummer, falls niemand kommt. Ohne ein Tschüss, einfach weg.

„TiA“, sage ich und die beiden anderen schauen mich fragend an. „This is Africa!“

Angekommen

Mit einer Tüte Gummibären setze ich mich auf einen Koffer und es vergehen zehn Minuten, bis überhaupt ein Auto an dieser verlassenen Tankstelle vorbeifährt. Nach einer halben Stunde hält ein weißer Truck und wir wollen schon aufspringen, als wir bemerken, dass er nur zum

Tanken angehalten hat. Kurz darauf biegt ein kleines, silbernes Auto auf den Parkplatz. Keine von uns beachtet den Kleinwagen, denn in dieses Autochen passen nicht einmal unsere Koffer, geschweige denn wir. Ein braungebrannter, junger Mann mit blonden Haaren steigt aus. Er trägt khakifarbene Hosen, ein beiges Hemd, Stiefel und eine Sonnenbrille. Mit schnellen Schritten kommt er auf uns zu.

„Michi, Stefanie, Lina?", liest er von seinem Klemmbrett ab. Wir nicken nur.

„Willkommen im Wildlife Center. Ich bin Chris."

Lina und Stefanie schauen sich grinsend an und ich bin mir nicht sicher, was ihre Blicke zu bedeuten haben. Hat eine von beiden in diesem Moment ihr Abenteuer gefunden?

Noch immer ungläubig, dass wir alle Platz in dem silbernen Fahrzeug finden sollen, stapfen wir zum Auto. Lina knauft Stefanie in die Seite, die jedoch frech grinsend den Kopf schüttelt. Ich schnaube und muss leise lachen.

Als erstes wuchtet Chris meinen schwarzen Koffer, den größten von allen, ins Heck.

„Was hast du denn alles eingepackt?", wundern sich die Mädels, als Chris meine Reisetasche in den Kofferraum hievt und dabei rot anläuft. Die Adern an seinem linken Unterarm treten hervor und ich bekomme Mitleid mit ihm. Gleichzeitig frage ich mich, was er sich so anstellt. Selbst ich habe meinen Koffer gehoben bekommen. Von einem waschechten südafrikanischen Ranger hätte ich eigentlich etwas mehr erwartet.

„Alles was man so braucht", antworte ich daher knapp. „Eine Reiseapotheke, Klamotten für alle Fälle, Schuhe und natürlich die Wackersteine, die in jedem Reiseführer für einen Südafrikatrip empfohlen werden."

„Mist, die habe ich vergessen", lacht Stefanie.

„Ich gebe dir ein paar von meinen ab, ich habe nämlich extra ein paar mehr eingepackt", zwinkere ich ihr zu.

Weil Stefanie die Älteste ist, darf sie vorne sitzen, während Lina und ich uns die Rückbank mit ihrem Reisekoffer teilen. Es ist unfassbar eng, heiß und stickig. Zu allem Übel fehlen dem Auto die Sicherheitsgurte, sodass der Koffer in jeder Kurve durch die Gegend purzelt. In Deutschland würde dieses Fahrzeug unter keinen Umständen mehr TÜV bekommen, aber in Deutschland würde auch kein Pick-up mit einer Ladefläche voll Kindern über die Schnellstraße fahren. Ich bin eben nicht mehr zu Hause, sondern am anderen Ende der Welt und hier ticken die Uhren anders. Und wenn ich ehrlich bin, finde ich das gar nicht mal schlecht!

Plötzlich legen wir eine Vollbremsung hin und der schwere Koffer knallt gegen meine Schläfe! Ich sehe Sterne und bin im ersten Moment total schockiert. Scheiße, was ist passiert?

Wir fahren noch. Ich schüttele meinen Kopf, blicke aus dem Fenster und sehe, dass wir einfach nur ganz schön rasant auf eine Schotterstraße abgebogen sind.

„Sorry, Ladies!", entschuldigt sich Chris von vorne. „Ich verpasse die Einfahrt einfach jedes Mal!"

„Wie lange arbeitest du denn schon hier?", frage ich ihn.

„Seit zwei Jahren. Aber die Straße zieht sich so endlos, dass ich immer anfange von meinem Sohn zu träumen und dann ist es passiert."

In diesem Moment blickt Stefanie schockiert über ihre Schulter nach hinten und wenn ich genau hinsehe, erkenne ich, wie sich Linas entsetzte Miene in ihren Pupillen spiegelt. Das Abenteuer hat sich wohl gerade in Luft aufgelöst.

„Aber schaut ab jetzt aufmerksam aus dem Fenster. Wenn wir Glück haben, sehen wir bereits Giraffen, Antilopen oder Büffel."

Von einer auf die andere Sekunde drücken wir unsere Nasen an den Fensterscheiben platt und reißen unsere Augen sperrangelweit auf. Jede will unbedingt etwas sehen, immerhin wäre es für jede von uns die erste Begegnung mit der beeindruckenden Tierwelt Südafrikas. Wenn ich es mir aussuchen könnte …, murmle ich, ohne den Gedanken zu beenden.

„Giraffe!", ruft Lina von der anderen Seite des Koffers und Chris tritt unsanft auf die Bremse, sodass die Reisetasche auf mich fällt.

Doch das ist das kleinere Übel. Viel schlimmer ist, dass mir mein Reisegepäck die Sicht versperrt. Ich brauche einen Moment, um mich zu befreien. Hastig stehe ich auf, um über den Koffer blicken zu können und bücke mich dann, um aus dem Fenster zu sehen. Nichts! Da ist keine Giraffe mehr.

„Tut mir leid. Sie ist schon im Gebüsch verschwunden."

„Ok", sage ich enttäuscht, setze mich hin und frage mich gleichzeitig, wie ein so großes Tier sich binnen Sekunden verstecken kann. Obwohl wir alle weiterhin gespannt aus den Fenstern blicken, vergeht der Rest der Fahrt ohne weitere Begegnungen.

Zehn Minuten später fahren wir auf ein riesiges Tor zu, welches Chris per Fernbedienung öffnet. Dahinter erwarten uns Mauern, ein weiteres Tor und Kameras. Ich komme mir vor, als würde ich gerade ins Gefängnis gebracht werden und schaue verunsichert nach links, doch da die Reisetasche sich noch immer nicht in Luft aufgelöst hat, kann ich mich nicht von Lina beruhigen lassen. Also schweige ich über mein erstes mulmiges Gefühl. Das zweite Gate öffnet sich und in meinem Kopf summt Stormella, die gemeine Eiskönigin aus dem Film *Rudolf mit der roten Nase*: *Jetzt gibt es kein Zurück, vom bösen Meisterstück!*

Wie böse dieser Ort ist, wird mir allerdings erst viel später bewusst werden, denn in dem Moment, als mir aus einem hellgelben Haus ein kleiner, wuscheliger Babylöwe auf wackeligen Pfoten die Treppenstufen hinab entgegentapst und über den gepflasterten Hof auf uns zurennt, bin ich hin und weg, voll verliebt und meines Verstandes beraubt. Und nicht nur ich.

„Oh mein Gott!", quietschen wir zu dritt. Als das Auto stoppt, reißen wir unsere Türen auf und springen aus der engen silbernen Blechbüchse. Stefanie, Lina und ich fallen vor dem honigfarbenen Fellbaby auf die Knie und lassen seine feuchte Nase unsere Hände beschnuppern.

„Sein Name ist Alex", sagt eine Frau mit blonden, kurzen Haaren, die wohl schon die ganze Zeit im Türrahmen stand. Ich komme mir verdammt unhöflich vor und stehe direkt auf, um mich vorzustellen.

„Danke. Ich bin Michi. Und wie heißt du?"

„Ich bin Luisa und komme aus der Schweiz. Ich bin auch als Volontärin hier."

Nun stellen sich auch Stefanie und Lina vor. Luisa zeigt uns, wo wir die kommenden zwei Wochen schlafen werden. Zu dritt teilen wir uns ein großes Zimmer mit eigenem Bad und Zugang zum Garten. Während Stefanie und Lina sich komischerweise um das Hochbett streiten, bevorzuge ich das Einzelbett. Ermüdet schmeiße ich meinen braunen Rucksack auf die Matratze, lege mich dazu, öffne WhatsApp und schreibe sämtlichen Kontakten: Angekommen!

Endlich. Nach monatelangem Warten, tagelanger Angst und stundenlangen Flügen, habe ich die beiden Einführungstage hinter mich gebracht und bin nun genau da, wo ich mich vor einem halben Jahr nur im Traum gesehen habe. Ein Gefühl von Erfülltheit überkommt mich. Lächelnd liege ich im Bett, mein Grinsen wird immer breiter und plötzlich lache ich laut los.

„Angekommen!", sage ich leise und voller Dankbarkeit zu mir selbst. Im gleichen Moment halte ich mir verlegen die Hand auf den Mund. Mir wurde mal gesagt, dass nur merkwürdige Menschen Selbstgespräche führen. Aber ich glaube, dass gerade die Menschen, die nicht mit sich selbst sprechen, noch viel merkwürdiger sind.

Das Wildlife Center

Zuerst haben wir die Möglichkeit, unsere Sachen auszuräumen und etwas zu verschnaufen, bevor Chris uns abholt, um eine kurze Einführung über das Reservat zu halten. Clevererweise nutze ich die halbe Stunde, um von meinem Bett aus nach draußen zu schauen und mich zu entspannen, während Lina wie ein Flummi durchs Zimmer springt, um alles direkt auspacken zu können. Sie ist gerade fertig, da holt Chris uns auch schon in unserem Zimmer ab.
„Mist, ich hätte auch gerne noch einen Power Nap gemacht!"

Ich zucke nur grinsend mit den Achseln und sage nichts, da Chris bereits mit seiner Rede begonnen hat: „Herzlich Willkommen erst einmal! Ich hoffe, dass ihr bis hierher eine schöne Reise hattet und Südafrika euch gefällt. Ist das für euch alle das erste Projekt?“, fragt er und wir drei nicken zustimmend.

„Umso besser. Das Wildlife Center ist ein Reservat für in Not geratene Großkatzen. Unsere Aufgabe ist es, die Jungtiere aufzunehmen, aufzuziehen und auszuwildern. Die Löwen werden im Alter von circa 18 Monaten ausgewildert, wenn sie geschlechtsreif sind und sich in der Natur behaupten und fortpflanzen können. Aktuell haben wir zwei Löwen zur Betreuung hier. Das ist vorerst das Wichtigste zum Center selbst. Luisa wird euch, wenn ihr keine Fragen mehr habt, jetzt alles zeigen.“

Das Haus ist überschaubar. Es gibt drei Zimmer, zwei Bäder, die Küche und einen Wohnraum. Draußen begrüßt uns eine Terrasse, die fast größer als die Wohnfläche ist. Von hier aus können wir die Tiere des Reservates beobachten.

„Antilopen springen hier sehr oft vorbei und auch die Büffel kommen täglich zum Trinken. Nur Giraffen sind etwas scheu und haben sich, seit ich hier bin, noch nicht blicken lassen. Zumindest nicht direkt vor unserem Garten. Auf einem Busch-Walk werdet ihr sie bestimmt sehen! Wir haben außerdem noch einen weiteren Löwen namens Caby und zwei Wildkatzen, sowie eine Ziege namens Clumsy und Micky, einen garstigen Nasenbären. Vor dem solltet ihr euch in Acht nehmen. Er frisst alles an und attackiert jeden. Das Schlimme ist, dass man ihn nicht sieht, weil er ziemlich gut klettert und einen dann von oben anspringt und beißt.“

„Okay“, sagen wir und blicken uns vorsichtig nach Micky um, doch wir können ihn nirgends sehen. Ein Glück!

„Wenn ihr wollt, zeige ich euch die Gehege. Sie sind direkt dort hinten. Wenn ihr genau hinseht, erkennt ihr unsere beiden Karakale. Danach können wir die Flaschen für Clumsy und Alex vorbereiten. Die Pläne für die Fütterungen erkläre ich euch nach dem Rundgang, wenn es soweit ist.“

Wir folgen Luisa durch den Garten und lassen uns von ihr das erste Gehege zeigen. Wir treten näher und ein für mich riesiger Löwe kommt uns entgegen.

Krass, denke ich mir, als ich die Großkatze in dem kleinen Käfig sehe und werde ein wenig wehmütig. Glücklicherweise wird er ja bald ausgewildert werden.

„Warum ist er hier?", frage ich Luisa.

„Caby ist erst zwölf Monate und noch zu klein, um ausgewildert zu werden. Seine Mähne muss erst noch weiterwachsen und er muss geschlechtsreif werden. Er wird noch ein paar Monate hierbleiben, bevor wir ihn freilassen. Außerdem haben wir so die Möglichkeit, mit ihm und Alex spazieren zu gehen, wenn Besucher kommen."

„Oh, okay", antworte ich nickend. Doch tatsächlich wundert es mich, dass eine Tierschutzfarm fremde Menschen einfach mit den Tieren spielen und sie mit ihnen herumspazieren lässt. Andererseits sind auch wir als „ungelernte" Helfer*innen hier. Vielleicht sollte ich mir nicht zu viele Gedanken machen. Die Menschen hier werden schon wissen, was das Beste für die Tiere ist!

Wir besuchen das zweite Gehege, welches direkt hinter dem von Caby liegt. Darin schlafen zwei wunderschöne, sandfarbene Wildkatzen mit schwarzen Flecken und schwarzen Pinselöhrchen. Sie liegen eingekuschelt nebeneinander und heben nur kurz den Kopf, als wir an das Gehege treten.

„Das Weibchen ist schwanger. Wenn wir Glück haben, kommen die Jungen noch diese Woche", verkündet Luisa die freudige Botschaft und zaubert uns damit ein Lächeln ins Gesicht.

„So, und gleich hier um die Ecke wohnt unser Zicklein."

Man könnte nun glauben, dass eine Babyziege wenig spektakulär sei, wenn man gerade einem fast ausgewachsenen Löwen gegenübergestanden hat. Aber dem ist nicht so! Clumsy, was so viel wie ungeschickt bedeutet, ist ein kleines, männliches Zicklein mit schneeweißem, glatten Fell, das seinem Namen alle Ehre macht. Es stolpert auf uns zu und kuschelt sich an unsere Beine. Lina ist besonders fasziniert und nimmt sie direkt auf den Arm. Clumsy schmiegt sich zufrieden an sie und schließt die Augen.

„Die beiden sind wohl wie füreinander gemacht", bemerkt Luisa und fragt Lina im selben Atemzug, ob sie die Nachtbetreuung und die Fütterung übernehmen möchte.

„Klar!", stimmt sie freudig zu.

„Apropos Futter!", hebt Luisa den Zeigefinger: „Es ist Fütterungszeit. Lina, möchtest du schon mal üben, Clumsy zu füttern?"

Natürlich will sie und dafür bedarf es keiner Worte, sondern nur ein Blick in ihr glücklich strahlendes Gesicht. Um die „Turteltauben", wie wir sie spaßeshalber getauft haben, nicht zu trennen, bereiten wir die Flaschen zu dritt vor.

Die Küche befindet sich zwischen dem Gehege der Großkatzen und dem Haupthaus in einem kleinen quadratischen Gebäude.

„Die Milch ist im Kühlschrank", weist Luisa mich an.

Ich öffne die alte, schwere Kühlschranktür und muss innehalten, als ich nach der Milch greife: Zwei tote Augen blicken mich an. Neben der Milch liegt ein Huhn auf dem Rücken. Doch nicht nur das. Auch Unmengen rohes Fleisch lagern da und etwas, was ich nicht identifizieren kann, haben ihren Platz in diesem Eisschrank gefunden. Es ist nicht so, dass ich vegan leben würde[4]. Bis vor einem Jahr habe ich selbst noch Fleisch gegessen, aber so ein totes Huhn ohne Federn und mit Augen erschreckt mich schon. Doch was hatte ich gedacht? Dass die Löwen hier Gras fressen? In all den Dokumentationen, die ich gesehen hatte, hatte es mir nie was ausgemacht, wenn eine Horde Löwen ihre Beute riss, aber das spielte sich ja auch nur auf einer Mattscheibe ab. Das hier ist die Realität, der ich, im wahrsten Sinne des Wortes, ins Auge blicke.

„Michi?", reißt Luisa mich aus meinen Gedanken.

„Äh, sorry, ja. Milch, richtig!"

4 Heute lebe ich tatsächlich vegan.

„Du gewöhnst dich dran", zwinkert Luisa mir zu. „Aber vorerst kannst du das jetzt Lina bringen." Sie hält mir ein fertiges Fläschchen hin und ich öffne die dunkelgrüne Tür ins Freie. Draußen nehme erst einmal einen tiefen Atemzug, um mir wieder ein wenig Energie einzuhauchen. Ich mag Tiere, vor allem lebendige Tiere.

In Gedanken versunken überbringe ich das Fläschchen, stapfe zurück und bereite eine weitere Flasche vor, denn ich darf Alex füttern, während die anderen sich um die großen Katzen kümmern.

Alex' Flasche ist riesig. Ihr Aufsatz ist groß genug, dass ein Erwachsener daran saugen könnte. Der kleine Löwe steckt in seinem Außengehege und hüpft hungrig auf mich zu, als er die Milch in meiner Hand sieht. Er springt mich an und ich spüre wie seine spitzen Krallen meine Haut aufreißen. Aber das macht mir nichts. Schrammen und Kratzer bin ich gewohnt. Als Kind bin ich so gut wie täglich hingefallen, weil ich die Tage immer in der freien Natur verbracht habe, stets nach der Devise: Augen zu und durch! Daher schenke ich dem an meinem Oberschenkel herunterfließenden Blut keine Beachtung und mustere stattdessen das immer müder werdende Gesicht des Löwenbabies. Mit jedem Zug aus der Flasche werden seine Augen schwerer und schwerer. Doch jedes Mal, wenn sie zufallen wollen, reißt es die Lider wieder weit und erschrocken auf, wie ein Polizist, der im Nachtdienst schläft und vom Notruf geweckt wird. Doch irgendwann siegt die Müdigkeit und der kleine Löwe schlummert friedlich mit der Flasche in der Schnauze ein und sabbert dabei mein ganzes Bein voll. Ich lächle, lehne meinen Kopf an das Außengitter seines Käfigs und träume.

Unbemerkt ist es dunkel geworden. Jetzt, wo alles schwarz ist, kann ich die Natur viel besser hören. Das im Schlaf saugende Löwenjunge, die kreischenden Vögel und den Wind, der durch die Gräser der Savanne weht und dabei seine Jahrtausende alten Lieder singt.

Das ist eben auch TiA – unberührte Natur und atemberaubende Tiere.

„Wir können uns jetzt fürs Abendessen um 19 Uhr fertig machen", reißt Luisa mich aus meinen Träumen. Ich nicke und frage mich, wie lange ich denn bereits hier sitze, an diesem magischen Ort, wo Mensch und Löwe sich gute Nacht sagen?

Eine Ewigkeit, stelle ich fest, als ich auf mein Handy blicke. Um sieben gibt es Abendessen, sagte Luisa. Jetzt ist es bereits 18:34 Uhr. Ich sollte mich beeilen!

Sanft ziehe ich meinen Oberschenkel unter dem kleinen schlafenden Alex heraus und betrachte das friedliche Gesicht noch für einen Moment, ehe ich mir Schweiß und Gesabber abbrause. Glücklicherweise waren Lina und Stefanie bereits duschen, sodass ich von der Terrasse aus mehr oder weniger unters Wasser hüpfen kann.

Mit einem Handtuch um den Kopf geselle ich mich um kurz nach sieben zu den anderen, die bereits mit dem Essen begonnen haben. Sie teilen ihre liebsten Momente des heutigen Tages und jeder hat seinen ganz persönlichen Liebling auf dieser Farm. Lina liebt Clumsy. Stefanie den großen Löwen Caby und ich bin ganz verrückt nach dem kleinen Alex, dessen süßes, schlafendes Gesicht ich nicht aus meinem Kopf bekomme. Doch neben diesem Bild bleibt auch sein Geruch an mir haften, denn egal wie oft ich meine angesabberten Beine eingeseift und abgewaschen habe, ich rieche so streng und penetrant wie ein Löwe. Das ist tatsächlich kein Kompliment! Nach und nach wird es still am Tisch. Ich gähne zuerst und stecke den Rest an.

„Ich glaube, ich gehe schlafen", sagt Luisa und wir alle nicken zustimmend. Luisa packt ihren Nachtschützling Alex ein, denn sie übernimmt seine nächtliche Fütterung. Lina wird sich mit Stefanie und mir um Clumsy kümmern.

Um halb neun liegen wir – Stefanie, Lina, Clumsy, die Ziege und ich – in unserem 3er-Zimmer im Bett und löschen das Licht, denn morgen früh ruft die Arbeit und dafür sollten wir fit sein. Bereits in die dicke Decke gekuschelt, schreibe ich allen daheim noch schnell eine Gute-Nacht-Nachricht, bevor ich völlig erschöpft einschlafe.

Ziegenpisse am Morgen

„Was riecht denn hier so komisch?“, ist mein erster Gedanke, als ich erwache. Ein Gestank von Urin liegt in der Luft. Bilde ich mir das nur ein, frage ich mich in Gedanken, doch der Geruch wird mit jeder Sekunde penetranter.

„Wo kommt das her?“, nuschle ich und sehe plötzlich verschwommene Umrisse über mir. Erschrocken schnelle ich hoch und sehe, dass die Ziege mit mir im Bett liegt. Erst dann bemerke ich, dass sowohl meine Haare als auch das Kopfkissen völlig durchnässt sind und nach Urin riechen. Clumsy hat mich angepinkelt!

Angewidert und fluchend springe ich auf und knalle die Badezimmertür zu, um mich schnellstmöglich zu duschen.

„Ist das ekelhaft“, sage ich immer wieder zu mir selbst und wasche meine Haare drei Mal, ehe ich das Gefühl habe nicht mehr nach Ziegenpisse zu stinken – mit Löwensabber-Geruch kann ich leben, aber der Uringestank einer Ziege geht dann doch zu weit!

Jedoch bin ich nicht die Einzige, die diese Nacht eine unschöne Begegnung hatte. Luisa, die nachts für Alex zuständig war, wischt gerade seinen Durchfall auf, als ich zum Frühstück gehe. Löwenkot stinkt tatsächlich noch schlimmer als Ziegenurin. Wobei man sagen muss: Mit Tierfäkalien im Schlafzimmer ist es wie mit Pest und Cholera. Man braucht weder das eine noch das andere!

Ich schalte die Kaffeemaschine ein und öffne den Eckschrank der Küche, um nach den Filtern zu greifen, als mich etwas in die Hand beißt. Ich schrecke zurück, denke an eine Schlange, mein Herz bleibt stehen und ein Schauer durchfährt meinen Körper. Nachdem ich für wenige Sekunden wie paralysiert bin, springe ich zurück und blicke aus sicherer Entfernung in den Schrank. In der Einführung haben wir gelernt, dass es das A und O ist, zu wissen, wovon man gebissen wurde[5]. Ich kneife die Augen zusammen und

5 Das ist falsch, weiß ich heute. Gegen die meisten Schlangenbisse im südlichen Afrika wirkt tatsächlich dasselbe Gegengift.

sehe eine lange, nach oben gebogene Nase, zwei dunkle Knopfaugen und rotbraunes Fell. Ein Stein fällt mir vom Herzen.

„Das warst ja dann wohl du, Micky!"

Der Nasenbär schnappt sich eine Packung Butterkekse, springt aus dem Schrank und rennt davon. Vermutlich hätte ich ihm die Süßigkeiten besser abjagen sollen, aber nach der Ziegenattacke und dem vermeintlichen Schlangenbiss kann mein Gehirn nicht so schnell reagieren. Wieder in Gedanken versunken, greife ich nach einer Tasse aus dem Hochschrank und schenke mir schwarzes Gold ein. Noch einen Schuss Milch und mein Lebenselixier ist fertig!

Die weiße, etwas abgenutzte Landhausküche ist u-förmig und besitzt eine Theke mit vier Hochstühlen. Einen davon belege ich und spüre mit dem ersten Schluck Kaffee, wie mein Geist erwacht. Rechts neben der Theke hängt ein großes Whiteboard mit unseren Aufgaben. In fünfzehn Minuten müssen wir die Jungtiere füttern, danach alle Gehege säubern, sowie das Essen für die Großkatzen vorbereiten. Das Bild des toten Huhns flammt in meinem Kopf auf, doch ich verdränge den Gedanken direkt wieder. TiA.

Chris taucht auf und erklärt mir den Tagesablauf, den ich keine zwei Minuten vorher 1:1 vom Board abgelesen habe. Wahrscheinlich hat er die Erfahrung gemacht, dass die meisten Volontäre den Plan nicht lesen und dann Dinge vergessen, falsch machen oder ihn mit unnötigen Fragen löchern. Als Stefanie und Lina sich zu uns gesellen, wiederholt er seine Präventionsmaßnahme und ist pünktlich zum Arbeitsbeginn fertig mit seiner Rede.

Wir hüpfen von unseren Hockern und traben in die Tier-Küche. Das Thermometer dort zeigt bereits 22 Grad. Gemeinsam bereiten wir die Flaschen und das Fleisch vor. Heute füttert Stefanie Alex und da ich von Clumsy erstmal genug habe, überlasse ich Lina den Vortritt. Stattdessen darf ich mich mit meinen beigen Shorts auf den Beifahrersitz des Pick-ups setzen und die Wassertanks der Farm kontrollieren und befüllen. Die Torflügel öffnen sich und hinter den hohen Mauern begrüßt mich die Morgensonne Südafrikas, um mir die Landschaft dieses Landes in ihren schönsten Farben zu zeigen.

Ich kann mich kaum sattsehen, denn zu meiner Linken erstreckt sich eine Gebirgskette, überzogen von diesen wundervollen Bäumen, die man nur von Afrikabildern und dem *König der Löwen* kennt. Chris erklärt mir, dass sie *burcea africana* heißen.

An diesem Morgen lerne ich eine ganze Menge, zum Beispiel den Unterschied zwischen Impala- und Giraffen-Kacke: Impalas hinterlassen kleine fingernagelgroße Köttel, während eine Giraffe tischtennisball- bis tennisballgroße, ovale Köttel hinterlässt. Einer Giraffe hätte ich eigentlich deutlich größere Haufen zugetraut, denn gefühlt hinterlässt das kleine Impala genauso viel Kot wie die große Giraffe. Das liegt vielleicht daran, dass im Reservat deutlich mehr Impalas als Giraffen leben. Das lateinische Wort für Elefant erfahre ich auch: *Loxodonta africana.* Ich begegne gut einen Zentimeter langen Riesenameisen, die sich gerade über einen verendeten Frosch hermachen, und sehe einen wunderschönen Vogel. Als ich Chris frage, welche Art es ist, ist er jedoch schon davongeflogen, weshalb ich ihn einfach Belle taufe. Nach einer halben Stunde gelangen wir zum letzten Wassertank, der, wie alle anderen auch, halbvoll ist.

„Wir brauchen Regen", sagt Chris skeptisch. Zwar sind die Wasservorräte noch ausreichend, aber der Boden ist so trocken, dass die Gefahr für Buschbrände extrem hoch ist. Mit gesenktem Kopf erzählt er, dass die benachbarte Farm im vergangenen Jahr völlig ausgebrannt ist. Acht Menschen, unter anderem einer seiner Freunde, sind dabei ums Leben gekommen. Nur mit Mühe und Not konnten sie die Flammen stoppen, sodass nur ein Teil des Reservates betroffen war.

„Krass", erwidere ich, „sowas bekommt man sonst nur von der Stimme im Radio oder Fernsehen erzählt. Aber weil es jeden Tag so viele schlimme Nachrichten gibt, hört man schon gar nicht mehr richtig zu, obwohl es sich bei den Opfern um Menschen wie dich und mich handelt."

Chris nickt mir zustimmend zu: „Vermutlich ist es gut, dass wir all das, was um uns herum geschieht, einfach verdrängen, ohne weiter darüber nachzudenken."

Wohl wahr, denke ich und bringe mich wieder auf schöne Gedanken, indem ich in den Truck hüpfe, meinen Kopf ausschalte und mich erneut in die endlosen Weiten Südafrikas verliebe.

Die Sonne steht bereits hoch oben am Himmel, als wir wieder die Tore zum Center passieren. Lina, Stefanie und Luisa sitzen gerade auf den Stufen der Terrassentür und trinken Cola. Wir gesellen uns zu ihnen und besprechen den weiteren Ablauf: Der Garten muss noch gejätet, die Käfige gesäubert und neues Pulver für die Tiere besorgt werden. Als ich Luisa frage, wofür der weiße Zusatzstoff sei, zuckt sie mit den Schultern. Chris ignoriert meine Frage und zieht an seiner Kippe.

Stefanie und Luisa sind für das Gehege der Wildkatzen eingeteilt, während Lina und ich den Käfig von Caby säubern sollen. Als Chris uns erläutert, dass wir dafür zu dem zwölf Monate alten Löwen in den Käfig steigen sollen, während eine Dritte das Tier mit Fleisch ablenkt, schauen wir ihn ungläubig an. Er versichert uns, dass das absolut kein Problem sei. Zuerst bin ich optimistisch, doch als ich erst einmal im Gehege eingesperrt bin, traue ich mich kaum, einen Schritt zu machen. Zwar liegt die vollkommene Aufmerksamkeit der Großkatze auf dem Napf mit Fleisch, den Lina hält, aber keine fünf Meter von mir entfernt ist ein halbausgewachsener Löwe, dessen Mähne bereits zu sprießen beginnt. Ich soll nur den Kot und die Fleischreste aufsammeln, erinnere ich mich an Chris' Worte. Meine Hände zittern und da ich das Tier nicht aus den Augen lassen kann und will, brauche ich eine Ewigkeit, bis ich seinen Kot finde und aufkehre.

Dummerweise hat sich Caby in der Zwischenzeit vor die Eingangstür gelegt und zeigt keine Lust, von dort wegzugehen. Lina und die anderen versuchen, ihn ans andere Ende zu locken. Ohne Erfolg. In meinem Kopf flammt das Bild eines Mannes auf, der von einem Löwen getötet wird. Ich bekomme Panik. Schweiß läuft mir die Stirn hinab. Ich fühle mich so hilflos wie nie zuvor in meinem Leben. Ich will schreien, doch das würde mich nur interessant für Caby machen. Ich will weglaufen, doch der einzige Ausweg ist versperrt. Ich spüre meine Halsschlagader wild pulsieren, während meine Hände unentwegt zittern. Die Mädels reden mir gut zu, weil sie mir ansehen, dass ich immer panischer werde, doch ich kann sie kaum hören, geschweige denn antworten, weil ein kleiner Teil in mir noch immer die absurde Hoffnung besitzt, dass Caby mich noch gar nicht bemerkt hat.

Endlich kommt Chris.

„Was sollen wir tun?“, fragt Luisa. „Er hat noch nicht gegessen, deswegen ist es zu gefährlich ihn rauszulassen“, fügt sie hinzu. „Aber nicht zu gefährlich, um jemanden mit ihm in seinem Käfig einzusperren?“, schießt es mir durch den Kopf. Tränen steigen in meine Augen und jetzt habe ich wirklich Angst.

Chris denkt einen Moment nach und flehentlich reiße ich meine tränennassen Augen auf. Ihre Worte und sein Schweigen verdreifachen meine Angst. Alles woran ich in diesem Moment denke, sind zwei Worte: Hilf mir!

„Ich geh rein“, sagt Chris entschlossen. „Ich kenne ihn. Er tut nichts. Keine Sorge, Michi!“

Er schnappt sich eins von Alex’ Spielzeugen, ein getrocknetes Stück Kuduhaut, hält es sich vor die Beine und drängt Caby damit etwas vom Gehegeeingang zurück. Tatsächlich faucht der junge Löwe nur einmal kurz und schlägt mit seinen beachtlichen Pranken nach Chris, bevor er sich einfach in eine andere Ecke legt. Während meine Pupillen wie wild flackern, ist mein Körper reglos. Chris packt meine Hand und ich erschrecke innerlich zu Tode. Alles wird schwarz. Als ich wieder vor dem Gehege stehe, habe ich keine Ahnung, was in den letzten Sekunden geschehen ist, aber ich bin unversehrt.

Heulend breche ich in Chris Armen zusammen. Mir wird übel, immer wieder schwarz vor Augen und ich kann nicht aufhören zu zittern, weshalb die anderen mich ins Bett bringen. Tatsächlich bin ich so erschöpft, dass ich direkt einschlafe.

Eine gute Stunde später läuft mein Organismus wieder so gleichmäßig wie sonst. Gedanklich aber bin ich noch immer völlig weggetreten, weshalb ich mich zu dem Gehege des kleinen Alex zurückziehe und mir meine Erlebnisse von der Seele schreibe.

Liebes Leben,
ich habe keine Ahnung, ob das eben wirklich passiert ist. Ich hatte unbeschreibliche Todesangst, was mir noch jetzt die Luft abschnürt. Ich kann all das irgendwie noch nicht einordnen oder abschätzen, aber mir kam es so vor, als hätte jede Sekunde meine letzte sein können.

Selbst Chris war das Ganze nicht geheuer, aber warum würden sie uns denn solchen Gefahren aussetzen? Andere Länder, andere Sitten? Oder stelle ich mich gerade einfach nur an? Vielleicht war alles ja nur halb so wild und kam mir nur so dramatisch vor? Ich weiß es echt nicht. Irgendwie fühle ich mich hier nicht mehr so richtig sicher und wohl. Vielleicht war all das einfach nur ein Fehler!

Naja, ich versuche einfach mal Gras über die Sache wachsen zu lassen. Doch eines ist sicher – das Löwengehege werde ich nicht mehr reinigen!

Nachdem ich meinen Kopf auf diese Weise von seinem Gedankenchaos befreit habe, komme ich langsam wieder in meinem Normalzustand an. Dennoch werde ich das Gefühl nicht los, dass etwas in diesem Wildlife Center nicht stimmt.

„Jetzt entspann dich mal", ermahne ich mich jedoch selbst und schließe die Augen.

Die Sonne scheint mir ins Gesicht und ich spüre, wie ich mit jeder Minute gebräunter werde. Wunderschöne Bilder von wilden Tieren, weiten Savannen und unendlicher Freiheit flammen in meinem Kopf auf. Und nun sehe ich eines der anmutigsten Tiere in einem kleinen Käfig liegen, füttere Nasenbären mit Butterkeksen und pflege kranke Babies.

Ich blicke mitleidig neben mich. Der Zustand von Alex verschlechtert sich weiter. Sein Kot ist mittlerweile wie Wasser und er schwankt wie benommen umher. Als ich ihm die Flasche mit der Milch hinhalte, schauen mich seine glasigen, kranken Augen teilnahmslos an. Ein Tierarzt soll wohl am Wochenende nach ihm schauen und ihn behandeln. Hoffentlich geht es dir bald besser, denke ich und streichle seinen Kopf zwischen den wuscheligen Ohren. Er blickt auf und ich frage mich, was er bloß haben könnte. Aus Langeweile frage ich Dr. Google um ärztlichen Rat, doch er kann mir keinen Aufschluss geben. Stattdessen zeigt er mir ein gänzlich unerwartetes Wort: Trophäenjagd.

Die drei Phasen

Ich klicke auf den dazugehörigen Link. Stumm lese ich einen Bericht über die drei Phasen der Trophäenjagd in Südafrika. Jede Zeile wirkt wie eine Beschreibung des Centers, in dem ich sitze. Helfer*innen, die angeblich notleidende Babylöwen aufziehen dürfen, in dem Glauben, dass die Tiere ausgewildert werden würden. Heranwachsende Tiere, die ohne hinreichende Sicherheitsstandards für Spaziergänge mit Locals und Touristen missbraucht werden. Sobald die Löwen dann ausgewachsen sind und ihre schöne Mähne ausbilden, werden die Tiere verkauft und erschossen. Das nennt man die drei lukrativen Phasen des Tiertourismus.

„Die drei Phasen", starre ich mein Handy an, als hätte es sich in eine Kobra verwandelt. Gleichzeitig drängt sich mir der Gedanke auf, dass ich mich wie ein Verschwörungstheoretiker benehme. Nur weil ich so etwas im Internet finde und manches auf das Wildlife Center zutrifft, heißt das doch noch lange nicht, dass ich in so einem Projekt gelandet bin, oder? Vielleicht bin ich gerade einfach nur zu emotional und aufgewühlt, kann nicht ganz klar denken und finde plötzlich alles verdächtig. Eine deutsche Organisation würde ihre Kunden doch nicht in solche Projekte vermitteln, beruhige ich mich. Immerhin habe ich eine Menge Geld bezahlt, um hier zu sein, um im Tierschutz zu arbeiten und um etwas Gutes zu tun. „Du hattest schon immer eine blühende Fantasie", würde meine Mutter jetzt sicher sagen, aber ich hatte auch schon immer einen klaren Verstand!

Ich komme nicht dazu, meinen Gedankengängen weiter zu folgen, denn plötzlich springt mich etwas an und beißt mir in die Schulter.

„Micky", schrecke ich auf. Der Nasenbär scheint Gefallen an meinen Locken gefunden zu haben, weshalb er sich ein Büschel Haare schnappt und mit aller Gewalt an meinem Zopf zieht. Ich schreie und wehre mich, doch Micky lässt einfach nicht los. Wütend schüttele ich meinen Kopf hin und her – umsonst! Schließlich beuge ich mich ruckartig nach vorne und wieder zurück, bis Micky endlich genug von dem Ritt auf mir hat. Reflexartig greife ich nach meinem Haar und binde es zu einem Dutt zusammen, während der Nasenbär mir die Beine blutig beißt. Ich flüchte auf mein Zimmer und lasse mich in Linas Bett fallen, da meins noch immer nicht abgezogen wurde. Das ganze Zimmer riecht mittlerweile allerdings so stark nach Urin, dass ich das Abziehen nach einer kurzen Verschnaufpause selbst in die Hand nehme. Bettzeug in die Waschmaschine werfen, Matratze schrubben, zum Trocknen in die Sonne stellen und für die Nacht eine neue besorgen ... Glücklicherweise zeigt die Haushaltshilfe mir direkt, wo ich eine andere bekomme. Ich weiß nicht, ob sie froh ist, dass ich ihr die Arbeit abgenommen habe oder genervt. Immer wieder beteuert sie: „Is my job". Ich versuche ihr zu erklären, dass es mir keine Umstände bereitet hat. Doch wir scheitern beide an der Sprachbarriere: Ihr Verständnis für meine Worte ist so gebrochen wie ihr Englisch. Also verbleiben wir mit einem „next time your job!". Ich schwöre mir, es wird kein nächstes Mal geben!

Als ich die Matratze ins Schlafzimmer trage, höre ich ein leises Knistern. Erst schenke ich dem Geräusch keine Beachtung und richte mich neu ein. Als mich eine lange dunkle Nase vom Hochbett aus anvisiert, bemerke ich das Übel. Micky! Auf etwas herumkauend blickt er mich mit frecher Miene an, bevor sein Kopf wieder verschwindet. Mist! Er scheint an Stefanies Rucksack zu fressen, begreife ich schließlich und verscheuche das kleine Biest. Als ich die Leiter zu Stefanies Bett hochklettere, sehe ich, dass er sich nicht nur über ihre Snacks hergemacht hat, sondern auch über die Seiten ihres Romans. Glücklicherweise konnte er sich nur mit dem Vorwort davonstehlen.

Stefanie kommt ins Zimmer und schaut mich entgeistert an.

„Micky hat sich über deinen Rucksack hergemacht."

„Oh, Scheiße", stürmt sie zu mir. Genervt durchforstet sie ihre Sachen. Ihr Bett ist übersät mit Krümeln und dem Inhalt ihrer Tasche. Ich setze mich auf mein frisch bezogenes Bett und beobachte sie schweigend.

„Irgendwie macht das keinen Spaß", seufzt sie, ohne mich anzusehen.

„Was meinst du?", frage ich.

„Alles irgendwie. Kommt dir das nicht komisch vor hier? Ich meine Spaziergänge mit Löwen, Babies, die vom Himmel fallen und Nasenbären, die Butterkekse frühstücken? Ich wollte etwas für das Wohl von Tieren tun, aber mit Tierschutz haben die Vorgänge hier reichlich wenig zu tun, finde ich. Die Besitzerin kam heute Morgen, als du mit Chris weg warst und sie ist die Pest. Eine superreiche Lady, die hier residiert, wenn es ihr beliebt und die schon immer mal einen Nasenbären, Wildkatzen oder Antilopen als Haustiere besitzen wollte. Da fragt man sich doch echt, wie so ein Mensch eine Tierschutzfarm gründen konnte und ob die Dame überhaupt die leiseste Ahnung von Tierschutz hat. Jedoch noch viel wichtiger: Tun wir hier, was sie toll findet oder helfen wir tatsächlich notleidenden Tieren? Sie spricht nämlich von ihrem Center, als wären die Lebewesen in den zu kleinen Gehegen Kuscheltiere auf einer Playmobilfarm."

Entsetzt schweige ich für eine Sekunde. Ich bin also nicht die Einzige, die hier Zweifel hat. Ich überlege, ob ich Stefanie erzählen soll, was ich eben gelesen habe. Dann beschließe ich, lieber noch ein wenig abzuwarten. Gerade ist sowieso kein guter Zeitpunkt, denn wir müssen los, um die Nachmittagsarbeiten zu erledigen.

Die nächsten Stunden verlaufen in bedrückter Stimmung. Wir Neulinge haben das Gefühl, dass etwas nicht stimmt. Luisa, die selbst nur Helferin ist, bemüht sich, uns zu unterhalten. Zwar bemerkt sie, dass wir drei ziemlich verhalten sind, lässt sich aber nichts anmerken und redet ununterbrochen, obwohl weder Stefanie noch Lina noch ich den Mund aufkriegen.

Nach der Babyfütterung um vier Uhr verziehen wir uns auf unser Zimmer. Die Tür ist kaum ins Schloss gefallen, da sprudelt Lina los: „Hier stimmt was nicht. Alex hat wieder alles erbrochen, was ich ihm gefüttert habe. Die Wildkatzen und Caby scheinen auch krank zu sein. Das Pulver, das sie den Tieren verabreichen ist übrigens ein Hormonpulver. Ich habe die Verpackung gefunden: Die Tiere sollen größer werden und schneller wachsen. Die Frau – Michi, du hast sie noch nicht kennengelernt – hat doch wohl einen Sockenschuss: Sie bezeichnet alle Tiere hier als Haustiere und wird die Wildkatzenbabies verkaufen. Von wegen Auswilderung! Ich glaube ja viel, aber mit Tierschutz hat das alles hier nichts zu tun!"

Lina spricht uns aus der Seele. Ich möchte antworten, doch Linas und Stefanies Aufmerksamkeit scheint woanders. Ich folge ihren Blicken und sehe Caby durch den Garten laufen. Er ist ausgebrochen!

„Scheiße!", brüllen wir und springen auf. Als wir die Zimmertür aufreißen wollen, klopft es. Jara, die Besitzerin der Farm, steht in der Tür und verkündet, dass sie mit Caby spazieren gehen wird; ob jemand mitkommen möchte?

Unsere entsetzten Blicke treffen sich und noch bevor wir antworten können, werden wir verpflichtet, sie zu begleiten, damit sie uns kennenlernen kann. Stattdessen lernen wir sie kennen: In ihrem ungebremsten Redeschwall kommt keine von uns zu Wort. Ich bin mir nicht mal sicher, ob sie am Ende weiß, wie wir heißen. Wir erfahren, dass sie noch drei Pferde, weitere Löwen, ein paar Giraffen und viele Impalas besitzt. Sie erzählt, dass sie in den letzten sechs Monaten zwanzig Kilo abgenommen und sich vor einem Jahr von einem totalen Volltrottel getrennt hat. Ihr Friseur heißt Xaver und jeden Dienstag geht sie zum Personal Training – Jara spricht ohne Punkt und Komma. Ihr Essensplan sieht nur 800 Kalorien pro

Tag vor, weshalb sie zwischendurch immer in eine Gurke beißt, die sie in der Tasche trägt. Nach einer Stunde sind wir endlich entlassen und das, obwohl Cabys „Spaziergang" nur eine Runde durch den Garten war und eigentlich nach zehn Minuten fertig. Nach dem Abendessen, das wir mit Jara einnehmen, verziehen wir uns schnellstmöglich aufs Zimmer. Und nun erzähle ich Lina und Stefanie von dem Bericht.

„Kommt hin", sagt Stefanie. Linas erste Reaktion lautet: „Kranker Scheiß!" Wir alle schweigen für einen Moment und beschließen, dass wir uns morgen nicht mit Schweigen abspeisen lassen. Stattdessen werden wir auf Antworten bestehen: Wo kommen die Löwen her? Was wird mit ihnen geschehen? Ist das Wildlife Center wirklich eine Tierschutzfarm? Warum sind die Tiere krank? Wieso werden die Karakal-Babies verkauft und an wen? Bevor wir das Licht ausschalten, füttern wir noch Clumsy, die diese Nacht leider erneut bei uns schlafen wird. Ich zwinkere dem Zicklein zu und verspreche ihm, es an die Löwen zu verfüttern, sollte es mich nochmal anpinkeln. Das letzte Bild des Tages zeigt, wie die kleine Ziege mit ihrem Schwänzchen wackelt. Ich schnaube lächelnd und schalte das Licht aus.

Das Klingeln des Weckers ist der Startschuss für unsere Aufklärungsmission. Wir haben beschlossen, herauszufinden, was hinter all dem steckt und sollte das hier wirklich eine dieser Trophäenjagdfarmen sein, gemeinsam abzureisen. Wohin es uns verschlagen wird, wissen wir noch nicht genau, doch wir hoffen, dass unsere Organisation uns weiterhelfen kann.

Das alles sind meine ersten Gedanken des Tages. Die zweiten sind: Es stinkt schon wieder. Ungläubig blicke ich auf und erlebe ein Déjà-vu. Clumsy liegt auf meinem durchnässten Kopfkissen. Meine Haare sind ebenfalls feucht und genau wie gestern springe ich auf, knalle die Badezimmertür zu, bevor ich überhaupt etwas sagen kann und dusche mich ab. Fluchend putze ich die Zähne, ziehe mich an und beschließe: Nur eine Tasse Kaffee kann mich an diesen Morgen noch retten!

In blauen Shorts und kariertem Hemd stapfe ich in die Küche, gieße Instantkaffee auf und warte auf Lina und Stefanie. Gerade als ich unser aller Tassen gefüllt habe und mich an die Theke setze, kommen die beiden aus unserem Zimmer und begrüßen mich mit dämlichen Codenamen, die sie sich wohl eben ausgedacht haben. Tatsächlich fühlen wir uns ein wenig wie Agent*innen, die einen streng geheimen Fall zu lösen haben, denn eine jede hat heute ihre Aufgaben, ihre Zielperson und einen Fragenkatalog im Gepäck. Ich frage Chris, weil wir am Vortag schon ins Gespräch gekommen sind, während Stefanie sich um Luisa kümmert. Lina hat die ehrenvolle Aufgabe sich an Jara zu heften. Am Abend werden wir dann eine Entscheidung treffen. Zwar können wir nicht mit Sack und Pack abhauen, denn die Farm gleicht einem Hochsicherheitstrakt, jedoch werden wir einen Weg finden, wenn es soweit ist. Ich schmunzle bei dem Gedanken, bis mich erneut etwas ins Bein beißt. Komischerweise erschrecke ich schon gar nicht mehr, denn nach zwei Tagen bin ich die Attacken von Micky gewohnt. Natürlich hat er wieder so feste gebissen, dass es blutet. Aber was soll es, denke ich mir und ziehe die Knie an meine Brust.

Chris kommt fünfzehn Minuten vor Arbeitsbeginn in die Küche und schenkt sich eine Tasse Kaffee ein. Ich frage ihn, wie wir es heute mit Caby machen werden, doch er antwortet nur knapp, dass ich mir keine Sorgen machen müsse. Mehr ist nicht aus ihm herauszubekommen. Verdächtig blicken *Sherlock Holmes*, alias Stefanie, und *Inspector Barnaby*, alias Lina, mich an.

Belle

Die Terrassentür öffnet sich so ruckartig, dass wir zusammenschrecken. Jara begrüßt uns in geblümtem Kleid, bunten Boots und Rangerhut. Mit übertriebener Freundlichkeit eröffnet sie uns, dass sie eine Überraschung für uns vorbereitet hat: Schießtraining, ein Busch-Walk und Freizeit stehen auf dem Plan. Immerhin seien wir ihre

Gäste und nicht nur zum Arbeiten hier! Wir schielen uns über den Rand unserer Kaffeetassen an und ich denke mir, eigentlich bin ich schon nach Südafrika gereist, um im Tierschutz zu arbeiten. Das alles stinkt noch schlimmer als die Ziegenpisse in unserem Zimmer.

Wenig später sitzen wir zu dritt auf dem Rücksitz des Trucks und verlassen die Tore der Farm in Richtung Schießtraining. Die Übung soll auf einem abgelegeneren Gelände der Farm stattfinden. Ein Mann namens Alan wird uns heute unterrichten, damit wir lernen, was wahre Ranger alles können müssen. Obwohl wir skeptisch sind, freuen wir uns mittlerweile ein wenig. Nach zehn Minuten sehen wir einen großgewachsenen Mann in der Ferne. Freudestrahlend, mit der südafrikanischen Sonne im Rücken, kommt er auf uns zu.

„Hallo Ladies! Ihr wollt heute schießen lernen?", zwinkert er uns zu.

„Zumindest wollen wir es mal ausprobiert haben", entgegnet Stefanie.

„Super! Dann stellt euch hier auf. Wir machen ein paar Übungen und versuchen dann, auf die Sandsäcke zu zielen. Zuerst einmal kneift ein Auge zu. Welches ist euer stärkeres Auge?"

Ich kneife das linke Auge zu, damit ist das rechte Auge mein stärkeres. Glaube ich.

„Gut. Seid ihr nun Links- oder Rechtshänder? Bestenfalls seid ihr alle Rechtshänder, weil ihr das linke Auge geschlossen habt."

Wir nicken brav, wie kleine Mädchen am ersten Schultag. Danach absolvieren wir noch ein paar Gleichgewichtsübungen, bevor Alan uns zeigt, wie wir das Gewehr halten sollen. Für mich sieht es aus wie ein Kriegsgewehr aus einem Hollywoodfilm. Dann geht es direkt los. Eine nach der anderen darf das Zielen üben. Ich schieße als Letzte, denn mit dem schweren Ding in der Hand fühle ich mich tatsächlich ziemlich unwohl. Das merkt man auch, da ich die Einzige bin, die den Sandsack nicht einmal ansatzweise trifft. Alan stellt sich hinter mich, versucht meine Schulter zu stabilisieren und mir Halt zu geben, doch auch die nächsten

Schüsse verfehlen ihr Ziel. Irgendwann klopft er mir lachend auf die Schulter.

„Meine Liebe, solltest du jemals verheiratet sein und deinen Mann töten wollen, vergifte ihn. Ehe du ihn erschossen hast, hast du dich selbst getroffen."

Etwas verlegen lache ich ebenfalls und nehme es mit Humor. Ich hatte nicht erwartet eine gute Schützin zu sein. Dafür ist Stefanie umso besser! Sie hat unfassbar Spaß, während ich mich ein paar hundert Meter abseits im Schatten niederlasse und Vögel beobachte. Eine „Belle", wie ich die Vogelart getauft habe, fliegt vorbei. Ich erkenne sie direkt wieder, denn noch nie habe ich einen so bunten, wunderschönen, kleinen, kugelrunden Piepmatz gesehen. Der Kopf schimmert hellgrün, während die Brust fliederfarben ist und das Gefieder an Flügeln und Rücken sich in blau und gelb färbt. Ich zücke mein Handy, um ein Foto zu schießen, doch gerade als ich den Code entsperrt habe, knackt das Geäst unter mir und Belle fliegt davon.

Nicht schlimm, denke ich. Glücklicherweise habe ich den Moment nämlich mit all meinen Sinnen, meinem Herzen und in vollem Bewusstsein aufgenommen. Ich werde deine kleine, kugelrunde Form und dein wunderschönes Federkleid für immer in Erinnerung behalten. Bye, Belle!

Meine Augen beobachten den Wind, wie er durch die kahlen Bäume weht, kleine Steine durch die Luft wirbeln lässt, Düfte und Gerüche in meine Richtung trägt und alles beeinflusst, ohne jemals sichtbar zu werden. Erst eine springende Antilope reißt mich aus meiner Trance. Sie hüpft etwa zwanzig Meter entfernt durch das Geäst. Ich blicke mich um und frage mich, ob sie alleine ist. Ich dachte nämlich immer, dass Antilopen Herdentiere seien. Aber das sagt man ja auch von uns Menschen. Tatsächlich bin ich jedoch der beste Gegenbeweis, denn am liebsten irre ich allein umher. Vielleicht ist das da eben eine besondere Einzelgänger-Michi-Antilope. Der Gedanke gefällt mir und ich winke meinem tierischen Ebenbild zu. Es schreckt zusammen, als es meine ruckartige Bewegung vernimmt. Hm, auch das war ein typischer „Michi-Move", denke ich mir mit einem frechen Grinsen auf den Lippen und schließe die Augen.

Viele Minuten und vielleicht sogar Stunden der puren Entspannung vergehen, bis mir jemand gegen den Fuß tippt. Ich öffne die Augen. Die Mittagssonne blendet mich so stark, dass ich nichts sehen kann, erkenne Stefanie aber an ihrer Stimme.

„Wir brechen auf", teilt sie mir mit und ich nicke mit zusammengekniffenen Augen. Etwas träge erhebe ich mich von meinem staubigen Plätzchen und halte, in Gedanken an meinen Traum vor vielen Monaten, für einen Moment inne. Staub sieht in Südafrika tatsächlich anders aus als in Europa: Die kleinen Körner sind nicht grau und trist, sondern funkeln in einem sonnigen Gelb.

Nun weiß ich, warum Ranger immer einen Hut tragen: Die Sonne knallt uns ziemlich auf den Kopf und erst jetzt wird mir bewusst, dass ich – abgesehen von einem Kaffee – noch nichts getrunken habe. Echten Ranger*innen würde das wohl nicht passieren, aber glücklicherweise haben wir einen echten Wildhüter an unserer Seite, der für die Möchtegerns unter uns mitdenkt.

„Wir machen uns jetzt auf. Für jeden einen Sonnenhut, Sonnencreme, Insektenspray und eine Wasserflasche. Wie ich sehe, habt ihr nämlich nichts dergleichen eingepackt."

Verlegen versuchen wir uns rauszureden, aber Alan lacht nur: „Keine Sorge, das bin ich gewohnt!"

Zügig geht er vorneweg. Gemeinsam laufen wir im Gänsemarsch durch die südafrikanische Landschaft und hinterlassen dabei unsere Spuren im Sand.

Alan spricht voller Euphorie und sprudelt wie ein Wasserfall. Als sei er ein wandelndes Lexikon erklärt er uns jeden Baum, jede Spur und jedes Insekt, das vorbeifliegt. Häufig kann ich nicht einmal so schnell schauen, wie er spricht, doch das macht nichts. Das, was ich sehe, erkenne und verstehe, prägt sich ein. So weiß ich nun, wie ich Impalaspuren erkenne, behalte mir, dass die große Spinne, die wir gesehen haben, eine „Baboon Spider" ist und dass man Zebras gut am Kot erkennt. Wenn das so weitergeht, lächle ich in mich hinein, werde ich bald Tierkot-Expertin und klopfe mir gedanklich auf die Schulter.

„Seht ihr das?", fragt Alan und zeigt auf meine Belle. Da ist sie wieder oder zumindest ein Vogel, der ihr ziemlich ähnlich sieht. „Das ist eine Gabelracke. Sie sind gar nicht mal so häufig anzutreffen, aber wunderschön. Könnt ihr die verschiedenen Farben erkennen? Ich werde sie nun aufscheuchen, damit ihr die Flügel in voller Pracht sehen könnt. Also aufgepasst!", weist er uns an und klatscht in die Hände. Die kleine Belle-Gabelracke schreckt auf und flattert davon. Ich ergötze mich erneut an ihrem wunderschönen Gefieder, den leuchtend blauen Flügeln und der fliederfarbenen Brust. Im Nachhinein ärgere ich mich wieder ein wenig, dass ich kein Foto gemacht habe, denn nur zu gern hätte ich diese Schönheit mit ganz lieben Grüßen in die Heimat geschickt.

Den ganzen Morgen hatte ich mich gefragt, warum Alan lange Hosen trägt. Jetzt, wo wir weiter durch das trockene Buschland stapfen, wird es mir sonnenklar: Die abgestorbenen, dornigen Äste bleiben immer wieder in meiner Haut stecken und hinterlassen tiefe Schrammen. Doch nicht nur ich bereue es, heute nicht zu langer Kleidung gegriffen zu haben. Auch Lina und Stefanie sind total verkratzt. Wir wandern bis Sonnenuntergang. Neben unzähligen Antilopen sehe ich mein erstes Zebra aus der Ferne, erblicke ein paar wilde Büffel beim Fressen und beobachte immer wieder, wie ein Vogel nach dem anderen frei vor uns herfliegt und ein Tanzschauspiel im Himmel veranstaltet, ehe er sich wortlos verzieht, noch bevor eine von uns ihre Kamera zücken kann.

„Ihr braucht keine Bilder", wiederholt Alan immer wieder, während er auf sein Herz klopft. „Es ist doch alles hier drin!"

Ich lächle und stimme ihm schweigend zu. Die kommenden Stunden vergehen wie im Flug. Doch als ich Jara in ihrem weißen Truck sehe, holt mich die Realität ein. Noch immer bin ich unschlüssig und habe keine Ahnung, was hinter all dem steckt, aber das hat in den letzten Stunden auch keine Rolle gespielt, denn Belle, Alan und das wilde Südafrika haben mich verzaubert.

194 Packungen Butterkekse

Am Abend beschließt Stefanie spontan, die Bombe platzen zu lassen. Noch vor dem Dessert spricht sie unsere Vermutung durch die Blume an und ich bewundere ihren Mut. Gleichzeitig habe ich ein wenig Angst, denn wir sind hier auf Jara und die Farm angewiesen.

Der Auslöser ist, dass Luisa inzwischen das Gespräch gesucht hat. Sie berichtet uns, dass Alex nicht erst seit gestern krank sei und ihr all das auch seltsam vorkäme. Allerdings habe sie einen Haufen Geld für ihren Aufenthalt hier im Wildlife Center gespart und versuche daher, das Beste daraus zu machen. Immerhin sei sie bis vor zwei Tagen noch ganz alleine gewesen. Dennoch würde sie sich freuen, wenn wir sie nicht ausschließen würden, denn sie könne nichts für die Mißstände. Tatsächlich haben wir bei unserer Mission wohl vergessen, dass Luisa im selben Boot wie wir sitzt. Im Nachhinein tut mir mein Verhalten wahnsinnig leid!

„Isst Micky eigentlich nur Butterkekse?“, fragt Stefanie, als der Nasenbär sich wieder mit den Plätzchen davonstiehlt.

„Micky ist besonders“, zwinkert Jara uns zu. „Er liebt Kekse und isst tatsächlich kaum etwas Anderes. Ich habe versucht, ihm Käfer und Insekten zu geben. Auch Joghurt lehnt er ab. Ich kann ihn ja nicht verhungern lassen.“

Ich weiß nicht, was ich von ihrer Antwort halten soll und stochere daher weiter in meinem grünen Blattsalat herum. In meinen Gedanken biete ich Jara gerade Paroli, aber ich möchte nicht aus einer Emotion heraus antworten und versuche daher, erst meine Gedanken zu sammeln. Ehe ich einen geraden Satz formulieren kann, äußert Stefanie ihre Skepsis.

„Ich weiß nicht. Das scheint mir nicht artgerecht.“

Jara stoppt, hält inne, atmet tief ein und beginnt: „Mir wurde bereits berichtet, dass es hier scheinbar ein paar Probleme und kritische Nachfragen gab, also bin ich ehrlich zu euch. Die Jungtiere sind nicht notleidend, sondern kommen aus unserer eigenen Zucht. Aber das macht für euch keinen Unterschied, weil es für

Südafrika ganz normal ist. Das hier ist meine Form von Tierschutz. Ihr könnt nicht in ein fremdes Zuhause kommen und über mich, meine Farm und die Tiere urteilen, wenn ihr keine Ahnung von diesem Land habt. Ihr seid nur Touristen, die ihren Jahresurlaub machen, aber ich lebe seit 41 Jahren in diesem Land und weiß, wie der Hase läuft. Außerdem ..."

„Aber das erklärt noch nicht, warum die Tiere krank sind", unterbricht Stefanie sie rundheraus.

„Die Tiere sind halt manchmal krank. Das kommt vor."

„Seit Wochen?"

„Ihr seid doch erst seit ein paar Tagen hier. Das könnt ihr nicht wissen."

„Doch. Luisa weiß es. Seit sie hier ist, geht es den Tieren nicht gut."

Jara schielt bösartig zu Luisa, die in ihrem Teller stochert und sich vermutlich am liebsten irgendwo verstecken würde. Genau wie ich. Luisa ist eine ruhige Seele. Eine kleine Frau, vielleicht 1,60 groß, mit einem starken Bedürfnis, es anderen Recht zu machen und in Ruhe zu leben. Zwar kann ich, im Gegensatz zu Luisa, auch mal richtig bockig sein, mich sogar wunderbar streiten oder bis zwölf Uhr nachts diskutieren, aber das in der Regel nur mit Menschen, die mir sehr nah stehen. Nach außen hin bin auch ich lieber friedlich, ruhig und zurückhaltend.

„Was auch immer euch hier nicht gefällt", holt Jara aus und steht auf, „ihr könnt gern abreisen. Ich gebe mir alle Mühe, um euch einen schönen Aufenthalt zu organisieren, rufe Bekannte an, die mit euch schießen und wandern, gebe euch frei und koche. Aber wenn euch all das nicht passt, müsst ihr gehen."

Mit diesen Worten verlässt sie den Tisch, reißt die Balkontür auf und schleudert sie zu, dass das Glas klirrt. Ein schlechtes Gewissen überkommt mich und ich stelle mir kurz die Frage, ob wir uns wirklich unfair benommen haben. Andererseits argumentiert Jara am völlig falschen Ende: Der Buschwalk, das Schießtraining und auch unsere Freizeit haben nichts mit dem Wohl der Tiere zu tun. Sie kann uns nicht bespaßen und hoffen, dass wir deswegen über das Offensichtliche hinwegsehen. Auch wenn ich nicht weiß, was hier alles vor sich geht, so weiß ich dennoch genau, dass es nichts mit Tierschutz zu tun hat, wenn man gezüchtete Tierbabies von Freiwilligenhelfer*innen aufziehen lässt, um sie von einem Touristen zum nächsten zu reichen, bis „was auch immer" mit ihnen geschieht. Ich will Tieren helfen, nicht um jeden Preis mal einen Löwen gestreichelt haben. Daher werde ich meine Organisation kontaktieren und abreisen. Stefanie und Lina tun es mir gleich und wir sind voller Hoffnung, dem Center bereits morgen oder übermorgen den Rücken kehren zu können.

Liebe Bea,
*leider ist das vermittelte Projekt nicht, wie beschrieben, eine Tierschutzstation, sondern eine Zuchtfarm für Löwen und andere Großkatzen. Entgegen der Angaben ist hier kein Tierarzt, der die Helfer*innen im Umgang mit den Tieren betreut, sondern nur ein Mitarbeiter. Teilweise sind wir auf uns alleine gestellt und müssen mit offensichtlich kranken Tieren arbeiten.*

Täglich werden wir von dem freilaufenden Nasenbären angegriffen und bringen uns selbst in Gefahr. Ich möchte das Projekt verlassen, denn ich habe nicht eine Menge Geld gezahlt, um an so einem Ort zu landen.
Liebe Grüße,
Michelle Stolz

Die Antwort, die am nächsten Tag in mein Postfach flattert, ist ernüchternd: Die Reiseagentur bietet mir an, mich in einer Woche umzusiedeln. Glücklicherweise haben wir alle während der Veranstaltungswoche die dreitägige Krüger-Tour gebucht, sodass wir effektiv nur vier weitere Tage in Jaras so genanntem „Wildlife Center" sein werden. Auch wenn wir am liebsten gleich unsere Sachen packen würden, möchten wir die restliche Zeit nutzen, um Bilder, Daten und Beweise zu sammeln. Unser Ziel: Andere Menschen, die helfen möchten, vor so einer Enttäuschung zu bewahren, indem wir die Fotos an unsere Reisevermittlung weiterleiten.

„Auf in den Kampf!“, sagt Lina mit ihrem trockenen Humor und noch völlig verschlafenen Augen, um dann ohne jeden Schwung unsere Zimmertür zu öffnen. Stefanie und ich kichern unwillkürlich: Es ist so lustig, wie sarkastisch sie manchmal sein kann.

Uns empfängt eine noch angespanntere Stimmung als sonst. Luisa sitzt bereits grübelnd in der Küche. „Chris liegt im Krankenhaus“, begrüßt sie uns.

„Was?“, fragen wir im Chor und ich denke sofort daran, dass er sich vielleicht bei den kranken Tieren angesteckt haben könnte.

„Ja, er scheint wohl irgendwas Schlimmeres an den Nieren zu haben. Er nimmt, laut Jara, regelmäßig Medikamente, aber die wirken wohl nicht mehr. Mehr weiß ich allerdings auch nicht. Jara war eben kurz hier, hat mir die Info gegeben und mir damit mehr oder weniger die Verantwortung für heute übertragen. Wir sind alleine für die Tiere zuständig, denn sie ist den Vormittag über unterwegs, weil sie ihre Familie und eine Aushilfe abholt.“

Ich ziehe die Brauen hoch und reiße die Augen auf. Was auch immer kommt, sage ich in Gedanken, ich säubere unter keinen Umständen Cabys Gehege. Keine von uns sollte da rein gehen.

Zu viert stehen wir nun vor dem großen Whiteboard und verteilen die Aufgaben. Luisa und ich säubern das Gehege von Alex und den Garten, während Lina und Stefanie sich um die Wildkatzen kümmern. Einstimmig beschließen wir, dass keine von uns in Cabys Gehege geht und wir ihn an diesem Morgen nur füttern werden.

Gegen Mittag trifft Jara mit ihrer Familie und einer Aushilfe ein. Sie ist außer sich, als wir ihr mitteilen, dass wir Caby nur gefüttert haben. Zur Strafe schaltet sie uns das Internet und den Strom ab und schreibt eine zusätzliche Liste mit Aufgaben für den heutigen Tag. Neben einem Wäscheservice wünscht sie sich, dass wir die Außenanlage grundreinigen. Am Nachmittag findet nämlich eine Grillfeier statt. Einerseits haben wir alle keine Lust darauf, die Hausfrauen für sie zu spielen, andererseits haben wir sonst keine Beschäftigung, da sie das Internet und den Strom erst wieder einschaltet, wenn der Garten blitzt und blinkt. Daher drehen wir die Musik auf, arbeiten die Liste ab und beschließen für die kommenden vier Tage das Beste aus der Situation zu machen. Während die einen den Grill schrubben, filtern die anderen den Pool. Keiner bekommt heute sonderlich tolle Aufgaben, aber wie Lina es ausdrückt: „Gemeinsam stinkt Scheiße nur halb so schlimm".

Jara kontrolliert unsere Arbeiten am Nachmittag und schickt uns dann mit dem neuen Helfer in die Stadt, angeblich, um etwas zu besorgen. Uns ist sofort klar, dass Jara uns loswerden möchte und diese Besorgung nur ein Vorwand ist. In der Stadt angekommen, halten wir bei der Tankstelle, wo Chris uns eingesammelt hatte. Wir besorgen Butterkekse für Micky, bevor wir die nächsten Stunden am Straßenrand sitzen und warten.

Genervt sitze ich auf der Bordsteinkante, der staubige Wind weht in mein Gesicht. Alle paar Minuten rast ein Fahrzeug vorbei. Der Neue ist sichtlich gereizt. Er weicht uns und unseren Fragen aus. Es stellt sich jedoch heraus, dass er Michael heißt und gerade das Studium zum Tierarzt absolviert. Jara hat ihm angeboten, ein Praktikum in ihrer Station zu machen, um im engen Kontakt mit Großkatzen zu sein und die tierärztlichen Tätigkeiten zu übernehmen. Davon, Freiwilligenhelfer*innen zu bespaßen, war wohl nie die Rede, weshalb er distanziert eine Kippe nach der anderen raucht und energisch, scheinbar genervt, telefoniert. Nun ja, er ist nicht der einzige, den sie belogen hat, denn auch in unserer Projektbeschreibung stand nirgends, dass wir den Tag damit verbringen werden, irgendwo im Nirgendwo auf einer Bordsteinkante zu vegetieren oder ihren Garten zu schrubben.

„194,35 Euro", murmele ich leise.

„Was?", fragt Stefanie.

„So viel habe ich umgerechnet für den heutigen Tag gezahlt. Dafür, dass ich in Südafrika auf dem Bürgersteig sitze und vorbeifahrende Autos beobachte."

Meine Laune befindet sich auf dem Nullpunkt. Wir braten nämlich mittlerweile seit gut zwei Stunden in der Mittagssonne und das ohne Essen, Trinken oder ein schattiges Plätzchen. Immer wieder flattert die Zahl durch meine Gedankenwelt und ich frage mich, was ich mir davon alles hätte leisten können. Die unsinnigsten Dinge kommen mir in den Kopf und plötzlich lache ich aus dem Nichts heraus über meine Gedanken. Stefanie und Lina blicken mich fragend an.

„194 Packungen Butterkekse", gebe ich zur Antwort.

„Du hast einen Sonnenstich, oder?", fragt Stefanie besorgt.

„Nein", lache ich. „Aber von dem Geld hätten wir uns auch 194 Packungen Butterkekse kaufen können."

Für circa dreißig Sekunden herrscht Totenstille, ehe die anderen auch loslachen und wir gemeinsam rumblödeln. „Oder ein Tagesticket für Tomorrowland", schlägt Lina, die aus Belgien kommt, vor.

„Oder einen Wellnesstag, mit ausgiebiger Massage, Brauen färben und zupfen, sowie einer Gesichtsbehandlung", schwärmt Stefanie.

„Oh ja", stimmen wir zu, schließen die Augen und träumen uns hinfort vom Asphalt hin in eine Wohlfühloase.

„Hört ihr das Wasser plätschern?", fragt Stefanie und ich möchte fast entgegnen, dass ich nur die lauten Motorengeräusche der kaum fahrtüchtigen Trucks höre. Doch ich schweige und verliere mich für einen Moment in meinen absurden Tagträumen, bevor Michael uns mitteilt, dass wir jetzt Essen fahren werden.

Wir verbringen den Rest des Tages in einem mittelklassigen, asiatischen Restaurant. Da der Geldautomat nicht funktioniert, können wir mit Ach und Krach unser Essen bezahlen. Für Getränke reicht unser Bargeld nicht mehr. Mit völlig ausgetrockneten Kehlen kehren wir am Abend ins Center zurück. Von Jara und ihrer Familie fehlt jede Spur. Dafür sehen das Haus und die Veranda aus wie ein Saustall. Auf unserem „Daily Schedule Board" steht eine Hausarbeit nach der anderen: „Wäsche waschen, Küche reinigen, Auto putzen", lese ich ungläubig. „Immerhin sind es nur noch vier Tage", füge ich hinzu und verziehe mich aufs Zimmer. Die anderen schauen zwar noch gemeinsam fern, doch mir ist nach so einem Tag einfach nur nach einer warmen Dusche und einem kuscheligen Bett! Dort betreibe ich noch ein wenig Recherchearbeit, ehe mir das Handy ins Gesicht fällt und ich mich von den Sternen am südafrikanischen Himmel in den Schlaf reißen lasse.

Der Morgen verläuft wie alle anderen. Da uns wieder der Internetzugang abgestellt wurde, vegetieren wir auf der Veranda dahin, quatschen über unser Leben, die Liebe und die Abenteuer, die wir eigentlich erleben wollen, ehe wir uns tatsächlich erneut dazu verpflichten lassen, den Saustall aufzuräumen. Gegen Mittag schiebt Michael die gläserne Verandatür auf und teilt uns mit, dass wir nun das Auto saubermachen sollen. Jara ginge es nicht gut und sie bestehe darauf.

Wir blicken uns mit hochgezogenen Brauen an, besorgen uns wortlos ein paar Eimer Wasser und veranstalten eine Wasserschlacht. Nebenbei schrubben wir das Auto blitzeblank und lassen uns anschließend in Bikinis in der Mittagssonne braten. Mit Sonnenbrille im Gesicht und Kugelschreiber am Bikinihöschen recherchieren wir weiter und nutzen die Gunst der Stunden, um Bilder von den Zuständen zu machen, die wir an unsere Organisation weiterleiten. Mittlerweile sind wir uns nämlich ziemlich sicher, dass Jaras Wildlife Center eine Farm des Grauens ist: Die Station hilft weder notleidenden Tieren, noch wildert es sie aus, denn die Auswilderung von in Gefangenschaft geborenen Großkatzen ist illegal. Zudem lässt Jara die Tiere mit Wachstumspulver füttern. Das ist es, was den Dauerdurchfall verursacht, meint Michael. Es wäre zwar nicht weiter schädlich für die Tiere, würde aber sehr häufig zu Verdauungsbeschwerden führen. Unser Plan ist daher, nicht hier vor Ort zu streiken und uns selbst das Leben damit schwer zu machen, sondern unserer Agentur in Deutschland die Pistole auf die Brust zu setzen, damit nie wieder Helfer*innen in dieses Center geschickt werden!

Am Abend bleiben wir auf dem Zimmer, tragen unsere Ergebnisse zusammen und sind glücklich über einen weiteren Tag, der verstrichen ist. Bald werden wir im Krüger Nationalpark wilde Tiere beobachten, bevor wir für unsere letzten gemeinsamen Tage in einem anderen Center untergebracht sein werden. Dann sind die ersten zwei Wochen meiner Reise vorbei und es geht von Löwen in Pretoria zu Affen in Limpopo. Einzig Luisa, die das Projekt direkt und ohne Organisation gebucht hat, ist etwas traurig, denn wir werden bereits in drei Tagen abreisen, während sie noch zwei weitere Tage alleine hierbleiben wird. Auch wenn sie uns immer wieder versichert, dass das völlig okay ist, bemerke ich, wie ihr Lächeln verschwindet, wenn wir von unserer Abreise sprechen.

Der Tag zieht ins Land. Während der Mond es sich am Himmel bequem macht, stelle ich fest, dass wir zum ersten Mal seit unserer Ankunft nach zehn Uhr schlafen gehen. Aus Fremden sind wahre „Lebensabschnittsfreundinnen" geworden. Zwar bin ich mir sicher, dass wir uns nach diesem Aufenthalt alle aus den Augen verlieren werden, aber bis dahin, bis Ende nächster Woche, sind wir die dicksten Freunde, die das Abenteuer Jara gemeistert haben. Und mit dieser Gewissheit und einem Lächeln auf den Lippen sage ich: „Gute Nacht, Abenteuer Afrika!"

Die coolste Toilette der Welt

„We survived it! Wir haben's überlebt!", jubeln wir drei Tage später, als das Haupttor der Farm sich hinter uns schließt. Wir fahren zurück nach Johannesburg, um von dort aus anderntags zur „Panorama Route" nahe des Krüger Nationalparks aufzubrechen.

Noch bevor die Sonne aufgeht, packen wir unsere sieben Sachen in Rucksäcke, weil im Bus nicht ausreichend Platz für unsere Koffer ist. Verzweifelt versuche ich, meinen Affi, Unterwäsche, Wechselkleidung und Jacken in meinen Rucksack zu quetschen. Erfolglos! Und so lasse ich meine Jacke zurück, um den Affen einzupacken. Man muss schließlich Prioritäten setzen! Meine Wahl entpuppt sich zu Beginn als ziemlich clever, denn Affi dient mir auf der langen Fahrt über holprige Straßen, gesäumt von gefühlt eintausend Fast Food Restaurants, als Kissen. Später hingegen werde ich mir meine Jacke wünschen, denn die wunderschönen Waldhütten, in denen wir nächtigen, sind nachts ganz schön frisch.

Unsere Reisegruppe besteht aus zehn jungen Frauen, die ich alle bereits durch die Einführungstage kenne. Auch Tana ist wieder dabei. Allerdings sitzt sie bereits neben einem Mädchen aus England. Stefanie wählt den Einzelplatz am Fenster und Lina übernimmt den Part des Getränkewirts neben dem Kühlschrank. Ich entscheide mich, vorne neben dem Fahrer Platz zu nehmen und genieße mit ein wenig Indie-Musik im Ohr die Berglandschaften, die manchmal liegende Löwen formen und ein anderes Mal wie eine Herde riesiger Elefanten wirken – zumindest behauptet dies unser Fahrer Hank. Meist sind wir gut eine Stunde entlang fast unberührter Natur unterwegs, ehe wir in Städte einfahren, die eine vollkommene Gegensätzlichkeit in sich vereinen. Während links von mir Menschen in Slums leben und kein fließendes Wasser haben, steigen auf der anderen Straßenseite Südafrikaner*innen aus ihren brandneuen Autos und schlendern in den *KFC*. Es ist, als würde die Straße zwei Welten voneinander trennen und vermutlich tut sie das auch, denn Hank erzählt mir, dass kaum ein Land so entzweit ist wie seine Heimat. Viele Arbeitslose, ständige Konflikte zwischen Schwarzen und Weißen, ein großes Problem mit AIDS und der ablehnenden Haltung vieler Menschen gegenüber medizinischer Versorgung, Wirtschaftswachstum und Gleichberechtigung. Hank scheint sein Land zu lieben, so wie ich es von keinem Deutschen kenne. Voller Emotion schildert er seinen Traum, seine Heimat in Frieden zu erleben. Seine Worte bleiben mir im Kopf und brennen sich in mein Herz: „Ich bin schwarz. Aber das macht mich nicht schlecht oder dumm oder böse. Du bist weiß. Auch das macht dich weder schlecht noch dumm noch böse. Ich bin ein Mann. Das macht mich nicht besser oder stärker oder klüger. Du bist eine Frau. Das macht auch dich nicht besser oder stärker oder klüger. Unsere äußeren Merkmale sagen nichts über uns aus. Was zählt, ist unser Herz! Und Herzen können sich verbinden, egal wo wir herkommen oder wie wir aussehen, weil sie jeden lieben!"

Und dann tritt Hank auf die Bremse, gibt uns das Zeichen für die Pinkelpause und geht sich ein Sandwich kaufen. Ich blicke ihm nach, lächle und bedanke mich für diese Botschaft. Das Beste, was uns passieren kann, ist mit offenem Herzen durchs Leben zu gehen, denn erst dann merken wir, wie unlogisch all unsere Vorurteile über Herkunft, Äußerlichkeiten und Glaube sind. Ja, wenn wir genau hinsehen und ebendiese Menschen kennenlernen, dann merken wir, wie viel wir verstehen können, wenn wir jenen zuhören, die wir sonst vielleicht chancenlos verurteilt hätten. Jeder Mensch hat das Recht, mit Respekt und Freundlichkeit behandelt zu werden. Auf meiner Reise sind mir nun schon einige Menschen begegnet, die mir gezeigt haben, dass nämlich genau das nichts kostet, aber so viel bewirkt! Dass Geben glücklicher macht als Nehmen, und dass wir am besten sehen, wenn wir die Augen schließen. Danke, Helga! Danke, Anwar! Danke, Hank!

Nach zwei Schweigeminuten, in Gedanken an ebendiese Menschen und ihre authentische, herzliche Art, hüpfe auch ich aus dem Truck und eile zur Toilette. Mit weniger fröhlicher Miene begrüßt mich dort eine lange Schlange von Frauen. Ich reihe mich ein und träume, während meine Beine überkreuzt wippen, weil es mittlerweile ganz schön dringend wird. Eine nach der anderen besetzt eine der sechs Toiletten und nach vermutlich zwei Minuten, die sich wie eine halbe Stunde angefühlt haben, drehe ich das Schloss zu und erleichtere mich um die zwei Liter Limonade, die ich seit heute Morgen getrunken habe.

Ich trete aus der Toilette und halte inne: Wahnsinn! In Deutschland begrüßt einen an den Raststätten der Gestank schlecht gereinigter Toiletten, ein häufig mäßig freundliches Personal, überteuerte Snacks und illegal entsorgter Müll. Ich aber stehe hier an einer südafrikanischen Raststätte, trete ins Licht und beobachte Giraffen beim Essen. Die sind hier wohl mehr oder weniger heimisch, denn eine ganze Menge Menschen versammelt sich am Geländer, während die Giraffen in Ruhe Gras fressen. Endlich: Meine erste Giraffe, die ich beinahe wieder übersehen hätte, weil ich in meiner Eile eben nicht einmal nach links oder rechts geschaut habe.

Langsam trete auch ich an den Rand des Geländers und strecke meine Hand aus, wohlwissend, dass ich die Tiere nicht berühren kann und darf. Doch irgendwie fühle ich mich ihnen so noch näher. Tatsächlich sehen Giraffen eins zu eins so aus wie in den Dokumentationen, die ich über sie geschaut habe: Jede von ihnen hat nämlich ihr ganz eigenes, individuelles Muster – so einzigartig wie unser Fingerabdruck. Und mit diesem Wissen kommen mir die lustigsten Fakten zu diesen wunderschönen Säugetieren in den Kopf. Zum Beispiel ist die Zunge einer Giraffe im Schnitt 54 Zentimeter lang. Damit ist ihr Schwanz nicht einmal doppelt so lang, denn der misst gerade einmal einen Meter. Sie können 35 Jahre alt werden, sind gut und gerne vier Meter groß und haben nur genauso viele Halswirbel wie ein Mensch. Allerdings sind die bei ihnen ein gutes Stück länger. „Woher ich das alles weiß?", frage ich mich. Vermutlich haben sich diese Informationen irgendwo in meinem Unterbewusstsein versteckt, um genau in dem Moment, als Lina und Stefanie neben mir aufkreuzen, aus mir heraus zu sprudeln.

„Hattest du etwa Nachhilfe bei Alan?", lachen sie.

„Vielleicht", zwinkere ich.

„Seht mal da!", quietscht es mir plötzlich ins Ohr, während die Menschen um mich herum ganz unruhig werden und ihre Handys zücken. Eine kleine, süße Babygiraffe stolpert gerade auf uns zu. Ich schmelze dahin und würde Hank nicht so drängeln, würde ich ewig hier stehen bleiben.

„Kommt Leute, Giraffen sehen wir im Krüger zur Genüge. Das kann ich euch versprechen!" Und mit diesem Versprechen löse ich meine Blicke von dem kleinen Baby, das vermutlich größer und schwerer als ich ist.

„Hat die Giraffe dich jetzt wirklich so beeindruckt?", fragt Hank mich ungläubig.

„Natürlich!", reiße ich die Augen begeistert auf und lächle unschuldig. „Das einzige, was mich noch mehr faszinieren könnte, sind Affen!"

„Affen? Du bist übergeschnappt! Affen sind eine Plage!"

Meine Miene verzieht sich und ich protestiere, doch Hank schüttelt nur den Kopf.

„Nein, kleine deutsche Lady. Du hast deine Kindheit nicht auf einer Farm verbracht und musstest die Ernte vor wilden Pavianen verteidigen. Erst dann darfst du urteilen. Glaub mir. Affen sind die hässlichsten Tiere, die unser Land zu bieten hat!"

Ich bin empört, schockiert und sogar etwas beleidigt. Affen sind toll. Provokativ krame ich Affi aus dem Rucksack und lege meinen Kopf auf meinen plüschigen Begleiter. Irgendwann, zwischen Songs von *One Republic* und den *Goo Goo Dolls*, schließe ich die Augen und träume von Giraffen, Affen und einer großen Tasse Kaffee. Alles vermischt sich zu einer bunten Abenteuergeschichte. Beim Aufwachen kann ich dieses Gedankenchaos gar nicht mehr ordnen, aber das ist auch nicht schlimm, denn in dem Moment, als ich die Augen öffne, begrüßt Hank mich mit den Worten: „Wir sind da!"

Endlich! Nach über zehn Stunden Fahrt sind wir in unserer Lodge nahe des Paul Kruger[6] Gates angekommen. Eine kleine, dunkelhaarige Frau mit beigen, knielangen Shorts und weißer Bluse begrüßt uns und teilt uns unsere Zimmer zu. Stefanie und ich werden uns eine Hütte teilen, während Lina mit einem belgischen Mädchen in einem anderen Häuschen übernachten wird. Die beiden scheinen sich aber gut zu verstehen und sprechen so schnell, dass ich kaum Bruchstücke ihrer Konversation verstehe. Mit Affen-Begleiter unter dem Arm folge ich der kleinen Frau. Wenn ich bisher dachte, traumhafte Orte besucht zu haben, so ist dieser das Paradies: Wir betreten einen hölzernen Pfad, der links und rechts von Palmen und anderen, fremdartigen Pflanzen bewachsen ist. Überall stehen farnähnliche Gewächse, Palmen und Blumen, wie ich sie bisher nur aus dem *Dschungelbuch* oder aus *Indiana Jones* kenne. Mit jedem weiteren Schritt habe ich das Gefühl, einen wunderschönen, paradiesischen Urwald zu betreten. Kaum kann ich

6 Der Krüger Nationalpark ist nach Paul Kruger benannt, der ihn 1898 gegründet hat, als er Präsident Südafrikas war.

glauben, dass das hier ein Teil unserer Welt sein soll. Links von mir flattern bunte Vögel durch das Geäst, während rechts von mir in der Ferne das Wasser plätschert. Auch dieses Bild fange ich ein und klebe es in das Fotoalbum meines Herzens. Völlig überwältigt folge ich dem Weg weiter bis tief in den Dschungel.

Nach fünf Minuten gelangen wir an eine offene Rezeption, wo wir die Schlüssel und eine Karte, die uns zu unserer Hütte leitet, ausgehändigt bekommen. Stefanie und ich haben das Häuschen mit der Nummer elf. Wir betreten erneut einen hölzernen Steg, dem wir bis zu einer Gabelung folgen. Dort müssen wir, laut Karte, rechts abbiegen. Ich fühle mich wie ein kleines Kind auf Schatzsuche, bestaune erneut die Pflanzen und wünsche mir, für immer hier bleiben zu können. Das ist das Südafrika, von dem ich geträumt habe!

Eine kleine, dreieckige hölzerne Hütte mit roter Tür begrüßt uns. „Das müsste Nummer elf sein", sagt Stefanie, die unser Navigator ist. Wir stecken den Schlüssel ins Schloss, drehen ihn um und als es klackt, öffnet sich die rote Tür, die keine zwei Meter hoch ist. Wenige Quadratmeter begrüßen uns und laden direkt zum Träumen ein. Links und rechts des Eingangs steht jeweils ein schmales Bett. Dazwischen ist gerade einmal ein Meter Platz, der als Durchgang zu unserem Balkon Schrägstrich Badezimmer dient. Denn neben einem hölzernen Stuhl sind draußen auch eine Duschbrause und ein Wasserhahn angebracht. Die Toilette befindet sich ebenfalls auf dem Balkon, allerdings durch Bretter abgetrennt.

„Wow!", staune ich, da ich vom stillen Örtchen aus in den Dschungel blicken kann.

„Das", stelle ich fest, „ist mit Abstand die coolste Toilette, auf der ich je sitzen werde."

Zurück im Zimmer lasse ich mich aufs Bett fallen und verfange mich zuerst im Mosquitonetz, bevor ich mich meinen Träumen hingeben kann. Was wäre das für ein erfüllendes Dasein. Für immer hier, wo ich keinen Handyempfang im Bett habe, draußen dusche und mich auf das Nötigste beschränke. Ein Leben lang vom Gesang der südafrikanischen Vögel geweckt werden und jeden Abend das

Summen der Grillen als Gute-Nacht-Geschichte hören. Das wäre so unbeschreiblich! Ich könnte jeden Tag auf den Spuren von wilden Tieren wie eine verrückte Rangerin durch den Busch wuseln und mir mit einer Machete den Weg freischlagen. Ich kichere leise und merke, dass ich nun total übermütig geworden bin, denn ich kann weder Tierspuren identifizieren, noch würde ich eine Woche alleine überleben. Ich müsste einiges lernen und im Endeffekt sind das alles hier auch nur Spinnereien, die man immer erlebt, wenn man einen neuen Ort besucht. Im Urlaub ist es ja genauso. Man kommt an, denkt, man will für immer im All Inclusive Hotel am Pool liegen und ehe man sich versieht, ist man gelangweilt, hat fünf Romane gelesen und sehnt sich nach dem Alltag. Hier wird es nicht anders sein. Ein oder zwei Wochen sind sicher toll, aber danach ist auch das Alltag. Ernüchtert erstirbt mein Gekicher.

Völlig ermüdet von der langen Fahrt, beschließe ich, ein wenig zu dösen und mir etwas Ruhe zu gönnen, bevor wir uns gleich zum Abendessen treffen. Mit jedem Vogelgeschrei und jedem Insektensummen schleichen sich die Gedanken einer „Ranger-Michi" erneut in meinen Kopf. Ich stelle mir vor, ich könnte all diese Tiere nur anhand ihres Rufes und ihres Gesangs erkennen. Doch bevor ich mir weiter Gedanken über mich als wandelndes Tierlexikon machen kann, nicke ich ein.

Benommen wache ich eine Stunde später in einer leeren Hütte auf. Stefanie hat mir eine Nachricht hinterlassen, dass sie bereits zum Abendessen gegangen ist, weil es WLAN an der Rezeption gibt und sie noch mit ihrer Schwester telefonieren möchte. Auch ich sollte mich nun beeilen, denn ich habe knapp dreißig Minuten, um mich zu duschen, umzuziehen, fertig zu machen und den Weg zurückzufinden. Ich springe auf, verfange mich erneut im Mosquitonetz und stolpere durch das kleine Zimmer ins Bad Schrägstrich Balkon.

Zaghaft drehe ich das Wasser an. Auch wenn ich damit gerechnet habe, dass es kalt ist, zuckt mein ganzer Körper zusammen. Zu Hause würde ich im Leben nicht kalt duschen und drehe das Wasser meist sogar zwei Grad wärmer als der Rest meiner Familie. Immerhin bin ich nun hellwach und mit jeder Sekunde, die ich unter dem kühlen Wasserstrahl stehe, wird die Kälte erträglicher. Nach zwei Minuten bin ich sauber und glücklich, mich in mein orangefarbenes Handtuch kuscheln zu können.

Ich höre, wie Stefanie zurückkommt und meinen Namen ruft. Sie wollte mich wecken kommen, damit ich das Abendessen nicht verschlafe. Außerdem hatte sie Angst, dass ich den Weg nicht finden könnte, daher wartet sie, bis ich fertig bin und wir gehen gemeinsam zur Rezeption.

„Welches Tier willst du morgen unbedingt sehen?", fragt sie mich.

„Ich will so viele Tiere wie möglich sehen!", ziehe ich die Brauen hoch und lächle. „Von Nilpferd bis Affe. Alles. Aber ein Krokodil wäre wirklich besonders aufregend. Ich habe als Kind immer Dokumentationen über Krokodile geschaut, wie sie ihre Todesrolle ausführen und aus dem Wasser schnellen. Das wäre ein Traum! Und was willst du am liebsten sehen?"

„Elefanten. Für mich sind sie die Tiere des afrikanischen Kontinents und ich würde mich so freuen, wenn ich einen riesigen Bullen, mit großen, langen Stoßzähnen sehen würde. Das wäre wirklich mein Highlight!"

Ich nicke ihr zustimmend zu. Ein großer Elefantenbulle wäre schon toll. Dabei frage ich mich, ob ich ein Männchen überhaupt von einem Weibchen unterscheiden könnte. Ich zücke mein Handy und tippe „Unterschied männliche und weibliche Elefanten" ein, klicke auf „Suchen" und werde von meinem Handy unverzüglich darauf aufmerksam gemacht, dass es keinen Empfang, geschweige denn Internet hat.

„Mist!", sage ich und kichere im gleichen Moment über mich selbst. Wollte ich nicht vor zwei Stunden noch für immer im Dschungel leben? Naja, Tarzans Jane hat sich auch nicht von heute auf morgen im Urwald zurechtgefunden, grinse ich in mich hinein.

Die Big Five

Der Morgen im Krüger Nationalpark beginnt früh. Bereits um vier Uhr stehen wir auf, da wir um fünf aufbrechen werden, um die Tiere noch vor Sonnenaufgang beobachten zu können. Meine Müdigkeit steht mir ins Gesicht geschrieben, während Stefanie fit wie ein Turnschuh durch unsere kleine Hütte tigert. Ich frage mich, wo sie ihre Energie hernimmt und bekomme die Antwort keine zwei Minuten später, als ich unter dem eiskalten Wasser der Dusche stehe und fast vom Balkon springe vor Schreck. Nun bin auch ich wach! Hellwach, um genau zu sein!

Im Morgengrauen hat der Busch etwas Geheimnisvolles und Mysteriöses. Neugierig und etwas ehrfürchtig halte ich Ausschau nach glänzenden Augen, die mich anfunkeln könnten. Doch auch wenn es alles andere als still ist und ein Vogel nach dem anderen durch das Dickicht hüpft, irgendwo ein fremdes Tier heult und schreit oder es genau unter mir kreucht und fleucht, sehe ich nichts außer den zarten Umrissen der exotischen Bäume.

„Die Dusche macht einen ganz schön wach, was?“, grinst Stefanie, als ich ins Zimmer komme.

„Mehr als das!“

Für den heutigen Tag packe ich mir, wie es sich laut Alan für Ranger*innen gehört, Wasser, Sonnencreme und einen Sonnenschutz ein. Hank hat uns zusätzlich geraten, eine Jacke mitzunehmen, da es mit dem Fahrtwind recht kühl werden kann, solange die Sonne noch nicht aufgegangen ist. Dummerweise habe ich die in Johannesburg liegen lassen, stelle ich fest und erinnere mich, dass ich den Affen bevorzugt hatte. Das war die richtige Entscheidung, zwinkere ich Affi zu und decke meinen mutigen Begleiter dann erneut zu. Er kann nun noch ein wenig schlafen, während wir zum Frühstück aufbrechen. Obwohl Hank alles liebevoll eingedeckt und sogar für warmes Rührei gesorgt hat, bekomme ich kaum mehr als eine Tasse Kaffee herunter. Um diese Uhrzeit ist mein Magen noch nicht aufnahmefähig, weshalb ich mir zwei Äpfel in den Rucksack packe und noch ein wenig im Sitzen döse.

Um viertel vor fünf klatscht Hank laut in die Hände: „So, alle Ladies nochmal zur Toilette, während meine Wenigkeit nun den Wagen bestückt. Wir fahren heute nicht mit dem Bus, sondern mit einem Jeep. Zieht daher eure Jacken an oder lauft nochmal schnell in die Hütten, sie zu holen, denn die Fahrt im Morgengrauen wird sehr kalt werden!"

Während alle Mädels sich nun in Jacken, Mäntel und Parka hüllen, bleibe ich am Frühstückstisch sitzen und schlürfe meinen Kaffee. Wo haben die die bloß verstaut, frage ich mich. Bei so einer dicken Jacke wäre doch nicht einmal Platz für eine Zahnbürste gewesen, geschweige denn für frische Unterwäsche oder einen Kuschelaffen.

„Michelle, hast du keine Jacke dabei?", ermahnt Hank mich, während er unseren Proviant packt.

„Vergessen", gebe ich zur Antwort und verheimliche, dass ich meinen Affen der Jacke vorgezogen habe. Wenn einer das nicht verstehen würde, dann Hank, der kein Freund unserer nächsten Verwandten ist.

„So ein Mist. Du wirst wirklich frieren. Ich schaue mal, ob ich eine Decke organisieren kann."

Mit diesen Worten verschwindet er im Office der Rezeption und kommt wenig später mit leeren Händen wieder.

„Wenn es nicht geht, gebe ich dir meine, in Ordnung?"

Ich nicke nur und bedanke mich. Dann schwingen Hank und seine neun Ladies sich in den Jeep und düsen los.

Nach circa zehn Minuten gelangen wir an eines der Gates, die in den Park führen. Schwer bewaffnete Männer kontrollieren uns, das Fahrzeug und das Gepäck, ehe wir durchgewunken werden. Hank bemerkt die aufkommende Unruhe und erklärt, dass die Sicherheitskontrollen wegen der Wilderer verschärft werden mussten.

„Weil täglich Wilderer in den Park eindringen, um Tiere, vor allem Nashörner, zu schießen, sind die Ranger sehr streng geworden. Daher steigt auch bitte auf gar keinen Fall aus, wenn ich es nicht ausdrücklich sage! Denn wenn ihr für einen Wilderer gehalten werdet, sind die Tiere euer geringstes Problem."

„Erschießen sie die Wilderer?", fragt Tana leise.

„Ja", gibt Hank kurz und knapp zur Antwort. Für einen Moment herrscht Stille, doch dann sehe ich etwas durchs Gebüsch streifen.

„Ein Warzenschwein", rufe ich, als ich das Tier mit senkrecht in die Luft ragendem Schwanz durchs Gras laufen sehe. Alle blicken meinem Finger nach und zücken ihre Kameras.

„Ganz richtig. Woher wusstest du das?", blickt Hank fragend über seine Schulter.

„König der Löwen", zucke ich mit den Achseln und beobachte dann, wie das kleine Schwein, welches in echt nicht einmal ansatzweise so groß wie ein Löwe ist, im Sonnenaufgang verschwindet. Nun sind wir alle ganz aufmerksam und beobachten jeden sich bewegenden Grashalm. Die nächsten Tiere lassen nicht lange auf sich warten und Hank stoppt, damit wir eine Herde Antilopen beim Fressen beobachten können. Alle schweigen und genießen, mit den ersten Sonnenstrahlen des Tages im Rücken, die unglaubliche Aussicht. Im Laufe des Tages werden uns diese Antilopen zwar ganz schön frustrieren, denn man sieht sie an jeder Ecke, während man all die anderen Tiere vergeblich mit dem Fernglas sucht. Aber in diesem Moment schenken sie uns den perfekten Start in den Tag.

Nach und nach entfernt sich eine von ihnen beim Grasen, bis sich auch die letzten Tiere in den Sträuchern verstecken. Die Sonne hat es nun geschafft und zieht sich langsam aber sicher am Himmelszelt hinauf, bis sie ganz oben angekommen ist. Nun ist die Fahrt auch wesentlich angenehmer, denn bis eben hatte ich das Gefühl auf einer Expedition in Norwegen zu sein. Beinahe eine halbe Stunde vergeht, ohne dass wir ein wildes Tier erblicken. Leicht verborgen hinter einer weiteren Herde Impalas und einigen Dornensträuchern steht zwischen zwei hochgewachsenen Bäumen eine Giraffe, die sich wohl gerade um ihr Frühstück kümmert. Ihre lange Zunge reckt sich nach den saftigen Blättern. Es ist ein Bild wie im

Märchen und alle Frauen unseres Jeeps legen ihren Kopf zur Seite, um mit einem Lächeln auf den Lippen die verborgene Schönheit zu betrachten. Hank raucht unterdessen zwei Kippen und studiert die Karte, um unsere Route festzulegen.

Dank seiner Erfahrung wählt er eine Strecke aus, die sich besonders gut für eine Tagestour eignet, weshalb uns an diesem Tag nicht nur alle Big Five, also Nashörner, Löwen, Elefanten, Büffel und Leoparden, sondern auch Nilpferde und eine wunderschöne Belle-Gabelracke begegnen. Zudem sehe ich mein Traumtier: ein Krokodil.

Am Abend telefoniere ich mit einem Freund und erzähle ihm von meiner Begegnung mit einem Nashorn.

„Du wirst es nicht glauben. Wir waren schon gut eine Stunde unterwegs und haben immer nur Impalas und Giraffen gesehen, als wir plötzlich um eine Kurve gefahren sind. Es hat total gestaubt und plötzlich hat Hank eine Vollbremsung gemacht. Und dann stand es einfach mitten auf der Straße: ein Nashorn!“

Ich halte inne und sehe das Tier nochmal vor meinem inneren Auge, ehe ich weiter brabble.

„Wir alle waren so fasziniert! Keine halbe Stunde später ist uns ein Rudel wilder Löwinnen begegnet. Das war so unbeschreiblich. Sie waren zwar gut hundert Meter entfernt, aber als sie durchs hohe Gras gepirscht sind und miteinander gespielt haben, war es als würde mein Herz Saltos schlagen. Wir haben eine Weile Schritt mit ihnen gehalten, doch irgendwann waren sie ganz abseits der Straße, sodass wir sie nicht mehr sehen konnten. Danach sind uns noch ein Leopard, Elefantenbabies und Nilpferde über den Weg gelaufen. Es war so wunderschön! Und ganz am Ende ist mein Traum in Erfüllung gegangen. An einer fast ausgetrockneten Wasserstelle lag ein Krokodil. Es war so weit weg, dass ich es kaum sehen konnte, aber es war dennoch so unfassbar atemberaubend!“

Nach einer Stunde legen wir auf und ich bin mir sicher, heute einen der unvergesslichsten Tage meines Lebens erlebt zu haben. Glücklich und zufrieden lege ich mich schlafen.

Der nächste Morgen beginnt glücklicherweise erst zu einer humanen Uhrzeit, sodass ich nicht ganz so fertig und übermüdet bin. Am Frühstückstisch erklärt Hank uns unsere Route. Wir starten am Canyon, fahren dann zu den Wasserfällen, halten am „Big Swing" und fahren zum Sonnenuntergang an „God's Window".

„Was ist der ‚Big Swing'?", fragt Stefanie.

„Das kann man nicht beschreiben. Das müsst ihr sehen", zwinkert er und kramt das Handy aus seiner Hosentasche. Stolz startet er ein Video, das ihn bei einer Art Bungee-Sprung zwischen zwei Felsklippen zeigt. Mein Atem stockt, als ich sehe, wie er rückwärts einhundert Meter in die Tiefe fällt und dann zwischen beiden Felswänden hin und her schwingt.

Um Gottes Willen, sagt mein Kopf. Wird gemacht, jubelt mein Herz. Und tatsächlich stehe ich sechs Stunden später genau an diesem Punkt. Ein Mann legt mir meinen Sicherheitsgurt an und weist mich nochmal ein.

„Zuerst gehst du zu meinem Kollegen, der diesen Sicherheitsgurt lösen wird. Dann gehst du rückwärts, bis du auf den blauen Fußabdrücken stehst. Nimm dann am besten einen tiefen Atemzug, denke nicht zu lange nach und solltest du Angst haben, schau auf gar keinen Fall nach unten! Mein Kollege wird bis drei zählen und dann lässt du dich einfach rückwärts runterfallen. Das war's! Verstanden?"

Ich beiße nervös auf meinen Nägeln und nicke.

Dann gehe ich langsam die drei hölzernen Stufen hinab und warte bis Stefanie, die vor mir an der Reihe ist, springt. Da sie ein absoluter Adrenalinjunkie ist, macht ihr das Ganze nichts aus. Kein Schrei, kein Drama, kein Geheul. Ganz im Gegensatz zu Lina, die sieben Leben bei ihrem Fall verloren hat. Nun bin ich an der Reihe. Ich betrete die hölzerne Plattform und versuche, meinen Blick oben zu halten. Der Mann löst meinen Gurt und mit jedem Schritt, den ich zurückgehe, schlägt mein Herz fester und lauter. Ich denke an nichts.

„Schritt für Schritt", flüstere ich, während ich langsam nach hinten gehe. Als ich bei den blauen Fußabdrücken ankomme, schaue ich den Mitarbeiter mit Tränen in den Augen an. Ich will nicht sterben, sagt mein Kopf. Yippie, schreit mein Herz. Ich bin starr vor Angst. Da ich mich für einen Sprung mit Videokamera entschieden habe, hampelt hinter meinem Guide die ganze Zeit ein Heranwachsender mit Videokamera und versucht mich zu motivieren.

„Letzte Worte?“, fragt er und ich beginne zu wimmern.

„Ich will nicht sterben.“

„Drei“, sagt der Guide.

„Bitte, ich will nicht sterben!“

„Zwei.“

Ich wimmere, mein Herz pocht, ich zittere, halte mich an dem Seil fest, was nur leider nicht mehr gesichert ist und beginne wild nach Luft zu schnappen. Mir wird übel. Mir wird heiß. Mir wird kalt. Ich bekomme keine Luft.

„Eins.“

In Zeitlupe lasse ich mich nach hinten fallen. Als ich merke, dass es kein Zurück gibt, reiße ich an dem Seil, das mit mir in die Tiefe stürzt. Tatsächlich ist mein einziger Gedanke: Lauf die Wand hoch, sonst stirbst du! Und wirklich sieht man später auf dem Video, dass meine Beine wie die eines Babies strampeln und ich versuche die Wand, die gut drei Meter entfernt ist, hochzulaufen. Ab der zweiten Sekunde fühle ich mich besser und in dem Moment, als der Fall endet und ich zu schwingen beginne, rufe ich: „Nochmal!“

Da fast unsere gesamte Truppe springen möchte, verbringen wir den ganzen Nachmittag am „Big Swing“ und müssen uns unfassbar beeilen, um den Sonnenuntergang an „God’s Window Point“ zu erleben, bevor wir zurück zu unserer Unterkunft fahren. Am nächsten Morgen brechen wir früh auf und am Nachmittag trennt sich die Gruppe wieder, da alle zurück in ihre Projekte fahren. Stefanie, Lina und ich sind in einem anderen Löwenprojekt untergebracht, was auf den ersten Blick einen schönen Eindruck macht. Bei genauerem Hinsehen erweist es sich jedoch als dieselbe Lüge wie das Center von Jara. Ich bin froh, dass wir hier nur für wenige Tage aushelfen. Da hier aber viele Menschen aus allen Länder der Welt sind und uns im Volontärbereich eine Bar, ein Kiosk und ein sauberer Pool zur Verfügung stehen, können wir uns hier wesentlich besser beschäftigen. Die anderen Helfer*innen sind freundlich, alle in meinem Alter und zumeist irgendwie verrückt. So verbringen wir spaßige Abende unter dem Nachthimmel Südafrikas und geben an unserem letzten Abend eine kleine Abschiedsfeier. Tatsächlich findet hier jeden Abend eine Abschiedsfeier statt, weil täglich Menschen kommen und gehen. Auch wenn ich dieses Projekt definitiv nie wieder besuchen werde, habe ich für den Moment nette Bekanntschaften gemacht und auch wenn das nicht der Grund meiner Reise ist, so ist es doch eine schöne Erfahrung.

Into the Wild

Der Kugelschreiber fährt über das Papier meines Schutzengelbuches und hinterlässt Wörter, die meine Gedanken und Eindrücke, Erwartungen und Enttäuschungen, Erlebnisse und Abenteuer der letzten Wochen festhalten. Ich lese die Einträge, die ich vor meiner Abreise verfasst habe, spüre dabei meine Euphorie, die Vorfreude, den Mut und frage mich, wieso ich nun, bedrückt und niedergeschlagen, am Flughafen sitze.

Liebes Leben,
ich habe das Gefühl in einer Achterbahn zu sitzen und jeden Tag zwischen Euphorie und Enttäuschung zu erleben. Wenn ich an die letzten beiden Wochen denke, ist so viel passiert, wie Zuhause nicht einmal in sechs Wochen oder gar Monaten. Ich weiß noch, wie ich vor vierzehn Tagen in Düsseldorf am Flughafen saß und beinahe meinen Anschlussflug verpasst habe. Ich erinnere mich ganz genau an meine idiotischen Ängste, im falschen Flieger zu landen und dennoch bin ich heil angekommen. Angekommen, in der Hoffnung, die Welt ein kleines Stück besser zu machen. Stattdessen bin ich in zwei Projekten gelandet, die Tierbabies kaufen, sie

nachweislich für ihren Profit ausnutzen und sie in drei Phasen ausbeuten. Das Tier – nur ein Naturprodukt für den genusssüchtigen Menschen? Der Gedanke macht mich wahnsinnig. Ich habe so viel Geld investiert, um Tieren zu helfen und bezahlte im Endeffekt für ihr Leid. Denn Alex, Caby und all die anderen Babies sind Teil eines Ganzen, eines grausamen Kreislaufes. Ich wünschte, ich könnte jemanden anrufen und einfach weinen. Ihm sagen, dass die letzten zwei Wochen schrecklich waren und dass alles anders gelaufen ist, als ich es mir vorgestellt habe. Doch ich will nicht versagen!

Bis eben hatte ich immerhin noch Stefanie und Lina, aber die beiden sitzen im Flug zurück in die Heimat, während es für mich weitergeht. Vielleicht muss ich da jetzt durch und es alleine schaffen. Und ich kann das schaffen. Mensch, ich habe mich doch mit Rangerhut durch die Savanne düsen sehen und vielleicht wartet genau dieses Projekt nun auf mich. Immerhin hat diese Michi hier einhundert Nasenbär-Attacken und ein Date mit einem Löwen überlebt. Dann schaffe ich das nun auch noch. Es gibt schlimmeres! Ab jetzt geht's bergauf.

Ich lächle und setze mir in Gedanken meinen Rangerhut auf, während ich auf meinem imaginären Kautabak herumbeiße. Da ist sie wieder, die Abenteuer-Michi wie sie leibt und lebt. Etwas erleichtert lege ich den Stift ab und schaue auf die Uhr. Eigentlich sollten wir schon längst in der Luft auf dem Weg nach Phalaborwa sein, aber Verspätungen sind in Südafrika an der Tagesordnung. Das ist eben TiA.

Da meine Limonade zu Neige geht, schnappe ich mir mein Portemonnaie, um am völlig überteuerten Kiosk eine neue Flasche zu kaufen. An der Kasse trifft mich jedoch der Schlag. Mein Geldbeutel ist leer bis auf den letzten Cent. Ich wurde beklaut! Mir bleibt die Luft weg. Irgendetwas zerbricht in mir. Mit zitternden Händen stelle ich das Getränk zurück in den Kühlschrank. Dann falle ich neben Affi auf meinen Platz und starre ins Leere. Meine Lippen beginnen zu beben und die Enden meiner Mundwinkel werden bleischwer. Ich merke, wie Tränen in meinen Augen aufsteigen und das Bild vor mir mit jedem Atemzug mehr verschwimmt. Mit einem leisen Jammern lege ich meinen Kopf in meine Hände und drücke Affi an mich. Das kann nicht wahr sein, sage ich immer wieder und schüttle meinen Kopf. Wieso musste das jetzt auch noch passieren? Arbeitet da irgendjemand oder irgendetwas gegen mich?

Es dauert eine Weile, bis ich mich wieder fasse. Schließlich klappe ich meinen Laptop auf und öffne meine Excel-Tabelle, in der ich die Ausgaben meiner Reise kalkuliert habe. Tatsächlich fehlen mir umgerechnet 134,70 Euro. Dieser Betrag ist wirklich nicht die Welt. Viel schlimmer ist die Frage: Wer hat mich wann, wie und wo beklaut? Mich, die er oder sie als Michi kennt, als Michi zum Reden, als Michi zum Lachen, als Michi zum Zusammenarbeiten. Das letzte Mal habe ich meinen Geldbeutel am Vorabend gebraucht, als wir zum Abschied in der Bar des Centers waren. Ich spiele das Tagesende in Gedanken durch, überlege, mit wem ich wann gesprochen habe und wo meine Tasche in welchem Moment hing. Wie ein Detektiv lasse ich alles Revue passieren, doch ich komme zu keinem Ergebnis. Es hätte jeder gewesen sein können! Im Grunde ist es aber auch egal, sage ich mir plötzlich: Das Geld ist weg, ob ich den Täter nun in Gedanken fasse oder nicht!

Glücklicherweise werden wir zum Boarding aufgerufen, sodass ich auf andere Gedanken kommen kann. Über das Rollfeld gelangen wir zu einem Flugzeug, das kaum größer als ein Doppeldeckerbus ist. Tatsächlich ist die Propellermaschine auch nur für 16 Passagiere ausgelegt. Eine Stewardess mit orange geschminkten Lippen begrüßt uns und verweist mich auf den vierten Platz der rechten Seite. Das Gepäck verstauen wir unter dem Sitz vor uns, denn der Flieger besitzt keine oberen Gepäckablagen. Auch eine Toilette suche ich vergeblich. Nach kaum verständlicher Begrüßung und Sicherheitseinweisung rollen wir auf die Startbahn und heben ab. In einer kleinen Propellermaschine zu fliegen, fühlt sich wie ein Erdbeben an! Jede Böe schüttelt die Maschine durch und alle Passagiere mit ihr. Ich werde in meinem Sitz hin- und hergeworfen. Ständig schaue ich aus dem Fenster, weil ich sicher bin, dass wir gerade abstürzen. Kaum gestartet, landen wir glücklicherweise wieder. Da unser Zielflughafen so winzig ist, dass ich von der Landebahn aus auf den Parkplatz schauen kann, zweifele ich zuerst, ob wir nicht gerade notlanden, statt geplant aufzusetzen. Doch der Kapitän entsteigt seinem Cockpit mit den Worten: „Welcome to Phalaborwa". Wie beruhigend! Einer nach dem anderen verlässt das Flugzeug. Gepäckkarussell? Fehlanzeige! Das Boardpersonal überreicht uns Koffer, Taschen, Rucksäcke, Kisten direkt auf der Landebahn. Voll bepackt stapfe ich in Richtung Ausgang und bete, dass ich dieses Mal nicht vergessen wurde. Die Wahrscheinlichkeit, dass Anwar mir hier nochmal über den Weg läuft, um mir sein Handy zu leihen, ist gleich Null. Glücklicherweise hält ein großgewachsener Mann mit roten Haaren ein Schild mit meinem Namen hoch. Trotz seiner ausdruckslosen Miene begrüßt er mich höflich, als ich mich lächelnd vor ihn stelle. Sein Name ist Matt und er ist ebenfalls Volontär in der Station. Gemeinsam laden wir mein Gepäck auf die Transportfläche des weißen Trucks, ehe wir uns auf den Weg machen. Ich kann mich kaum halten und stelle Matt, der nicht so gesprächig zu sein scheint, einhundert Fragen, die er kurz und knapp beantwortet.

„Hast du schon eine Affenart, die du besonders magst?", fragt er mich und ich schüttle den Kopf.

„Hast du denn einen Lieblingsaffen?", erwidere ich und er hält mir als Antwort sein Handy vor Nase: Es hat einen Affen als Bildschirmschoner.

„Das ist Beth. Sie ist meine große Liebe und die schönste Frau auf der ganzen Farm."

Ich weiß nicht, ob ich das sehr putzig und tierlieb oder etwas schräg finden soll.

„Welche Art ist das?", frage ich Matt.

„Ein Chacma Baboon beziehungsweise Bärenpavian. Wir haben aber auch noch zwei verschiedene Meerkatzen namens Toby und Khaleesi[7]. Moment, ich zeige sie dir", sagt Matt und schnappt sich

7 Sowohl Bärenpaviane als auch die südliche Grünmeerkatze und die im Süden Afrikas lebende Weißkehlmeerkatze zählen zu den Altweltaffen.

sein Handy. Mit Kippe im Mund, Handy in der Hand, die Augen eher weniger als mehr auf die Straße gerichtet, durchforstet er seine Bildergalerie.

„Das sind sie!“, präsentiert er mir einen unglaublich drolligen Schnappschuss: Ein weißes, kleines Äffchen wird von einem etwas größeren schwarzen, kuscheligen Affen gehalten.

„Wie süß!“, quietsche ich. „Die sind viel schöner als die Paviane“, füge ich hinzu und kann mich kaum sattsehen.

„Das ist eine Fotogalerie nur mit Affenbildern. Wenn du magst, kannst du sie durchschauen.“

„Ja, klar!“, greife ich mir das Handy und vertiefe mich in die Bilder. Weil er mich auf diese Weise ruhig gestellt hat, dreht Matt das Radio lauter und kurbelt sein Fenster herunter. Die beiden Meerkatzen auf den Fotos sind so unfassbar süß, dass mir bei jedem Bild das Herz aufgeht. Ich bin verliebt und voller Vorfreude, während die Paviane mich weniger beeindrucken. Doch Matt versichert mir, dass die Arbeit mit ihnen noch viel emotionaler und schöner sei und ich meine Meinung innerhalb weniger Tage geändert haben werde.

Nach einer Stunde halten wir an einer Tankstelle, wo ich mir noch ein paar Snacks und Getränke besorge, ehe wir auf eine sandige Straße abbiegen, die augenscheinlich ins Nirgendwo führt. Jetzt weiß ich, warum Matt mich mit einem großen Pick-up abgeholt hat: Dieser Weg ist mit einem gewöhnlichen Auto nicht befahrbar. Seine Schlaglöcher und Buckel sind so groß, dass mein Koffer über die Ladefläche fliegt und ich tatsächlich von meinem Sitz abhebe. Mit einem Poltern hält der Wagen schließlich vor einem gelb gestrichenen Haus. Auf den ersten Blick sehe ich bestimmt fünf Hunde, zwei Esel, zwei Gänse und ein paar Menschen – aber keine Affen. Voller Elan springe ich aus dem Wagen, marschiere durch das Tor und schaue mich um, um alles ganz genau wahrzunehmen und erste Eindrücke zu sammeln. Ich atme tief ein und ein entsetzlicher Gestank steigt in meine Nase. Ich ziehe die Brauen zusammen.

„Nach zwei Tagen riechst du es nicht mehr“, klopft Matt mir auf die Schulter und verschwindet im Haus.

Dafür kommt eine sehr kleine, zierliche Frau in blauen Shorts und mit einem blauen Shirt herausgelaufen und stellt sich mir vor.

„Ich bin Tina, die Projektmanagerin und ich werde dir jetzt alles zeigen. Wenn du magst, kannst du deine Sachen im Büro abstellen, dir was Kühles aus dem Kühlschrank nehmen und dann geht es los. Hattest du einen guten Flug?", erkundigt sie sich und ich erzähle ihr, dass ich bereits andere Projekte besucht habe und daher eine verhältnismäßig kurze Anreise hatte. Ich schnappe mir eine Limonade, aber noch vor dem ersten Schluck spurtet Tina mit den Worten „Auf, auf!" los. Diese kleine Frau mit dunkelbraunen, schulterlangen Haaren, die die ganze Zeit im Wind wehen, scheint ein Energiebündel zu sein, voller Lebensfreude und irgendwie mag ich ihre quirlige, wenn auch hektische Art. Ich habe Probleme, Schritt zu halten und hechte hinterher, bis sie vor einem kleineren Gehege stehen bleibt.

„Toby und Khaleesi", stelle ich freudig fest.

„Woher weißt du das?", fragt sie verwundert.

„Matt hat mir auf der Fahrt hierher schon ein paar Affen vorgestellt."

„Dann weißt du sicher auch, dass Toby eine Grünmeerkatze und Khaleesi eine Weißkehlmeerkatze ist. Oder?"

Ich schüttle verlegen den Kopf.

„Nicht schlimm", versichert sie. „Wir wildern hier Bärenpaviane, diese beiden Meerkatzenarten und gelegentlich Buschbabies aus. Das hier ist das Babygehege. In ihm leben die Meerkatzen, die noch auf die tägliche Fütterung und eine individuelle Betreuung durch uns angewiesen sind. Diese Tiere wiegen wir wöchentlich, waschen sie, weil sie sich noch nicht selbst sauber halten können und üben mit ihnen hier in den Büschen das Klettern. Wenn du magst, gehen wir später noch zu den beiden rein. Dann kannst du sie kennenlernen."

„Sicher!", antworte ich, während Tina schon wieder fünf Meter weiter ist. Direkt neben dem Babygehege befindet sich ein „Semi-Wild-Gehege" für Grünmeerkatzen: Es besteht aus einem großen Gehege samt einem acht Hektar großen Auslauf, der so dicht bewachsen ist, dass ich nur eine Handvoll Affen sehe, obwohl dort wohl über dreißig Stück leben. Zudem ist seitlich noch ein circa 20 Quadratmeter großer, überdachter Käfig angebracht. Tina erklärt mir, dass dieses kleine Gehege dazu dient, neue Mitglieder langsam an die Truppe zu gewöhnen. Durch den riesigen Auslauf simuliert das Semi-Wild-Gehege möglichst natürliche Lebensbedingungen, damit seine Bewohner eine Rangordnung aufbauen, sich an die Natur anzupassen lernen und sich schließlich auch fortpflanzen. Erst dann kann man die Primaten erfolgreich auswildern.

„Diese Gruppe ist bald soweit. Letzte Woche haben sie nämlich zum ersten Mal Nachwuchs bekommen. Vielleicht sehen wir die Mutter und das Baby. Übrigens greifen wir jetzt auch nicht mehr in die Lebensprozesse ein. Tiere, die verletzt sind, müssen lernen, sich selbst zu heilen. Die Mutter versorgt das Baby ohne unsere Hilfe und wir beobachten nur, ob sich die Tiere natürlich verhalten. Jede menschliche Intervention würde den Affen in diesem Stadium schaden. Einzig bei lebensbedrohlichen oder ansteckenden Krankheiten wird das betreffende Tier sediert, also betäubt, und in die Klinik gebracht."

Ich nicke.

„Da!", ruft Tina, packt meinen Ärmel und zieht mich um die Ecke des Geheges. „Auf dem Baum dort! Sieh genau hin! Das linke Weibchen trägt ein Baby."

„Ahh!", kommt es über meine Lippen. Bei dem Anblick von Mama und Kind vergesse ich fast den penetranten Geruch der Tiere.

„Lass uns nun weitergehen. Auf dem Weg erkläre ich dir, wie wir hier arbeiten: Tiere, die bei uns ankommen, werden zuerst untersucht. Babies werden direkt von uns betreut, während ausgewachsene Tiere in die Quarantäne kommen, wo sie auf Krankheiten getestet werden. Sind die Tiere gesund oder die Babies groß genug, kommen sie in ein Gehege, in dem sie an die Natur gewöhnt werden und sich von uns abnabeln. Danach kommen sie in die riesigen Semi-Wild-Gehege, wo wir, wie gesagt, nicht mehr mit ihnen in Kontakt treten und sie nur noch beobachten, um zu sehen, ob sie eine stabile Truppe formen, sich reproduzieren und sich selbst heilen. Wenn das der Fall ist, können wir sie in einem mehrmonatigen Prozess auswildern."

Tina führt mich währenddessen von einem Gehege zum nächsten, zeigt mir die Tierklinik und die Quarantänestation, bevor wir zum Semi-Wild-Gehege der Paviane gehen. Der erste Pavian, den ich sehe, heißt Bruno – wie mein Opa. Danach erklärt Tina mir den Arbeitstag. Ich staune nicht schlecht: Es gibt kein freies Wochenende! Arbeitsbeginn ist morgens um halb sieben – jeden Tag! Morgens säubern wir die Gehege, bereiten das Futter vor und füttern im Anschluss die Tiere, die noch nicht selbstständig fressen. Danach erst bekommen wir Menschen unser Frühstück. Anschließend müssen wir die Futterstation reinigen, Blätter, Äste und Gras sammeln und die Farm in Schuss halten. Ich schaue mich kritisch um: In Schuss wurde hier schon länger nichts mehr gehalten. Alles wirkt alt und provisorisch. So auch die Unterkünfte, die Tina mir am Schluss zeigt. Etwas abgelegener vom Rest der Farm stehen fünf Lehmhütten. Sie haben keine richtigen Fenster, dafür aber doppelte Türen, eine Holztür mit einer Stahlgittertür. „Damit keine wilden Affen unsere Koffer plündern", erklärt Tina. Zudem befinden sich drei Außenduschen und drei Außentoiletten mit einem Waschbecken hier unten im Camp.

„Hier schläfst du", sagt Tina und deutet auf ein altes, klappriges Holzbett in der ersten Hütte, die für sieben Frauen ausgelegt ist. Zwischen meinem Bett und dem neben mir ist gerade einmal ein Meter Platz.

„Deinen Koffer schiebst du am besten unters Bett, denn Schränke haben wir nicht und sonst steht er nur im Weg."

Ich nicke.

„Geduscht wird draußen. Lass bitte nichts in der Dusche liegen, denn die wilden Affen klauen gerne, vor allem Rasierer", lacht sie und ich nicke erneut. Alles wirkt heruntergekommen, irgendwie provisorisch, zusammengestückelt. Ich kann es kaum beschreiben, aber der Gedanke, dass ich die nächsten zwei Wochen hier leben soll, auf einem klapprigen Holzbett schlafend, in einem Zimmer mit sechs anderen Frauen, ohne ausreichende Beleuchtung, ohne Fenster und zwischen wilden Affen, schockiert mich.

Die Duschen sind ebenfalls eher ein Verhau als sanitäre Räume. Fliesen? Mangelware! Sie bestehen aus einem Bretterverschlag und einem Duschkopf.

„Pass auf dem Weg in die Dusche immer auf“, warnt mich Tina, „denn die wilden Affen kacken gerne mal hier rein. Wenn du das Wasser andrehst, kannst du hier probieren, ob wir warmes Wasser bekommen, was aber in der Regel nicht der Fall ist. Wenn doch, dann achte auf diese Leitung.“ Sie deutet auf eine der verrosteten Leitungen, die entlang des Verschlags läuft. „Die wird kochend heiß!“

Ich nicke erneut.

„Hier putzen wir die Zähne“, zeigt Tina auf ein Waschbecken voller Insekten. Die Neonlampe über einem schmutzigen Spiegel lockt sie an.

„Okay“, sage ich ausdruckslos. Gemeinsam verlassen wir die Dusche und marschieren zu einem Lehmhäuschen mit drei Türen.

„Das sind die Toiletten. Wenn du Groß musst, empfiehlt es sich oben im Haupthaus zu gehen, denn die Spülung hier unten ist sehr schwach. Manchmal haben wir hier gar kein Wasser, sodass es sonst wirklich unangenehm riecht.“

Ist ja nichts Neues, denke ich und nicke mechanisch. Alles was ich gerade möchte, ist mich hinsetzen und tief Luft holen, um diese Lebensumstände zu verdauen. Mir fehlen die Worte und es fällt mir schwer, mir meinen Schock nicht anmerken zu lassen, denn ich spüre förmlich, wie mein Gesicht mit jeder Sekunde an Farbe und Ausdruck verliert. Wo bin ich nur gelandet? Ich starre an Tina vorbei in den Dschungel.

„Und eins noch: Wir wohnen recht abgelegen. Lauf bitte nie alleine hier unten rum, denn dir könnten Speikobras, schwarze Mambas, Würgeschlangen, giftige Spinnen und Skorpione begegnen. Wenn dich eines dieser Tiere beißt oder sticht, brauchst du umgehend Hilfe. Außerdem sehen vier Augen immer besser als zwei“, lächelt sie. Ich versuche zurück zu lächeln, doch es gelingt mir nicht.

„Keine Sorge", liest sie meine versteinerte Miene. „Ich bin nun schon zum siebten Mal hier. Dieses Mal für ein ganzes Jahr. Es ist das Paradies auf Erden. Klar, du hast hier im Prinzip nichts, keine Privatsphäre, und arbeitest sehr hart, aber die Tiere und ihr Wohl sind all das wert. Glaub mir. Du wirst es lieben!"

Wieder nicke ich mechanisch und frage mich, was Tina sich wohl morgens in den Kaffee rührt, dass sie sich hier wohlfühlt. Sie muss verrückt sein!

„Komm! Auf! Jetzt lernst du die Affen kennen", holt sie mich aus meinen Gedanken.

Gemeinsam spazieren wir den Weg zum Haupthaus zurück und Tina erklärt mir alle Dinge, die ich im Kontakt mit den Tieren beachten muss: „Wenn wir uns in das Gehege setzen, kann es sein, dass die Tiere erst einmal gar nicht zu dir kommen. Oder dass sie dich im Gegenteil direkt erkunden wollen. In beiden Fällen solltest du dich nicht ruckartig bewegen, nach den Tieren greifen oder ihnen direkt in die Augen sehen. Das könnte ihnen Angst machen und sie dazu verleiten, dich zu beißen. Zwar sind die Meerkatzen keine gefährlichen Raubtiere, dir passiert also nichts, aber wir wollen die Tiere hier nicht stressen. Also lernt euch, zu deinem und ihrem Schutz, langsam kennen. Toby, die Grünmeerkatze, ist etwas eigen: Er beißt auch ohne Grund gerne und provoziert. Wenn er dich hysterisch anschreit und wild hin und her springt, schau ihm keineswegs in die Augen, sondern ignoriere ihn, dann beruhigt er sich meistens wieder. Ansonsten denke immer an das ‚Poo-Shirt'. Du wirst zwar so oder so angepinkelt, aber so ein Hemd schützt deine Privatklamotten, auch wenn du die in zwei Wochen sowieso wegwerfen kannst. Außer," setzt sie nach, „außer du kommst nochmal wieder, dann behalte sie fürs nächste Mal!"

Neben der Babyküche hängen viele alte Poo-Shirts[8] an Haken. Ich nehme mir ein weißes Hemd in Männergröße XL, damit mein gesamter Körper geschützt ist.

8 Es sind alte, ausgemusterte Hemden und T-Shirts. Sie helfen bedingt gegen „poo", also gegen Affenkacke.

„Bereit?", fragt Tina, als sie die Hand schon an der Gehegetür hat. Ich nicke, dabei bin ich alles andere als das.

Sie öffnet den Käfig. Gemeinsam setzen wir uns zu den beiden Affen auf den Boden. Toby, die kleinere, weiße Meerkatze, kommt direkt zu mir, legt sich auf meinen Schoß und greift nach meiner Hand. Er schnüffelt an mir, leckt mich an und begutachtet meine Hände dann von allen Seiten. Im Vergleich zu seinen sind es Pranken. Einen Finger nach dem anderen nimmt er in seine kleinen Händchen. Ich lächle, weil ich das Gefühl habe, dass gerade ein Wunder geschieht. Meine erste Begegnung mit einem Affen. Das ist gelogen, fällt mir dann unversehens ein: Ich habe bereits in der Türkei einen Affen gesehen, allerdings war der in Gefangenschaft zur Belustigung von Touristen. Als Kind verstand ich das nicht und spielte so lange mit dem Tier, bis es mich anpinkelte. Stinkend musste ich dann den ganzen Weg zurück zum Hotel laufen. Also ist das meine zweite hautnahe Begegnung mit einem Affen, der mich auf Anhieb zu mögen scheint. Khaleesi hingegen, der schwarze Affe, bleibt auf Abstand.

„Wie kommt es, dass du hierher gereist bist?", fragt Tina.

„Eine Mischung aus Abenteuerlust, Tierliebe und Angst", fasse ich zusammen. „Ich wollte schon immer mit wilden Tieren arbeiten, in der Natur sein und etwas Sinnvolles tun. Wenn ich mir meine Zukunft so ansehe, ist jetzt die einzige Zeit, in der ich Abenteuer erleben kann. Ich habe immer gedacht, dass das Leben anfängt, wenn man erwachsen wird, aber jetzt, wo es kein Zurück mehr gibt, vermisse ich meine spielerische, wilde, freie Kindheit. Das hier ist wohl der Abschied und mein letztes Abenteuer, bevor ich dann studiere, ein normales Leben führe und alt werde."

„So muss das Leben nicht sein", grinst sie. „Ich bin alt und trotzdem hier", fügt sie dann augenzwinkernd hinzu.

„Du bist nicht alt", erwidere ich.

„Doch, 42! Und lass dir von einem alten Hasen eines sagen: Ob du in diesen Kreislauf einsteigst oder nicht, liegt an dir. Das Leben ist mehr als Arbeit, Haushalt und Altersvorsorge. Das Leben ist aber auch mehr als Abenteuer, Reisen oder Spaß haben. Finde eine gute Balance und du wirst keine Angst mehr davor haben, erwachsen zu werden und wieder die Möglichkeiten erkennen, die sich dir eröffnen. Du kannst alles sein. Auch eine kinderlose, alte Jungfer, die bei Affen abhängt und bei ihrer Mutter lebt. Das Leben, das du dir vorstellst, ist nur ein Modell von vielen und wenn es für dich nicht passt, such dir halt ein anderes aus. Hab ich auch! Und ich wähle immer wieder neu."

Plötzlich beginnt Toby auf meinem Schoß zu schreien, springt von meinem Schoß und keift mich in höchsten Tönen an.

„Ich habe nichts gemacht!", rechtfertige ich mich erschrocken.

„Ich weiß! Schau ihn nicht an und gehe nicht auf seine Provokation ein."

Ich nicke und blicke nach unten. Das war's mit dem Wunder, denke ich, da springt mir das weiße Fellbündel ins Gesicht, krallt sich an meinen Haaren fest und beißt in mein Ohr. Ich schreie, als sich die kleinen spitzen Zähne in meine Ohrmuschel bohren und spüre wie das Blut meinen Hals hinabläuft. Tina packt Toby am Genick und drückt ihn zu Boden, damit er sich beruhigt. Doch die Meerkatze schreit nur lauter, traut sich aber nicht, Tina anzufallen. Als sie ihn loslässt, läuft der Übeltäter davon, schnappt sich eine Orange und beginnt zu essen, als sei nichts gewesen.

„Lass uns rausgehen. Ich desinfiziere deine Wunde."

Ich halte mein blutendes Ohr. Wie konnte das passieren? In der einen Sekunde liegt das kleine Affenmännchen entspannt auf meinem Schoß, spielt mit meinen Fingern und im nächsten Moment greift es mich an. Von wegen kein Raubtier!

Tina träufelt eine brennende Flüssigkeit auf mein Ohr und tupft die Bissverletzung dann ab.

„Sie ist nicht groß, aber es tut sicher weh. Geht es dir gut?"

„Ja, das kam nur unerwartet!", schnaube ich.

„Hier ist jeder Tag unerwartet, glaub mir. Aber du hast jetzt keine Angst, oder doch?"

Ich schüttle den Kopf. „Aber ich müsste nicht unbedingt nochmal rein heute", ergänze ich grinsend und Tina schmunzelt.

„Keine Sorge! Jetzt gibt es erst mal Abendessen", klopft sie mir auf die Schulter und wir setzen uns als erste an den großen gedeckten Tisch im Haupthaus. Das Haupthaus besteht aus einer Küche, einem Büro und einem großen Aufenthaltsraum, in dem alle Helfer*innen essen. Die Wände sind, wie alle anderen Wände hier, gelb gestrichen. Links von mir hängen gemalte und gezeichnete Affenbilder, Hundefotos und Sprüche. Rechts von mir steht ein weiterer, kleinerer Tisch und dahinter eine Kommode, auf der die Tischsets und Untersetzer liegen. Alles ist in dunklem Holz bestückt und an der Decke, genau über mir, rattert ein wenig vertrauensvoller Ventilator, der aussieht, als würde er jeden Moment von der Decke stürzen. Gegen 18 Uhr treffen nach und nach alle anderen Helfer*innen ein, bis sich etwa zehn Menschen um den Tisch versammeln. Alle sprechen Englisch. Die einen sehr schnell und fließend mit britischem Akzent, wie Ben und seine Freundin. Andere eher langsam, mit starkem Akzent und hin und wieder rutscht ein Wort in einer anderen Sprache durch. Zwei Frauen behelfen sich immer wieder mit deutschen Worten, daher vermute ich, dass sie ebenfalls Deutsch sprechen. Schweigsam lausche ich den Gesprächen und versuche so ein wenig über die einzelnen Menschen herauszufinden. Als letztes kommt ein kleinerer, älterer Mann mit Kippe im Mund aus dem Büro. Er trägt ein blaues Hemd, Shorts und einen Sonnenhut, obwohl er drinnen ist.

„Das ist Gus. Ihm und seiner Frau Liz gehört das Wildlife Rehabilitation Center", erklärt Tina.

Nach und nach bekommt jede der zehn Helfer*innen einen Teller mit Reis und Gemüse von Reinold, der als Koch, Handwerker und vermutlich auch Fahrer arbeitet – Stellenbeschreibungen sind hier wohl etwas flexibler als in Deutschland. Als Gus am Kopfende des Tisches Platz nimmt, wünscht er uns allen einen guten Appetit. Das Geschirr beginnt zu klappern, da ruft Gus: „Stopp!".

Alle, mich inklusive, schauen ihn entsetzt an.

„Herzlich willkommen, Michelle!"

„Danke", lächle ich und keine zwei Sekunden später klappern die Teller erneut.

Nachdem alle aufgegessen haben, hält Gus eine kleine, nette Einführungsrede für mich, in der er mir alle Regeln, sämtliche Sicherheitshinweise, die Geschichte der Farm und ein bisschen von sich selbst erzählt.

„Den Grundstein für diese Tierrettungsstation legte eine Begegnung mit einem herzlosen Mann im Jahr 1992, einem Farmer. Er hatte eine Meerkatze erschossen und erst danach bemerkt, dass es eine Mutter mit Kind war. Anstatt jedoch das Baby zu retten, wollte er es gegen eine Wand schlagen und töten. Als ich ihm zurief, dass er das Baby nicht einfach töten könne, warf er es durch die Luft zu mir rüber. Glücklicherweise konnte ich es auffangen. Als ich den Mann anzeigen wollte, informierte mich der Officer der Polizeistation, dass der Farmer sich nicht strafbar gemacht habe, ich mich allerdings schon! Da diese Affen den Status von Ungeziefer hätten, dürfe man sie einfach töten. Strafbar mache man sich nur, wenn man solche Tiere rette. Ich musste vor Gericht, weil ich einem Babyaffen das Leben gerettet hatte! Der Richter sprach mich am Ende zwar nicht schuldig, aber für neun Monate war ich angeklagt, ehe das Urteil fiel. Laut dem Richter hatte das Baby ein Recht auf Leben, weshalb es groß gezogen werden sollte. Da es zu diesem Zeitpunkt aber noch kein Center für Primaten gab, gründete ich eines. Fast zehn Jahre haben meine wundervolle Frau Liz, ich und unsere Kinder all das alleine gemanagt, ehe wir ab 2002 Freiwilligenhelfer*innen aufnahmen, um unser immer größer werdendes Pensum bewältigen zu können. Denn Menschen in Südafrika machen grausame Dinge mit Primaten. Wir haben hier Babies, deren Mütter erschossen oder überfahren wurden. Manche Babies waren Haustiere. Andere wurden einfach nur auf brutale Art und Weise gequält. Einem Baby wurden beide Arme gebrochen, ein anderes wurde angezündet. Es ist schon geschehen, dass wir Tiere befreit haben, die jahrelang in Transportboxen oder als Zirkusaffen gelebt haben. Noch immer weigern sich viele Menschen, Affen zu schützen und deswegen sind wir hier und brauchen eure Hilfe!“

Ich lächle Gus an: Genau das sind die Gründe, derentwegen ich hier bin. Er räuspert sich, zieht an seiner Kippe und redet dann weiter.

„Ich will dich nicht anlügen. Die Tage sind lang, die Arbeit ist hart und die erste Woche ist für viele eine Herausforderung. Du brauchst mindestens drei Tage, um überhaupt anzukommen und eine Woche, bis du nicht mehr im Weg stehst und langsam siehst, wie die Dinge laufen. Aber du hast tolle Teamleiter*innen, die dir alles zeigen und dich unterstützen werden so gut es geht. Lass dich darauf ein und du wirst hier ein neues Zuhause finden. Verschließt du dich, kommst du, das verspreche ich dir, nie an. Von unserer Seite aus bist du herzlich willkommen!"

Ich nicke die ganze Zeit, um ihm zu verdeutlichen, dass ich zuhöre, während die anderen diese Rede vermutlich schon zum zehnten Mal hören, denn sie scheinen gelangweilt zu sein. Gus schließt seinen Vortag mit wunderschönen Worten ab, die mich tief berühren.

„Michelle, ich weiß, dass du eine Menge Geld zahlst, um hier zu sein und dafür danke ich dir von Herzen. Wir, Liz, die Affen und ich, sind auf die Hilfe von Menschen wie dir angewiesen. Menschen, die uns nicht nur mit ihrer Arbeitskraft, sondern auch finanziell unterstützen. Wie viele Menschen haben dich schief angeschaut, als du sagtest, dass du ans andere Ende der Welt fliegst und Geld zahlst, um mit Affen zu arbeiten. Ich weiß, wie sich das anfühlt und ich weiß, wovon ich rede. Deswegen bist du unbezahlbar für uns, zumindest was Geld angeht. Dafür werden wir dir hier Freundschaft, Familie und Liebe entgegenbringen. Die Tiere, mit denen du arbeitest, sind wundervolle Geschöpfe! Auch wenn sie garstig und eigensinnig sein können, wird einer dieser Affen vielleicht sein Herz an dich verlieren. Denn diese Tiere sind wie du und ich – starke Charaktere mit einer eigenen Persönlichkeit. Manche hier werden dich nicht leiden können und nie zu dir kommen, selbst wenn du mit einer Banane auf dem Kopf vor ihnen tanzt. Andere werden dich vom ersten Moment an ins Herz schließen. Sollte das geschehen, wirst du hier etwas erfahren, was für dich unbezahlbar ist. Sei einfach du selbst und dann wird ein Affe sein Herz an dich verlieren und dich als Freund, als Alpha-Tier oder als große Liebe annehmen. Aber vergiss eines nicht: Der Affe sucht dich aus, nicht du den Affen! Du bist ein Teil von etwas Größerem und hilfst hier und heute hunderten Affen dabei, ein Leben zu leben, das es ohne dich nicht gäbe."

„Danke!", sage ich und lächle, obwohl ich Angst habe, dass ich vielleicht zu genau denjenigen Menschen gehöre, die nie ankommen werden.

Nach einem Moment der Stille beginnen alle zu klatschen.

„So, und nun unsere besonderen Fähigkeiten. Stellt euch alle vor und sagt, was ihr gut könnt", fordert Gus uns auf und Tina beginnt.

„Ich bin Tina, 42 Jahre alt, aus England und mein besonderes Talent ist meine Energie. Ich bin nie müde."

Eine*r nach dem anderen steht auf, stellt sich vor und so zieht der Abend ins Land. Auch wenn diese Einführung schön war, Gus so herzenslieb ist und er bestimmt Recht hat mit dem, was er über die Affen sagt, fühle ich mich hier fehl am Platz. Alle anderen verfallen in freudige Gespräche, während ich grüble und nachdenke. Mein Ohr pocht wie wild und ich will tatsächlich nur noch schlafen.

Jack, ein großer Kanadier mit dunkelbraunen kurzen Haaren, der sehr verschlossen wirkt, ist der erste, der zu den Hütten geht, weshalb ich die Gunst der Stunde nutze und ihn begleite. Er ist nicht sonderlich gesprächig, und wir reden kaum ein Wort miteinander, was mir sehr recht ist, denn ich bin ziemlich bedrückt und möchte eigentlich nur noch unter eine warme Dusche und dann ins Bett. Unten angekommen, schließe ich unsere Hütte auf, entriegele das Stahlgitter und öffne dann die Tür. Gedankenversunken schnappe ich mir mein rosafarbenes Handtuch und tapse barfuß in die Duschen. Erst jetzt fällt mir auf, dass die drei Verschläge gar keinen Vorhang haben, weshalb ich in die letzte Kabine gehe und mein Handtuch provisorisch als Sichtschutz aufhänge. Langsam drehe ich das Wasser auf. Wider Erwarten ist es lauwarm. Wie geil, denke ich, doch keine Minute später kühlt es von Sekunde zu

Sekunde herunter. Dennoch: Eine kurze warme Dusche war mir vergönnt! Ich lächle und beginne im selben Moment bitterlich zu weinen. Seit vierzehn Tagen befinde ich mich in einem ständigen Gefühlschaos zwischen Euphorie und Enttäuschungen, gepaart mit der Angst zu versagen. Was habe ich mir nur dabei gedacht? Wie konnte ich denn so naiv sein und denken, dass ich alleine in Südafrika zurechtkomme und hier das Abenteuer meines Lebens erlebe?

„Das alles war ein großer Fehler“, schluchze ich.

„Bist du okay?“, fragt plötzlich eine Stimme neben mir. Ich schrecke zusammen und brauche ein wenig, bis ich verwundert feststelle, dass Jack wohl auch noch duschen musste.

„Alles in Ordnung!“, behaupte ich und unterdrücke weitere Selbstgespräche.

Dann herrscht wieder Stille. Zum Glück. Das Wasser plätschert und ich blicke in den Himmel. Die Sterne stehen bereits hoch oben und erleuchten die Nacht. Lautlos weine ich und lasse meinen Tränen, Gedanken und Hoffnungen freien Lauf. Mit verschwommenem Blick suche ich im Himmel nach Antworten. Doch obwohl er so schön, vertraut und einladend leuchtet, finde ich nicht das, was ich suche. Aber was suche ich eigentlich? Ich bin aufgebrochen, um herauszufinden wer ich bin, und habe mich nun gänzlich verloren. Eine erschreckende Leere macht sich in mir breit. Ich drehe das Wasser ab, stapfe aus der Dusche und trete in einen Haufen Affenkot, der auf dem Weg liegt. Verzweifelt raufe ich mir die Haare und heule erneut los: „Heute läuft aber auch alles schief.“

Unter der Dusche wasche ich mir den Fuß ab, bevor ich mich mit Kopfhörern im Ohr schlafen lege. *Yeah, you bleed just to know you're alive*[9] sind die letzten Worte, bevor ich zu träumen beginne. Endlich.

9 Man blutet nur, damit man weiß, dass man lebendig ist.

Barney

Um halb sechs klingelt mein Wecker. Die anderen Frauen strafen mich mit wütenden Blicken, als ich eine Stunde vor Arbeitsbeginn aufstehe, um mich fertig zu machen. Keine von ihnen rappelt sich in den nächsten dreißig Minuten auf. Während ich nun gestriegelt und gekämmt bereit bin, in den Tag zu starten, schleppen sich ihre müden Körper zum Waschbecken. Nach und nach putzen sie sich die Zähne, binden ihre Haare zusammen und sind nach weniger als zehn Minuten fertig.

„Spar dir das frühe Aufstehen. Es interessiert hier niemanden, wie du aussiehst und du brauchst deinen Schlaf", raunzt mich eine der anderen Helferinnen an.

„Hm", sage ich und folge ihnen hoch zur Farm. „Ein ‚Guten Morgen' wäre auch schön gewesen", flüstere ich mir selbst zu und fühle mich erneut vollkommen fehl am Platz.

Am gelben Haus angekommen, stellen wir unsere Rucksäcke mit Wasserflaschen und Wechselsachen für den Notfall in der sogenannten Babyküche ab. Die „Babykitchen" ist ein kleiner Raum mit einem Waschbecken, einer Mikrowelle sowie Sterilisations- und Reinigungsmitteln. Hier bereiten wir die Flaschen für die beiden Pavianbabies Barney und Blossom vor. Matt und Claire, unsere Teamleiter*innen tragen eine Transportbox in die Küche. Darin haben die beiden Affenbabies geschlafen, weil sie noch sehr jung sind und über Nacht beaufsichtigt werden müssen.

„Hey", begrüßt mich Claire lächelnd, eine kleine Engländerin mit hellbraunen Haaren und Grübchen, die gemeinsam mit Matt hier ist. Sie erklärt mir die Morgenroutine. „Barney und Blossom haben über Nacht eine Windel angehabt. Daher baden wir sie zuerst und geben ihnen dann die Flasche. Sie lassen sich nicht gerne saubermachen und würden wir sie zuerst füttern, würden sie alles wieder ausspucken. Am besten schaust du heute aber erst mal zu."

Ich nicke. Dann öffnet Claire die Box und ein kleiner süßer Pavian springt mit frechem Blick heraus.

„Das ist Blossom", erklärt sie. Völlig verängstigt beginnt das kleine Affen-Mädchen wie am Spieß zu schreien, als es mich sieht. Dann klammert es sich an meinem Bein fest, als würde es mich nie wieder loslassen wollen. Doch umgehend rast es davon, wie von einer Tarantel gestochen. Überfordert frage ich Claire, ob ich etwas falsch gemacht habe, doch sie schüttelt nur lächelnd den Kopf: „Das ist normal. Blossom ist eine Dramaqueen."

Sie nimmt den kleinen Pavian an sich und trägt ihn nach draußen, wo das Badewasser wartet. Claire hatte Recht: Blossom ist eine Dramaqueen, die bockig schimpfend in dem Badeeimer strampelt und erst Ruhe gibt, als Claire sie in ein kuscheliges Handtuch wickelt und füttert. Es dauert keine Minute, bis das kleine Affenmädchen besänftigt ist und an der Flasche nuckelnd einschläft.

„Das war der leichte Part. Mit Barney ist es viel anstrengender. Er schreit eigentlich nur und ist total hektisch und panisch, weil er noch zu keinem Menschen Vertrauen aufgebaut hat. Wir wissen nicht, was mit ihm passiert ist, aber er scheint schwer traumatisiert zu sein."

Nach dieser kurzen Info öffnet Claire die Box und ein kleiner, zierlicher, schwarzer Pavian springt schreiend heraus. Er hat sich seine Windel abgerissen und ist von oben bis unten voller Kot. Panisch schaut er nach links und rechts, läuft los und springt in meine Arme. Jammernd krallt er sich an mir fest und lässt meine Haare nicht los, die er in seiner Panik als erstes zu greifen bekommen hat.

Hilflos halte ich den kleinen Mann, der urplötzlich ruhig ist. Ich spüre, wie sich seine spitzen Fingernägel durch mein Shirt bohren. Verkrampft krallt er sich an mir fest. Jedes Mal, wenn ich versuche, ihn Claire zu geben, schreit er los und es wird warm und feucht auf meinem T-Shirt und nicht nur dort.

„Wenn du magst, kannst du ihn auch halten. Er scheint dich zu mögen", lächelt Claire.

„Er hat mich angepinkelt!", stottere ich schockiert.

„Daran musst du dich gewöhnen. Aber du kannst dich schnell waschen und dir ein Poo-Shirt anziehen."

Das hätte ich mal besser vorher gemacht, denke ich und mustere den kleinen schwarzen „Baboon". Mir bleibt die Luft weg. Ich bin so überfordert von all dem – den Lebensumständen, dieser Reise, von dem kleinen schreienden Affen und davon, nie durchatmen zu können, weil einfach mal alles nach Plan läuft. Mit dem kleinen Barney im Arm wechsle ich das Shirt. Zumindest seine kleinen Knopfaugen sind ein Grund wieder zu atmen. „Bin ich dem gewachsen?", fragt meine innere Stimme und gräbt einhundert Falten in meine Stirn. „Probieren wir es aus!", lacht mein Herz.

Draußen wird das Baden zu einem Kampf, denn Barney möchte weder stillhalten, noch im Wasser sein oder saubergemacht werden. Immer wieder springt der klatschnasse Pavian in meine Arme und krallt sich an mir fest, als ginge es um sein Leben. Irgendwann haben wir es geschafft. Ich bin tropfnass und wickle uns beide in ein Handtuch, ehe ich das Fläschchen mit der blauen Kappe nehme und mich auf die Mauer vor der Küche setze, um ihn zu füttern. Barney blickt mich mit großen Augen an. Unwillkürlich muss ich lachen, weil ich genau sehen kann, was er gerade denkt.

„Oh, ja, kleiner Mann! Du musst etwas trinken, keine Widerrede!", flüstere ich ihm zu und gebe seinem kleinen, nassen Köpfchen einen Kuss. Zögerlich beginnt er zu nuckeln, umgreift das Fläschchen mit seinen dünnen Fingern und wird mit jedem Schluck müder und müder. Seine Augenlider sinken nach unten und schließen sich. Ganz bei uns spüre ich, wie sich der Atem des kleinen Bündels in meinen Armen verlangsamt und er friedlich und entspannt einschläft. Sanft lege ich das Handtuch um sein feuchtes Köpfchen, sodass nur noch das Gesicht herausschaut. Ein Gefühl von Harmonie und Liebe durchfährt meinen Körper. Ich vergesse Raum und Zeit, als ich beobachte, wie die Luft durch Barneys herzförmige Nasenlöcher strömt. Ich glaube, dass ich noch nie etwas Friedlicheres gesehen habe. Nein, ich bin mir sicher, dass ich noch nie etwas Friedlicheres gesehen habe.

„Da haben sich wohl zwei gefunden", strahlt Claire mich an und setzt sich zu mir.

Ich nicke lächelnd und bekomme vor Freude Gänsehaut am ganzen Körper. Ich weiß gar nicht, was mich gerade so glücklich, erfüllt und fröhlich macht, aber das ist auch nicht wichtig. Jetzt genieße ich einfach diesen Moment, in dem ich mich zum ersten Mal seit langem einfach nur gut fühle!

„Oh, Scheiße!", sagt eine der Helferinnen. „Ist das alles Badewasser oder hat Barney dich so oft angepinkelt?"

„Vermutlich eine Mischung aus beidem", zucke ich mit den Achseln.

Fliegende Orangen

Und auch wenn ich am liebsten ewig in diesem Augenblick verweilen würde, ruft die Arbeit. Claire und ich bringen Barney und Blossom in das Babygehege zu Toby und Khaleesi.

„Hast du schon mal ein Kind in den Kindergarten gebracht?", fragt Claire.

„Nein", sage ich zögerlich und ahnungslos, warum sie mit so einer Frage kommt.

„Nicht schlimm. Es geht im Prinzip nur darum, dass wir sie so schnell wie möglich reinsetzen, uns umdrehen und gehen. Sie werden schreien, aber sobald sie uns nicht mehr sehen, spielen sie miteinander. Wie Kinder im Kindergarten eben. Es muss also schnell gehen, um die Tiere nicht mehr zu stressen als nötig."

„Alles klar!", nicke ich.

„Du gibst mir bei drei Barney und ich setze die beiden rein, okay."

Ich nicke erneut.

„Eins, zwei, drei!"

Claire schnappt Barney, öffnet die Tür des Geheges, setzt die kleinen Paviane in Windeseile ab und schlägt sie wieder zu. Barney und Blossom beginnen zu schreien und kuscheln sich aneinander. Gemeinsam rennen sie zum Gatter. Ich drehe mich nicht um und bleibe nicht stehen, so wie es Claire gesagt hat. Schon nach einigen Metern verstummen die Schreie.

„Siehst du", lächelt sie und schickt mich zu „Food Prep", der Futterstation, wo ich am Vormittag aushelfen werde. Dort wird das Essen der Tiere vorbereitet und geschnitten. Tina, die verrückte 42-jährige Engländerin, die schon zum siebten Mal hier ist, übernimmt an diesem Morgen die Leitung und erklärt mir, was zu tun ist. Ich staune: Wir müssen 36 Wäschekörbe mit Obst und Gemüse füllen. 36! Dazu kommen noch zwei kleine Körbe für die Quarantänestation, zwei für das Gehege der etwas größeren Paviane, sowie ein Korb für die Klinik und einer für das Babygehege. Diese sechs Körbe müssen alle speziell zubereitet werden, da Jungtiere und erkrankte Affen eine andere Kost bekommen als die ausgewachsenen Primaten. Zum einen müssen wir das Essen für sie wesentlich kleiner schneiden, zum anderen sind manche Früchte für die Babies unverträglich.

„Du kannst mit Orangen anfangen", weist Tina mich an.

„Okay und wo schneide ich die?", frage ich Tina etwas irritiert.

„Na, hier", antwortet Tina ebenso irritiert.

„Hier" sind ein paar alte Baumstümpfe, in denen Macheten stecken.

„Okay", grinse ich noch ein wenig unsicher, ziehe eine Machete aus einem Stumpf und schnappe mir einen Korb Orangen, den Jack mit einer anderen Helferin gerade sortiert hat. Motiviert stelle ich mich an meinen Stamm und schneide los. Die Orangen haben die Größe kleiner Melonen. Nach zehn Minuten habe ich nicht einmal die Hälfte von ihnen in Stücke geschnitten, als Jack kommt und mich ebenfalls irritiert mustert. Er verliert kein Wort, stellt sich zu mir, schmeißt eine Orange in die Luft und teilt sie im Flug mit seiner Machete. Die zwei Hälften landen im Korb vor ihm. Im Affentempo schneidet er ein halbes Körbchen voller Früchte völlig mühelos, während ich bereits jetzt Muskelkater im rechten Oberarm habe.

Anna, eine andere Helferin aus Deutschland mit rötlichen, schulterlangen Haaren, stellt sich zu uns. Anstatt die melonengroßen Orangen zu schneiden, hackt sie sie in zwei Hälften. Auch das geht bedeutend schneller. Mit dem ersten Korb entwickele ich nun meine ganz eigene Schneide-Hack-Technik, die mir sicher genug für meine Finger erscheint und dennoch zügig ist. Wobei zügig relativ ist: Im Vergleich zu Jack arbeite ich noch immer wie eine Schnecke.

Nachdem die Orangen geschnitten sind, besorgen wir uns Schubkarren und beginnen mit den Salatköpfen. Jeder Salatkopf hat allerdings die Größe eines Basketballs. Hier hilft nur noch rohe Gewalt. Mit Schwung hacke ich den Salatkopf entzwei und halbiere die beiden Hälften dann nochmal.

Das Ganze ist unfassbar anstrengend und kraftraubend, aber ich bin hochmotiviert und fröhlich. Immer wieder unterhalte ich mich mit Tina, die mir von ihren liebsten Affen, Erfahrungen und Beweggründen erzählt. Eine gescheiterte Beziehung brachte sie vor vielen Jahren her und in den Affen hat sie ihre große Liebe gefunden. Nach meiner Begegnung mit Barney am Morgen, kann ich sie schon etwas besser verstehen. Dennoch wären die Lebensumstände, die harte Arbeit und das Leben so fernab vom Schuss auf Dauer keine Option für mich!

Die zwei Stunden Food Prep vergehen wie im Flug. Gegen viertel vor neun stoßen Arbeiter*innen der Farm zu uns und unterstützen uns beim Zubereiten. Ich staune, als sie in einem rasenden Tempo die restlichen Salatköpfe hacken, während wir Papayas und Paprikas zerkleinern.

Um neun Uhr läutet eine der Haushälterinnen die Glocke, das Zeichen für das Frühstück. Ich habe einen Bärenhunger. Trotzdem bekomme ich nur einen Kaffee herunter und setze mich auf die Veranda. Bereits jetzt bin ich erschöpft und suche daher einen ruhigen Ort, wo ich einen Moment der Stille genießen kann. Mit zusammengekniffenen Augen schaue ich durch die leuchtend grünen Blätter in den Himmel. Ich lächle das Universum an und hoffe, dass ich die nächsten zwei Wochen halbwegs gut überstehe.

Nach zwei Minuten gesellt sich Tina zu mir, mit einem Tee in der Hand, wie es für Engländer wirklich typisch zu sein scheint.

„Hast du dir den Router schon angeschaut?“, fragt sie mich. Der Router ist unser Arbeitsplan. Dort ist angegeben wer, wann, wie, wo und in welchem Team aushilft.

„Ich weiß, dass ich in Claires Team bin und morgen früh beim Youngster-Gehege helfe.“

„Genau. Gut! Bring dafür am besten deine Gummistiefel mit.“

„Gummistiefel? Ich habe keine dabei!“, sage ich entsetzt. Ich habe meinen Rucksack 1:1 nach der Packliste der Organisation gepackt, aber von Gummi-Boots war nie die Rede.

„Hm, dann komm am besten barfuß“, schmunzelt Tina und nimmt einen Schluck Tee. Ich beschließe, erst gar nicht nachzufragen, was mich morgen erwartet, sondern lege die Sorgenfalten ab und lasse einfach mal alles auf mich zukommen.

Müde nehme ich einen tiefen Atemzug und stelle fest, dass ich mich so langsam an den Affen-Geruch gewöhne. Vielleicht liegt es aber auch nur daran, dass ich mir den Kaffee direkt unter die Nase gehalten habe. Sein Aroma ist so intensiv, dass ich kaum einen anderen Geruch wahrnehmen kann.

„Schau da“, stupst Tina mich an und deutet auf das Babygehege, „sie beobachten uns.“ Ich erblicke Barney und Blossom, die am Gitter sitzen und in unsere Richtung blicken. Ich lächle den kleinen süßen Mann an. Grinst er zurück oder bilde ich mir das ein? Dann rappelt Blossom sich auf, zieht Barney am Ohr und die beiden toben miteinander, während Toby und Khaleesi am Fressen sind.

„Wie geht es dir nach gestern?“, fragt Tina und ich fasse automatisch an mein Ohr. Über den kleinen Wunden bildet sich bereits eine leichte Kruste.

„Ganz gut. Ich würde schon gerne wieder rein, wenn jemand dabei ist, aber alleine wüsste ich nicht, wie ich Toby von meinem Ohr kriegen sollte“, zwinkere ich ihr zu.

Tina zieht grinsend die Brauen hoch: „Soll ich’s dir verraten?“

„Klar!“, nicke ich.

„Du musst ihm in den Schwanz beißen. Nur so dominierst du einen Affen und ordnest deinen Rang über ihm ein.“

Sie nimmt mich auf den Arm, denke ich. Doch Tina erklärt mir haarklein, wie ich den Affen zu packen habe und wo ich reinbeißen muss.

„Hast du denn schon einen Affen gebissen?", frage ich so schockiert wie skeptisch.

„Nicht einen!" grinst Tina, „so viele, dass ich sie nicht zählen kann! Du musst dir Respekt verschaffen und dich zum Alpha-Tier machen. Das wirst du auch heute auf dem ‚Baboon Walk' feststellen. Da nehmen wir die Paviane aus dem Gehege heraus und gehen mit ihnen zum Fluss, wo sie klettern und schwimmen üben können und sich an die Natur gewöhnen. Dabei fechten die Affen ihren Rang aus und nicht ungern bist du in diese Kämpfe verwickelt. Es kann sein, dass einer unserer Paviane dich beißt und dann musst du, zwar nicht heute oder morgen, aber wenn du ein Mitglied der Truppe bist, zurückbeißen, sonst verliert er den Respekt vor dir."

„Oh", ist alles, was ich rausbringe und bekomme nun tatsächlich sehr viel Respekt vor den „Baboon Walks" und den größeren Tieren. Bin ich dem hier überhaupt gewachsen? Könnte ich jemals einen Affen beißen? Vielleicht sind die anderen ja einfach besser vorbereitet hergekommen? Immerhin schneiden sie Obst doppelt so schnell wie ich und bringen sich hier ein, als hätten sie nie etwas anderes gemacht, während ich mich teilweise echt lahm anstelle. Oh Gott, was mache ich hier nur? Meine Gedanken überschlagen sich, die altbekannten Zweifel treten auf, bis Tina mich glücklicherweise aus meinem inneren Monolog reißt.

„Aber keine Sorge. Wir, also Matt, Claire und ich, sind ja immer dabei und außerdem wissen wir, wie schwer die ersten Tage hier sind. Gib dir die Zeit, alles kennenzulernen und dich zurechtzufinden. Es gibt Menschen, die reisen her, sind ihre gesamte Zeit richtig unglücklich und kommen nie an, weil sie keine Verbindung aufbauen. Sie lassen sich nicht ein und finden keinen Bezug zur Natur, kommen nicht damit klar, dass sie so abgeschottet sind und sich auf das Nötigste beschränken müssen. Aber zu diesen Menschen zählst du nicht. Keine Sorge. Es dauert eine Weile, bis man sich an diesem Ort wohlfühlt, aber wenn du mal angekommen bist, wirst du den Zauber dieser Arbeit spüren. Ich glaube an dich. Du gehörst hierher, weil jemand hier bereits sein Herz an dich verloren hat."

Ich bin berührt und weiß genau, von wem sie spricht. Und wenn ich ehrlich bin, habe ich mein Herz ebenfalls verloren. Mit dieser Gewissheit beschließe ich, das Beste aus diesem Aufenthalt zu machen. Es ist egal, was nach den zwei Wochen hier sein wird und wie die ersten Wochen in Südafrika waren. Es ist egal, wie langsam ich Orangen schneide und dass ich sie dabei nicht elegant durch die Luft fliegen lassen kann. Alles was zählt ist, dass ich helfe, daher versuche ich das Beste aus dieser Zeit zu machen. Denn das Leben ist jetzt und vielleicht muss ich wirklich nur lernen, mich auf das Hier und Jetzt, diesen Moment und das Leben einzulassen – zumindest, wenn es um kleine Pavianbabies geht!

„Auf, auf!", sagt Tina um 9:30 Uhr und springt, wie von einer Tarantel gestochen, hoch. Während ich vom Morgenprogramm schon erschöpft bin, scheint sie einen unmenschlichen Energievorrat zu besitzen.

„Michi, wir sortieren nun gemeinsam die Paprikas, die der ‚Food Truck'[10] heute Morgen gebracht hat. Da wir heute auch für die Babies verantwortlich sind, werden wir sie mitnehmen. Solange wir das Essen lagern, können sie ein wenig spielen", erklärt Claire mir.

„Cool!", lächle ich und gemeinsam gehen wir zum Babygehege. Das Tor ist kaum offen, da springen uns die beiden kleinen Affen bereits an. Schimpfend umklammert Barney meine Wade und nimmt auf meinem Spann Platz, während Blossom sich an Claire klammert. Sie bückt sich und instinktiv greift das kleine Pavianmädchen nach ihrer Hand und lässt sich hochziehen. Frech kickelnd, umkrallt Blossom Claires Kopf und setzt sich bequem auf ihre Schulter. Ich lächle und blicke Barney mit schräg gelegtem Kopf an.

10 Lastwagen, beladen mit ausgemusterten Lebensmitteln, fahren Gus' Farm häufig an: Sie bringen die Futterspenden umliegender Märkte und Geschäfte.

„Bekommen wir das auch hin?“, frage ich und halte ihm meine Hand hin. Verdutzt schaut mich das kleine Männchen an, ist aber nicht bereit, meinen Fuß loszulassen.

„Also gut, dann bleibst du eben da sitzen.“

Allerdings scheint er bereits nach zwei Schritten sehr unglücklich mit seiner Platzwahl: Er schreit bei jedem Schritt, da mein Fuß wohl doch wackeliger ist als gedacht. Ich halte inne, strecke erneut meine Finger nach ihm aus und mit einem viel zu dramatischen, grundlos übertriebenen Geschrei springt Barney an mir hoch, bis er meinen Unterarm mit aller Kraft umklammert.

„Es ist wirklich zum Lachen“, schmunzelt Claire. „Jetzt wo er dich gefunden hat, will er dich gar nicht mehr loslassen.“

Ich sage nichts, sondern beobachte einfach nur den kleinen Pavian, der sich an mich klammert, als wäre ich der letzte Grashalm auf dieser Erde. Vielleicht bin ich ja, nach all dem, was Barney durchgemacht hat, wirklich der erste Grashalm überhaupt, an dem er sich festhalten kann?

Ein Berg aus Paprika

„Das sind nicht gerade wenige“, stehe ich mit weit aufgerissenen Augen vor einem Berg Paprika. Und ich lüge nicht, wenn ich Berg sage, denn der Haufen grün-rotes Gemüse ist gut und gerne über einen Meter hoch.

„Ein ganzer Truck voll“, zuckt Claire mit den Achseln. Blossom klettert über ihr Gesicht nach unten, krallt sich dabei erst an ihrer Nase und dann an ihrem Zopf fest und springt schließlich in den Haufen, um sich direkt über eine der roten Paprikas herzumachen. Barney bleibt zunächst unbeeindruckt und bockt nur ein wenig, als ich ihn wider seinen Willen auf meine Schulter setze, damit ich beide Hände zum Arbeiten frei habe.

Wir besorgen zuerst zehn Körbe, doppelt so groß wie Wäschekörbe, nur etwas flacher, und lassen uns dann auf dem staubigen

Boden nieder, um die Paprikas nach Reifegrad und Verderblichkeit zu sortieren. Das ist für die nächsten zweieinhalb Stunden unsere Aufgabe, ehe ich meinen ersten „Baboon Walk“, also einen Spaziergang mit den Affen runter zum Fluss, erlebe.

Claire und ich beginnen, über Gott und die Welt zu reden, während die kleinen Affen um uns herumspringen. Auch Barney wird mittlerweile mutig und untersucht vorsichtig eine grüne Paprika, die etwas abseits im Sand liegt. Mit seinen kleinen Fingern umgreift er das Gemüse und versucht mit seinen Zähnchen, die Schale zu durchbeißen. Doch da er viel zu sanft an dem Grünzeug nagt, rutscht er immer wieder ab und schaut nach mehreren Versuchen verdutzt um sich. Blossom, die urplötzlich Interesse an genau dieser Paprika entwickelt hat, läuft auf Barney zu und setzt sich vor ihn. Zwei Versuche lang beobachtet sie Barneys Treiben, bevor sie ihm frech das Gemüse aus der Hand reißt und reinbeißt. Dann spuckt sie den Bissen aus, lässt die Paprika liegen und hopst durch den Sand, um einen Grashüpfer zu fangen. Unbeholfen verscheucht sie das kleine Insekt jedoch nur. Nach einigen Metern hüpft die Grille ins Gras und Blossom erblickt die Feldarbeiter*innen. Erschrocken reißt sie die Augen weit auf, schaut hilfesuchend zu uns rüber und wenn mich nicht alles täuscht, kann ich in diesem Moment ihre Gedanken lesen. Völlig in das Spiel mit dem Käfer vertieft, hat sie scheinbar nicht gemerkt, dass sie bereits gut zehn Meter von uns entfernt ist. Mit einem quakenden Schrei galoppiert sie zu uns zurück und springt ungebremst in Claires Schoß. Nun dauert es eine Weile, bis sie wieder auf Streifzug geht. Dafür vertieft Barney sich jetzt umso mehr in seine kleinen Abenteuer: Er kämpft noch immer mit der grünen Paprika, die er nun schon zu einem Viertel gegessen hat. Gedankenversunken sortiere ich währenddessen eine nach der anderen, beobachte die Affen und genieße die Sonne.

Tatsächlich wird der Haufen allmählich kleiner: Vor mir hat sich eine Kuhle gebildet, sodass Claire mir von der Spitze des Paprikaberges neues Gemüse entgegenrollt.

„Eine Paprikalawine", lachen wir und unterhalten uns weiter. Sie erzählt mir von Matt, der mich vom Flughafen abgeholt hat und dass sie nun seit ein paar Monaten zusammen seien. Claire kommt aus England und wollte eigentlich nach der Schule nur für ein Abenteuer nach Südafrika. Doch da sie für Zuhause weder einen Plan, noch einen Studienplatz, noch einen Anreiz hatte, ist sie einfach hiergeblieben und lebt nun mit Matt in einer kleinen Hütte neben dem „Main Camp", dem Wildgehege für die größten Paviane. Aktuell beantragt sie ihr Visum, um weitere sechs Monate hierbleiben zu können. Was danach kommt, weiß keiner.

Ich nicke ihr mitfühlend zu. Denn auch ich habe für mein Leben in Deutschland weder einen Plan noch einen Anreiz. Die Gedanken an Deutschland machen mir Angst und auch wenn ich mich auf mein Zimmer mit meinem kuscheligen, warmen Bett freue, auf warme Duschen und eine Privatsphäre, sind es nur noch drei Wochen, ehe alle von mir erwarten „erwachsen zu werden" und etwas Vernünftiges zu machen. Plötzlich spüre ich wieder, warum ich hierher wollte und warum ich mich auf meinen Weg gemacht habe. Die Tatsache, dass bereits die Hälfte meiner Zeit um ist, ich aber noch immer keine Antwort auf meine Frage nach dem Sinn in meinem Leben gefunden habe, lässt mich in einem Gedankenchaos versinken.

Plötzlich wird es ganz warm und nass auf meinem Bein und ich bin wieder präsent.

„Ohhhh", stöhne ich: Der kleine Barney hat mich wieder angepinkelt. Frech hebt er sein Köpfchen, spitzt die Ohren und schaut mich mit einem fragenden Blick an, frei nach dem Motto: Wie, darf ich dich etwa nicht anpinkeln?

Glücklicherweise trage ich Shorts und kann mir den Urin schnell abwaschen. Ich stehe auf. Im selben Moment springt Barney mich an: Panisch klammert er sich an meine Wade und schaut mich kritisch an.

„Keine Sorge", beruhige ich ihn, „ich gehe nirgends ohne dich hin."

Ein kurzes Grummeln ist die Antwort. Dann klettert der kleine Affe über meinen Arm an mir hoch, um wie ein Baby an meiner Taille getragen zu werden. Ich bin adoptiert!

Da wir noch eine gute halbe Stunde Zeit zum Sortieren haben und das Team von Matt uns nun helfen wird, wasche ich mich erst sauber und besorge dann weitere Transportbehälter. Mit fünf Leuten sind wir unfassbar schnell fertig. Nachdem die letzte Paprika ihren Weg ins Körbchen gefunden hat, bilden wir eine kleine menschliche Kette und reichen uns die Körbe von Hand zu Hand bis ins Kühlhaus weiter. Dessen schwere Tür fällt ins Schloss und Claire entlässt uns mit einem Lob in die Trinkpause. Für wenige Minuten lassen wir uns auf der Veranda vor dem Haus nieder, ehe sich alle ein Poo-Shirt anziehen und ich die Regeln für den Spaziergang zum Fluss erfahre.

„Auch die großen Paviane sind ziemlich friedlich, aber auch sehr verspielt und eigensinnig. Es kann sein, dass einer von ihnen zu dir kommt und an dir hochspringt. Halte in dem Fall nur deinen Arm nach unten, damit er hinaufklettern kann. Bleib auf keinen Fall stehen. Versuche auch nicht ihn hochzuheben. Wenn er kommen will, kommt er. Möchte er jedoch nur an dir schnuppern, weil du neu bist, wird er danach einfach weiterlaufen. Würdest du dann anhalten, bekäme er Angst und würde schreien, sodass die Gruppe das Bedürfnis hätte, ihr Mitglied zu beschützen. Außerdem kann es passieren, dass größere männliche Babies dich testen, indem sie dir einen ‚Play-Bite' geben. Das heißt, sie beißen dich sanft. Tarzan und Jagger wären zwei Kandidaten dafür“, sagt Tina und deutet auf zwei der Affen im Youngster-Gehege.

„Sanfte oder leichte Angriffe ihrerseits kannst du ignorieren. Sollten sie dich allerdings fester beißen, sodass es wirklich weh tut oder blutet, sag einem von uns Bescheid. Wir werden den Affen dann dominieren, ihm zeigen, dass wir die Oberhand haben. Versuche das bitte nicht selbst, denn als Neuling besteht die Gefahr, dass du dann von allen Affen gemobbt, also angegriffen und gebissen wirst, weil du dir noch keinen Platz in ihrer Truppe verschafft hast. Bleibe während des gesamten Walks bitte nicht stehen, sondern gehe in einem Tempo mit den anderen mit. Sollte einer von ihnen unten am Fluss zu dir kommen, kannst du ihm ein Blatt oder einen Stock hinhalten und schauen, wie er reagiert. Es braucht ein paar Tage, bis du von der Truppe aufgenommen und akzeptiert wirst. Also nochmal kurz: Lass die Affen immer kommen und interagiere noch so wenig wie möglich mit ihnen, damit sie dich erst einmal kennenlernen können!"

„Okay, cool!", sage ich mit einer gewissen Portion Respekt vor dem, was nun auf mich zukommt. Die Truppe der „Jugendlichen" besteht aus elf älteren Pavianen, die nun alle zum ersten Mal auf mich treffen werden. Ich denke, dass sie für dieses Treffen bereit sind, aber ich fühle mich gerade wie vor meiner mündlichen Latinumsprüfung und sehe vor meinem inneren Auge, wie ich von meinem damaligen Lehrer skeptisch gemustert werde. Nur dass es dieses Mal kein alter Mann mit weißem Bart ist, sondern freche Paviane, von denen manche mir sicher gerne Paroli geben wollen. Zwar hat Tina mir Jagger und Tarzan eben gezeigt, aber da die großen Paviane für mich alle gleich aussehen, kann ich sie nicht unterscheiden.

„Magst du Barney nach unten tragen?", fragt sie mich und ich nicke mit dem kleinen Mann im Arm.

„Ich denke, er sitzt hier ganz gut!"

Mein Herz beginnt vor Aufregung und Nervosität zu pochen, als Tina die zweite Tür öffnet und die Affen kreischend vor Freude an mir vorbeistürmen und die anderen Helfer*innen bespringen. Sie beginnen zu kickeln und zu toben, kuscheln sich aneinander und laufen voraus. Mir schenkt glücklicherweise keiner von ihnen Beachtung.

Gemütlich trotte ich am Ende der Truppe und halte den kleinen Barney ganz fest an mich. Der zupft permanent an den Pailletten meines Poo-Shirts, kratzt sich und blickt dann ganz verdutzt und neugierig durch die Gegend. Immer wieder bewegt sich seine kleine Nase mit den herzförmigen Löchern, wenn er einen neuen Duft einatmet. Je nach Empfinden kneift er die goldenen Brauen zusammen oder reißt seine Äuglein auf. Unten am Fluss angekommen, reibt er sein Köpfchen an meiner Brust, greift nach dem Saum meines Shirts und beginnt, an seinem Daumen zu saugen. Es dauert keine zwei Minuten und er schläft, während die großen Affenkinder wie wild durch die Bäume springen, die Äste auf dem Boden erkunden und Blätter fressen. Immer wieder sieht einer von ihnen etwas Neues. Dann kommt die gesamte Truppe angerannt, nur um in ein panisches Geschrei zu verfallen, weil sie einen großen schwarzen Käfer entdeckt haben.

„Manchmal sind sie schon zum Lachen", sagt Tina, die mit Blossom im Schoß neben mir Platz genommen hat. „Aber es sind eben noch Kinder!"

„Das stimmt. Obwohl sie im Verhältnis zu Barney und Blossom groß wirken."

„Das liegt daran, dass die beiden Kleinen hier eben Babies sind. Du hast ja gesehen, wie groß Bruno beispielsweise ist. Sie werden genauso riesig und majestätisch. Wunderschöne Tiere!", schnaubt Tina. Ich stimme ihr zu, denn auch ich finde bereits am ersten Tag mehr Gefallen als gedacht, an den anfänglich „nicht so süßen" Pavianen.

Barney verschläft den gesamten Walk, während Blossom einen Stein nach dem anderen erkundet und durch die von der Sonne vertrockneten Blätter springt.

Nach einer Stunde, in der mich die großen Paviane vollkommen ignorieren, brechen wir auf und gehen zurück zum Camp. Die meisten Affen laufen von alleine zurück ins Gehege, doch Jagger, der Größte von ihnen, klettert auf das Dach des Käfigs und spielt mit uns.

„Es wird Zeit, dass wir ihn umsetzen", schimpft Tina, die alle Mühe hat, das Männchen ins Gehege zu locken.

„Er testet seine Grenzen", erklärt Claire. „Jagger ist jetzt um die zwei Jahre alt und in seiner pubertären Phase. Also lehnt er sich gegen uns auf, um sich einen höheren Rang zu erkämpfen. Dieses

Verhalten ist für uns immer ein Zeichen, die Tiere in das Entwöhnungsgehege zu verlegen, wo sie selbstständig werden."

„Deswegen könnte es auch sein, dass er mich beißt?"

„Genau. Damit versucht er dich zu unterwerfen."

Glücklicherweise hat er das heute nicht probiert, denke ich und widme mich Barney, der gerade mit einer Pippiattacke erwacht – die dritte für heute.

Ich atme schwer und lächle, bevor ich mit Barney und Blossom im Gepäck in die Babyküche gehe, um ihre Fläschchen vorzubereiten. Es ist nämlich Zeit für das Mittagsfläschchen. Während Blossom schon wie wild über die noch nicht befüllte Flasche mit dem pinkfarbenen Saugaufsatz herfällt, bleibt Barney ganz entspannt.

Tina erklärt mir die Zubereitung der Spezialmilch. Zwei Löffel von dem Babymilchpulver mit 125 Milliliter heißem Wasser mischen, kräftig schütteln und unter kühles Wasser halten, bis das Fläschchen eine angenehme Temperatur hat. Ich tropfe ein wenig auf mein Handgelenk, was Blossom direkt ableckt, bevor die beiden trinken dürfen. Das Mädchen saugt wie ein Weltmeister, während Barney sein Köpfchen immer fortdreht und nicht trinken möchte.

„Aber du musst!", flüstere ich ihm zu und spüre, wie knochig der kleine Körper in meinen Armen ist. „Wenn du einmal das Alpha-Tier der Truppe sein willst, musst du groß und stark werden und der erste Schritt dafür ist deine Milch", besteche ich den Babyaffen, auch wenn ich weiß, dass er mich nicht verstehen kann. Aber es geht viel mehr um die Energie und die Liebe, die meine Worte ausstrahlen, als um das Gesagte.

In der Mittagspause darf ich mit Barney und Blossom in einen kleinen roten Käfig direkt neben dem Youngster-Gehege gehen. Dort können sie dann in Ruhe schlafen, während die anderen Helfer*innen Mittagspause machen. Tina wird mich nach der Hälfte der Zeit ablösen, sodass ich auch etwas essen kann.

Mein Kopf lehnt an dem dunkelrot gestrichenen Gitter, während ich auf dem großen Ast sitze, der einmal quer durch das Mini-Gehege geht. Blossom hopst an ihm hoch und runter, springt an das Gitter und purzelt über den Boden. Sie ist bereits jetzt muskulös und stark, obwohl sie vermutlich zwei Monate jünger als Barney ist. Jedoch kam sie in einer relativ guten Verfassung hierher, war ausreichend genährt und wahrscheinlich unmittelbar gefunden worden, während Barney völlig abgemagert, traumatisiert und panisch abgegeben wurde. Arme kleine Zwerge, denke ich und frage mich, was sie wohl schon erlebt haben. Kein Jahr auf der Welt haben sie bereits ihre Mama und ihre Truppe verloren, eventuelle Misshandlungen und Unfälle überlebt und sind dann hier gelandet. Die Geschichten von Gus gehen mir durch den Kopf und ich wundere mich, welcher Mensch in der Lage ist, so ein kleines, unschuldiges, wunderschönes Wesen zu schlagen oder gar anzuzünden. Eine Welle des Mitgefühls überschwemmt mich und ich gebe Barney einen sanften Kuss. Er schaut, wie immer eigentlich, verdutzt nach oben. Meine Nase ist direkt vor seiner und er beschnuppert sie ganz sanft, ehe er mich anleckt. Dann beißt er in meine Nase und beginnt zu saugen. Ich schnaube lachend und versuche ihn von der Flasche zu überzeugen. Keine Chance. Mein Zinken gefällt ihm besser!

Mit Barney an der Nase lasse ich mich sanft am Gitter herunter und nehme auf dem Boden Platz. Da mein Handy in meiner hinteren Hosentasche steckt, ist dies jedoch ziemlich unbequem, also lege ich es neben mich. Im selben Moment fällt mir ein, dass ich noch gar kein Bild mit Barney habe. Ich schalte den Selfie Modus ein, strecke den Arm aus und drücke auf den Auslöser. Ich bestaune mein erstes Affenbild, auf dem ich mir selbst den ganzen Schädel abgeschnitten habe und Barney in letzter Sekunde an der Kamera vorbeigeschaut hat.

„Hm“, sage ich skeptisch. „Es geht um den Moment“, füge ich hinzu und lege das Handy entschlossen beiseite. Sollte das Internet heute irgendwann funktionieren oder ich irgendwo Anschluss ans Netz finden, werde ich meinen Eltern und allen Menschen in meiner Kontaktliste herzliche Affengrüße von Barney senden. Wie cool! In diesem Moment erinnere ich mich daran, dass ich vor nicht allzu langer Zeit geglaubt habe, mich all das hier nie zu trauen. Die

Tatsache, dass ich nun mit einem Affen am anderen Ende der Welt in einem Gehege sitze und angepinkelt werde, sagt mir aber, dass ich es doch konnte. Macht mich das nicht zu einer verdammt coolen Socke? Wer kann schon von sich behaupten, mit den Affen getanzt zu haben? Nun, ich schon!

Als sowohl Barney als auch Blossom in meinen Armen eingeschlafen sind, kommt Tina zur Ablöse. Mir fällt es schwer, die beiden abzugeben. Als Tina sie von mir nimmt, schreien sie los wie am Spieß. Blutenden Herzens schließe ich die Tür des Käfigs, gehe los und drehe mich nicht um, so wie ich es gelernt habe. Auf der Veranda angekommen, fragen mich die anderen höflicherweise, wie es mir bisher gefällt, bevor sie sich wieder ihren eigenen Gesprächen widmen. Als Neue verstehe ich einiges nicht. Dass die meisten hier ein gutes Stück älter sind als ich und Englisch ihre Muttersprache ist, macht es schwierig, Anschluss zu finden, abgesehen von Claire und Tina. Dennoch setze ich mich einfach dazu und lausche ihren Gesprächen. Anna und Jasmin sind Ende 20, Freundinnen und gemeinsam hier. Eine ältere Dame namens Nora kommt aus England und dann ist da noch Jack, der Kanadier, der so Mitte 20 sein wird. Unsere Teamleiter Matt und Claire sind vermutlich in seinem Alter. Wir sind eine kleine, aber auch nette Truppe und ich bin eben das Nesthäkchen. Eine weitere Frau läuft den Tag über hier umher. Sie spricht deutsch, so viel habe ich mitbekommen, und wenn mich nicht alles täuscht, heißt sie Dorothea. Sie wohnt, wie Tina und Nora, nicht unten im Camp, sondern hier oben im Haus, was darauf hindeutet, dass sie auch Ende 30 oder Anfang 40 sein wird.

Zu Mittag gibt es Toast, Marmelade und einige Aufstriche, die ich nicht kenne und die fürchterlich riechen. Mein Blick schweift über den Tisch. Ich frage mich, wo die anderen Obst, Salat oder Nutella herhaben, bis mir wieder einfällt, dass wir manchmal in die Stadt fahren und uns dort unser eigenes Essen kaufen können. „Town Trip", wenn ich mich recht entsinne, ist übermorgen. Bis dahin muss ich mich mit dem zufriedengeben, was da ist. Ich esse eine Scheibe Vollkornbrot mit Aprikosenmarmelade, um wenigstens etwas in den Magen zu bekommen, bevor es mit der Arbeit weitergeht.

Den Nachmittag verbringen wir mit dem Sortieren von Obst, dem Lagern der Bestände, der Nachmittagsfütterung und dem Ernten. Bei all dem ist Barney immer an meiner Seite und genießt die kleinen Leckereien, die ich ihm in einem mehrgängigen Menü präsentiere. Über Bananen, Papaya und Orangen, bis hin zu Marulas sortieren, entkernen und kühlen wir unzählige Kilos und Körbe an Essen, die die Farm meist von Supermärkten oder Plantagen geschenkt bekommt. Schließlich sind sowohl das Kühlhaus als auch die Lagergitter randvoll. Ich fühle mich nach der Nachmittagsschicht zum zweiten Mal wie tot und bin froh, als ich auf einem der unbequemen Verandastühle Platz nehme und an einer Limonade nippe. So hart wie heute habe ich noch nie gearbeitet. Ein Blick auf die Uhr verrät mir, dass es halb fünf ist und ich mich schleunigst duschen gehen sollte, um rechtzeitig zur Fütterung wieder oben zu sein. Außerdem möchte ich noch ein paar Affengrüße schicken, denn wir haben, wenn alles gut läuft, heute für eine Stunde WLAN. Was habe ich für ein Glück!

Mit Sand in den Haaren, Resten von Papaya an den Beinen, Schmutz im Gesicht und einem durchnässten Shirt mache ich mich zu den Duschen auf. Ich kann es kaum erwarten, endlich unter sauberem Wasser zu stehen und den ganzen Dreck von mir zu spülen. Gemischte Gedanken begleiten mich während meines Spaziergangs zu den Hütten. Auf der einen Seite war der Tag schön. Ich mag Barney und die Arbeit, um die ich mir keine Gedanken machen muss. Auf der anderen Seite habe ich noch nie in meinem Leben so hart gearbeitet. Der Tag war dermaßen anstrengend, dass ich mir kaum vorstellen kann, das Leben hier zwei Wochen am Stück zu stemmen. Dass mich eine Armada von Ameisen und Käfern in der Dusche begrüßt, bestärkt mein Gefühl, unter solchen Bedingungen wirklich nicht längerfristig leben zu können. Aber es sind auch nur zwei Wochen, flüstert mir meine innere Stimme zu. Zwei Wochen Abenteuer, also lass dich drauf ein!

Ich gebe mein Bestes, spüle die Käfer aus der Dusche und stelle mich unter das Eiswasser. Für die ersten Sekunden habe ich Lust, doch lieber stinkend zu Bett zu gehen, aber nach kurzer Zeit gewöhnt mein Körper sich an die Temperatur. Nach drei Haarwäschen und noch mehr Körperpflege, drehe ich das Wasser ab und wickle mir das Handtuch um die Haare. Mein Blick schweift nach oben. Ach du Schreck! Ich wurde die ganze Zeit beobachtet!

Fünf wilde Affen haben es sich auf dem Baum über der Dusche bequem gemacht und schauen mich mit schief gelegtem Kopf an. Ich schnaube und muss unwillkürlich grinsen: Zum Kinoflair fehlt ihnen nur noch eine Tüte Popcorn und die Cola-Dose. „Wir präsentieren ihnen heute ‚Kalte Dusche', ein Film von Walt Disney" könnte die passende Ansage lauten. Barfuß und ohne in irgendwelche Käfer oder Fäkalien zu treten, stapfe ich zu unserer Hütte, wo ich mich im Affentempo anziehe, die Haare föhne und dann zurück zum Haupthaus gehe – ohne Make-up! Auf dem Weg nach oben spiele ich noch mehrfach mit dem Gedanken, etwas Concealer aufzutragen, meine Brauen zu korrigieren oder Unreinheiten abzudecken, aber es stimmt, was mir heute Morgen gesagt wurde: Für so etwas haben wir hier wirklich keine Zeit. Es geht nämlich nicht um uns, sondern um die Tiere!

Am Haupthaus angekommen, stelle ich meinen Rucksack in die Babyküche, damit weder wilde Affen noch die Hunde der Farm sich über den Inhalt hermachen, schneide die Windeln zurecht, die die Frühchen über Nacht anbekommen und bereite die Fläschchen vor. Tina lacht, als sie meine Windeln erblickt: Zwar habe ich, wie es auf der Tafel steht, die Höschen mit Namen versehen, aber das Loch für den Schwanz vergessen.

„Da wären die Babies nicht glücklich mit dir und du morgen früh, wenn es ans Baden geht, auch nicht!", hält sie die Windel hoch. Gekonnt nimmt sie die schwarze Schere und setzt einen schmalen Schnitt auf der Rückseite des Windelhöschens.

Nachdem alles vorbereitet ist, bringt Claire uns die Affenkinder, die heute mit ihr duschen waren. Das Fell der beiden ist nun so weich wie das eines Stofftieres und riecht leicht erdig. Mit schläfrigen Augen wehren sie sich kaum gegen das Anziehen der Windeln. Vielmehr geiern die müden Blicke auf ihre Fläschchen und die Kuscheleinheiten, die ihnen nun noch bevorstehen, ehe sie in die Nachtbox kommen. Barney nuckelt keine zwei Sekunden an der Flasche, da fallen ihm die Lider zu und auch Blossom kuschelt bereits nach kurzer Zeit mit ihrem Fläschchen, anstatt zu trinken.

Verträumt seufze ich und mein Herz blüht auf. Ein Gefühl von Vollkommenheit überkommt mich und als es Zeit ist, den kleinen Mann in seine Nachtbox zu legen, ergreift mich ein Hauch von Melancholie.

„Hmmm", summe ich für die letzten ruhigen Sekunden: Kaum spürt Barney, wie sich mein Griff lockert, als ich ihn auf dem Boden der Box ablege, durchbricht er die Stille mit Gebrüll. Wild schimpft und schabt er an der Tür, ehe er sich an Blossom kuschelt, die es ihm gleich tut. Tina wird die beiden später abholen und sie heute Nacht beaufsichtigen.

„Gute Nacht", hauche ich leise und liebevoll, bevor ich das Licht lösche.

Mein älteres Ich

„Drei Tage, um überhaupt anzukommen", sagte Gus. Das ist mein Gedanke, während ich unter dem strahlenden Sternenhimmel Südafrikas zu den anderen Helfer*innen trotte. Die Mädels sitzen unten am Grillplatz auf den grünen Plastikstühlen, unterhalten sich, rauchen und wärmen sich am Feuer. Jack sitzt abseits und liest. Ich geselle mich zu ihnen, höre mit einem Ohr ihren Gesprächen zu, mit dem anderen meinen Gedanken. Das Feuer wird immer kleiner, die Gläser immer leerer. Als ich auf die Uhr blicke, ist es gerade erst acht. Dennoch räumen wir nun alles auf, spülen ab und machen uns dann auf den Weg zurück zu den Hütten, wo einer nach dem anderen seine Zähne putzt. Vor neun sind alle eingeschlafen. Wie gesagt: Wir brauchen den Schlaf!

Am anderen Morgen klingelt mein Wecker deutlich später. Ich springe dennoch als erste aus dem Bett, putze mir die Zähne, bürste meine Haare und wirbele sie mit ein wenig Haarschaum auf. Dann lege ich mich auf den betonierten Tisch, der zwischen Toiletten, Hütte und Duschen steht, und beobachte den Himmel. Mit den ersten Sonnenstrahlen, die sich durch die Wolkendecke drängen, erwacht die Natur. Eigentlich scheint der Morgen ruhig, doch nun, wo ich meine Augen schließe und ganz entspannt auf der Tischplatte liege, vernehme ich das Summen der Insekten, das Knarren der Äste und die Sprünge der Affen. Nach und nach stehen die anderen auf, tapsen zum Waschbecken, putzen sich die Zähne. Nach einer Viertelstunde sind alle fertig und gemeinsam hinterlassen wir unsere Fußspuren auf der sandigen Straße, die uns zur Farm führt. Oben angekommen, schimpfen Barney und Blossom bereits in ihrer Nachtbox, während wir die Flaschen vorbereiten. Heute, an Tag zwei, fühle ich mich schon nicht mehr so, als würde ich nur im Weg stehen: Ich schnappe mir die beiden gelben Eimer und befülle sie in der Küche mit warmem Wasser. Dann lege ich zwei Handtücher und zwei Decken raus, um die kleinen Paviane nach dem Waschen abzutrocknen und warm zu halten. Kaum ist die hölzerne Tür der Nachtbox offen, springen zwei schreiende Babies heraus und klammern sich an mein Bein.

„Guten Morgen“, begrüßt Tina die beiden Ausbrecher und schnappt sich Blossom, während ich Barney wasche. Erneut schaut er mich leicht bockig an und versucht, sich mit seinen schmächtigen, langen Beinen gegen das Wasser zu wehren. Erfolglos. Der kleine Popo wird ins Becken getunkt und gereinigt. Solange die Babies sich noch nicht selbst sauber halten können, müssen sie eben gebadet werden.

Barney schüttelt sich immer wieder und sorgt damit dafür, dass auch ich mehr oder weniger geduscht bin. Während Barney meinen linken Arm im Wassereimer umklammert, greife ich mit der ausgestreckten Rechten nach den Tüchern. Er beginnt zu murren und als ich einen kleinen Schritt von ihm wegtrete, springt er über meinen linken Arm an mir hoch, umklammert klatschnass meinen Kopf und schreit. Das seifige Wasser tropft mir in die Wimpern, als ich schräg nach oben blicke. Barney leckt das Wasser von seinen kleinen Nasenlöchern, während er noch immer ganz hektisch atmet und ich sein Herzchen schlagen höre. Ich könnte mich ja ärgern, aber dafür ist das Gesicht des kleinen Mannes zu süß.

„Du weißt genau, dass ich dir nicht böse sein kann“, zwinkere ich ihm schmunzelnd zu.

Vorsichtig lege ich das Handtuch um ihn und meinen Kopf, um das Äffchen an mir herab zu streifen. Mit ein wenig Gejammer lässt Barney sich umsetzen. Das Handtuch rutscht dabei über seinen Kopf und als der Babyaffe in meinem Arm liegt, befreit er seine Sicht aus dem hellblauen Frottee. Mit meinem Zeigefinger streiche ich sanft über seinen Nasenrücken, um ihn zu beruhigen. Seine kleinen Hände greifen nach meiner und halten sie fest, nur um in meine Finger zu beißen.

„Du hast Hunger?“, frage ich den kleinen Mann positiv überrascht. „Gedulde dich noch einen Moment.“

Wenige Augenblicke später bringt Tina die Flaschen und Barney nippt zögerlich an dem Saugaufsatz, ehe er tatsächlich zu trinken beginnt. Langsam nimmt er einen Schluck nach dem anderen, während Blossom laut schnaubend ihr Fläschchen leert.

„Sie sind so unterschiedlich“, stelle ich fest und Tina lächelt mich an.

„Aber das sind wir doch auch. Wir Menschen denken immer, dass wir was Besonderes oder erhabener wären und über allem stünden. Aber die Natur, die ist das Erhabenste. Sie hat aus jedem Lebewesen etwas Besonderes und Einzigartiges geformt! Kein Affe hier ist wie der andere. Sie alle sind so verschieden wie du und ich, wie Obama und Putin. Am Anfang kommt es dir vielleicht so vor, als sähen sie alle gleich aus, aber warte mal ab, was für sanfte Lämmer, freche Burschen, bockige Diven und liebevolle Mamas im

Youngster-Gehege sind. Nach zwei Wochen siehst du sie alle mit anderen Augen und wirst dich fragen, wie du sie jemals nicht unterscheiden konntest!"

„Oh, ich weiß nicht, ob ich das schaffe. Ich komme mir hier manchmal echt fehl am Platz vor. Alle anderen scheinen sich so gut zurechtzufinden und ich könnte heulend aus der Dusche rennen, wenn ich abends die ganzen Ameisen sehe. Manchmal wünsche ich mich nach Hause in mein Bett und denke, dass mich kein Affe mag – abgesehen von Barney."

Tina blickt lachend zu Boden, schüttelt den Kopf und erzählt mir dann von ihren ersten Tagen hier.

„Weißt du, Michi, ich habe das Gefühl meinem jüngeren Ich zu begegnen, wenn ich dich anblicke! Als ich hier ankam, dachte ich, dass ich keine zwei Wochen bleiben könnte. Ich habe mich so unwohl gefühlt, die ersten Tage nicht gemocht und war gedanklich ständig hin- und hergerissen. Alle Affen sahen für mich gleich aus. Die Arbeit erschien mir hart und trist. Das frühe Aufstehen machte mich beinahe verrückt und zu allem Übel bekam ich in der ersten Woche so schlimmen Durchfall, dass ich einen Tag nur auf der Toilette saß, und das bei 40 Grad im Schatten. Doch dann kam Lana. Sie war ein Baby, das sich direkt in mich verliebt hat. Das veränderte meine Sicht auf alles: Es spielte keine Rolle mehr, dass all das hier nicht meinem von Zuhause gewohnten Standard entsprach. Es war egal, dass ich kein Netz für SMS hatte – damals gab es die ganzen sozialen Medien ja noch nicht –, keine Möglichkeit für Anrufe, denn ich war ja sowieso geflüchtet. Ich hatte dem Leben Fragen gestellt, deren Antworten ich nicht daheim in England finden konnte. Nach einer beschissenen Beziehung wollte ich wissen, wer meine große Liebe ist. Daher schickte mein Leben mich genau hierher, damit ich herausfinde, dass ich meine große Liebe bin, dass ich nichts und niemanden brauche, um glücklich zu sein. Was übrigens nicht heißt, dass man für immer alleine bleibt, sondern vielmehr, dass man für sich selbst Verantwortung übernimmt. Als dein älteres Ich kann ich dir eins sagen: Welche Frage dich auch immer so sehr beschäftigt, dass du abends am Lagerfeuer stundenlang grübelst und in den Himmel blickst, lass das Leben passieren. Atme ein, atme aus, lebe hier und lebe jetzt. Lass los und gib diesem kleinen Mann deine Hand, denn warum auch immer du hier bist, in ihm findest du die Antwort!"

Ich schaue Tina verdutzt an. Die Antwort war länger, tiefgründiger und ehrlicher als gedacht und doch hat sie Recht. Plötzlich lächle ich sie an, wir blicken einander in die Augen und dann steht Tina auf, klopft mir auf die Schuler und sagt: „Herzlich Willkommen im Hier und Jetzt!"

Ich schnaube: „Aber im Hier und Jetzt ruft die Arbeit!"

„Ganz recht. Wir putzen heute Morgen das Youngster-Gehege. Also zieh dir deine Gummi... Ach, Mist, du hattest ja keine Boots. Dann komm einfach so mit."

Mit Barney im Arm folge ich ihr. Der kleine Mann hat nun gut zwei Drittel seiner Milch getrunken – ein Rekord!

„Du, ich und Matt machen heute und auch den Rest der Woche das Youngster-Gehege sauber. Zuerst müssen wir die Affen in den kleinen Käfig dort übersiedeln. Danach werden das ganze Heu, die Essensreste und der Kot rausgekehrt, bevor wir die Wände, alle Kletterbalken und die Zäune von Hand schrubben. Am Ende wird alles mit Wasser abgespritzt, getrocknet und neues Heu ausgelegt. Wenn Food Prep mit dem Essen fertig ist, setzen wir die Affen zurück, pünktlich zum Frühstück. Okay?"

„Klar", sage ich, obwohl ich ziemlich skeptisch bin, wie nur drei Leute diesen Saustall in zwei Stunden sauber bekommen sollen.

„Dann bringe du Barney und Blossom zum Babygehege. Ich hole schon mal Eimer und Besen und schaue nach, ob ich noch alte Boots für dich finde."

Ich nicke, betend, dass es noch Gummistiefel in meiner Größe oder größer gibt, damit ich nicht barfuß im Mist stehen muss. Nachdem ich die beiden Babies an Nora, die ältere Helferin aus England, gegeben habe, frage ich Matt, was ich noch tun könnte. Er zuckt nur mit den Achseln und raunt mir ein kurzes „warten" zu. Nach fünf Minuten kommt Tina mit einem Paar Gummistiefel in der linken und Socken in der rechten Hand wieder.

„Die sind leider schon etwas älter, aber wenn du Socken reinziehst, sollte es gehen."

„Immerhin besser als im Mist zu stehen", bedanke ich mich. Dass Tina sich als mein älteres Ich bezeichnet, erfreut mich – und beunruhigt mich zugleich. Sie ist Anfang vierzig, nun zum siebten Mal hier und lebt auch in England nur für Südafrika. Einen Mann, Kinder oder eine eigene Wohnung hat sie nicht. Stattdessen lebt sie bei ihrer Mutter, um immer genug Geld für ein Visum, Flüge und den Aufenthalt sparen zu können. Sie scheint glücklich damit, aber würde ich das wollen? Würde ich andererseits einen Mann, Kinder und eine schicke Wohnung begehren? Klingt genauso doof, stelle ich fest und lache. „Hier und Jetzt – schon vergessen?" ermahnt mich eine Stimme hinter meiner Stirn.

„Natürlich nicht", flüstere ich ihr kichernd zu und beginne den Mist aus dem Gehege zu kehren. Der Geruch macht es mir tatsächlich leicht, für den Moment zu leben. Mit einem Eimer Wasser und einer Bürste schrubbe ich die halbhohen Wände, Fliese für Fliese, während Matt die Kletterstangen abwäscht und Tina mit den Zäunen beginnt.

„Wie Weihnachten", klatscht sie begeistert, als der Maschendrahtzaun wie mit Schnee bedeckt wirkt, weil er voller Seifenblasen ist. Ich lache, während Matt unbeeindruckt weitermacht. Vermutlich hat er das auch schon einhundert Mal gesehen. Ohne ein Gefühl für Raum und Zeit putze ich eine Fliese nach der anderen und bin überrascht, dass wir die Wände, Zäune und Kletterstangen in 90 Minuten von sämtlichen Fäkalien, Essensresten und Krümeln befreit haben.

„Super, dann können wir jetzt alles abspritzen!", sagt Tina und marschiert zur Babyküche, um den Schlauch anzuschließen.

„Auf, auf, raus da, sonst werdet ihr nass!", ruft sie und dreht das Wasser auf, während Matt und ich Handtücher holen. Auf allen Vieren kriechen wir nun durch das Gehege, um alles trocken zu bekommen. Sechs Handtücher und sechs wehe Knie später können wir Heu und Futter verteilen, bevor wir die nervös kickelnden Paviane zurück ins blitzblanke Youngster-Gehege lassen.

„Wie lange dauert es, bis es wieder schmutzig ist?", frage ich Tina vorsichtig.

„Fünf Minuten", lacht sie und behält Recht: Noch ehe die Frühstücksglocke läutet, sieht das Gehege wieder wie ein Saustall aus.

Ich schlüpfe erschöpft aus den Gummistiefeln, streife meine Flip-Flops über und wasche Arme, Hände und Beine mit Seife ab. Doch bevor ich zum Frühstück gehe, lasse ich mich in der Babyküche auf der Theke nieder, lehne meinen Kopf an die geflieste Wand und schließe die Augen. „Nur fünf Minuten für ein Nickerchen", denke ich. Es ist gerade einmal neun Uhr in der Früh und ich bin so müde, dass ich gleich wieder ins Bett fallen könnte.

Fremde Schritte nähern sich der Küche und kommen auf mich zu, doch ich bin zu faul meine Augen zu öffnen.

„Ganz schön anstrengend, oder?", sagt eine weibliche Stimme, die ich nicht zuordnen kann. Ich blinzle und sehe die Frau, die ich für Dorothea halte. Die Tatsache, dass sie mich auf Deutsch angesprochen hat, spricht dafür.

„Ziemlich", sage ich, hopse von der Theke und trockne mich ab.

„Die Jugend von heute ist das Arbeiten eben nicht gewohnt. Harte Arbeit ist halt nichts für jedermann", stellt sie fest. Will sie mich provozieren? Ich schweige und Dorothea verlässt die Küche. Für einen Moment überlege ich, was das für eine komische Begegnung war, doch dann schaltet mein Kopf wieder in den Ruhemodus.

Ein kleiner Kletteraffe

Nach dem Frühstück und einem Liter Kaffee bin ich zumindest wieder so fit, dass ich mich zur Arbeit schleppen kann. Heute geht unser Team, also Claire und ich, zum „harvesting". Das bedeutet, dass wir Gras, Blätter und Äste sammeln. Mit einer Machete und einer Schubkarre bewaffnet, marschieren wir los in Richtung

Hütten. Am Weg, den wir jeden Morgen zur Farm zurücklegen, stehen dichte, grüne Wälder, die sich hervorragend zum Ernten eignen: Die Gartenschere in die Gürtelschlaufe gesteckt, klettere ich auf einen Baum, der hoch oben ziemlich grüne Blätter hat. Das habe ich echt viel zu lange nicht gemacht, denke ich, als ich mich barfuß von Ast zu Ast bewege. Mein Instinkt sagt mir genau, welchen Ast ich wie belasten kann und wo ich mich lieber nicht entlang hangele. Immer weiter, immer höher, bis ich in der Krone sitze. Als ich nach unten blicke, wird mir schummrig. Claire, die lieber Gras schneidet, schaut mich entsetzt an: „Fall bitte nicht runter!"

„Habe ich nicht vor", zwinkere ich, ehe ich tief ein- und ausatme. Mit der Schere schneide ich zunächst kleine Ästchen mit vielen Blättern ab und werfe sie nach unten. Dann klettere ich etwas weiter herunter und breche saftige Zweige ab, damit auch die größeren Paviane auf ihre Kosten kommen. Ist das geil, denke ich mir in jeder Sekunde, die ich dort im Baum verbringe. Als ich genug Blätter von der einen Sorte habe, schwinge ich mich ruck zuck hinab und suche mir eine neue Klettergelegenheit. Tiefer im Dickicht erblicke ich den Baumriesen schlechthin!

Ich traue meinen Augen kaum, ehe ich durch das hohe Gras springe, die Machete in der linken, die Gartenschere in der rechten Hand, um diesen Riesen zu bezwingen. Der Baum besteht mehr oder weniger aus zwei großen Stämmen, von denen ich nicht einmal einen umarmen kann, so dick sind sie. Sie teilen sich auf Höhe meines Kopfes und erstrecken sich dann in meterlangen Ästen in Höhen und Weiten. Die Pflanze schmückt sich mit grünen Blättern, so groß wie meine Hand.

„Wahnsinn!", flüstere ich und stemme mein Bein gegen den Stamm, während ich mich hochziehe. Mein Fuß verkeilt sich an einem abgebrochenen Zweig. Als ich ihn ruckartig zu mir ziehe, reißt das spitze Astende eine Wunde in meinen großen Zeh. Sein Blut rinnt über meine Fußsohle.

„Wird mich schon nicht umbringen", zucke ich mit den Schultern und klettere weiter. Die raue Rinde reißt die Verletzung immer weiter auf und als ich mich auf einem dicken Ast niederlege, sehe ich, wie viel Dreck in der Wunde klebt. Das sollte ich vielleicht auswaschen, denke ich, verschränke die Arme hinter meinem Kopf und blicke durch die Baumkrone in den Himmel. Nun fehlt mir nur noch ein bisschen Dreck im Gesicht und ich würde glatt als Jim Hawkins, Huckleberry Finn oder Pippi Langstrumpf durchgehen. So frech, frei und abenteuerlustig wie sie bin ich ja schon!

Dort, im Baum liegend, fühle ich mich nochmal wie ein Kind, genieße die ruhigen Sekunden und würde am liebsten in einer Latzhose von Ast zu Ast springen, mit Matsch werfen und Fangen spielen. Mich überkommt das Bedürfnis, meine gesamte Energie rauszulassen und wild durch die Natur zu hüpfen. Ich halte mir bei meinen absurden Gedanken die Hände vors Gesicht und lache laut auf. Freudestrahlend klettere ich noch ein wenig weiter, wo ich mich wieder, mit verrückten Bildern im Kopf, meiner Arbeit widme. Ein Zweig nach dem anderen fällt zu Boden und ehe ich mich versehe, habe ich einen ganz schönen Berg unter mir angehäuft. Ich klettere runter, hebe meine Ernte auf und sehe kaum, wo ich hintrete, weil der Haufen meine Sicht versperrt.

Als ich aus dem Dickicht komme, beginnt Claire zu lachen: „Wir brauchen wohl noch eine Schubkarre, was?"

Ich lasse die Äste fallen, blicke auf die Schubkarre, die bereits mit den anderen Zweigen gefüllt ist und stimme ihr zu: „Dann bekommen sie heute eben ein Drei-Gänge-Menü."

Gemeinsam bringen wir die erste Ladung an die Gehege, ehe wir zur Sammelstelle zurückkehren, um den Rest abzuholen. Die Sonne scheint mir ins Gesicht, als ich mit aller Kraft die schweren Äste über den zweieinhalb Meter hohen Zaun werfe und dabei ganz schön ins Schwitzen gerate. Die großen Paviane stürmen auf uns zu und reißen sich fast um die Leckereien. Nachdem auch die zweite Ladung verteilt ist, lassen wir uns vor dem Gehege nieder und beobachten die wunderschönen Tiere, die bald in Freiheit leben werden. Während sich einige immer wieder streiten, sitzen andere ganz gemütlich und entspannt in der Sonne. Ein Männchen, sein

Name ist Peter, ist das Alpha-Tier. Immer wieder stolziert er majestätisch an uns vorbei und behält Claire und mich im Auge.

„Ein Weibchen hier, Lana, wird bald ein Baby bekommen", sagt Claire und deutet auf einen Affen, der es sich in der Sonne bequem gemacht hat.

„Lana?", frage ich und mein Kopf beginnt zu rattern. Der Name sagt mir etwas.

„Tina hat sie aufgezogen. Sie ist schon ganz nervös bald ‚Oma' zu werden", grinst Claire. Stimmt, denke ich, daher kam mir der Name so bekannt vor.

„Ich verstehe das total", fügt Claire hinzu. „Wenn meine Kizzy eines Tages ausgewildert wird, werde ich Rotz und Wasser heulen!"

„Das würde ich bei Barney vermutlich jetzt schon", antworte ich und lasse mich ins Gras fallen. Gemeinsam bleiben wir für wenige Augenblicke liegen und beobachten die vorbeiziehenden Wolken, ehe wir zurück zum Camp gehen und den anderen beim Sortieren von Bananen helfen. In einem blauen kleinen Häuschen, das wie ein großes Plastikfass aussieht, wurden die Bananen gereift. Dort müssen sie herausgeschaufelt werden, ehe wir sie waschen und lagern.

Claire und ich lösen die beiden Helferinnen ab, die in dem stickigen Kabuff sortiert haben. Bereits nach zwanzig Sekunden beginne ich wie wild zu schwitzen und muss den Würgereiz unterdrücken. Die untersten Bananen sind nämlich bereits verschimmelt. Je mehr gutes Obst wir abtragen, desto penetranter wird der faulige Geruch. Dass ich gerade barfuß in der schmutzigen Brühe stehe, die das Obst beim Verfaulen gebildet hat, macht das Ganze echt ekelhaft! Mit angehaltener Luft sortieren wir die Früchte so schnell wie möglich. Für die letzte, verdorbene Schicht besorgen wir Schaufel und Schubkarre. Netterweise löst Matt uns ab und schippt den gammeligen Rest heraus. Leicht angeekelt spritze ich meine Arme und Beine mit einem Wasserschlauch ab und trinke einen Schluck. Um mich nach dem üblen Bananengestank etwas abzulenken, nehme ich einen tiefen Atemzug, doch der faulige

Geruch hat sich in meiner Nase festgesetzt und wird mich vermutlich noch den ganzen Tag begleiten.

Nachdem wir alle Bananen von Hand gewaschen haben, bilden wir wieder eine Schlange, um die gefüllten Körbe schnellstmöglich ins Kühlhaus zu transportieren. Das erlösende Geräusch der ins Schloss fallenden Kühlhaustür ertönt und wir sind fertig. Nach einer kurzen Trinkpause schnappt sich einer nach dem anderen ein Poo-Shirt und mit fröhlichem, nervösen Kickeln stürmen die kleinen Paviane aus ihrem Gehege. Einer von ihnen bespringt Claire und ich bin mir nun sicher, dass dieser mittelgroße, dunkle Pavian Kizzy sein muss. Tina hat Barney und Blossom auf dem Arm, da sie am Morgen Babydienst hatte. Ich gehe am Ende der Gruppe und beobachte das Feld von hinten. Jasmin, die mit ihrer Freundin Anna hier ist, lacht immer wieder mit einem großen Affen, der wohl Tarzan heißt. Matt hat ein großes Weibchen auf dem Arm. Es ist Beth, die er mir auf der Fahrt in die Farm bereits vorgestellt hat. Ein paar andere Paviane stürmen umher. So langsam erkenne ich, wer hier mit wem, also welche Helfer*in mit welchem Affen zusammengehört und grinse bei meinem dämlichen, zweideutigen Gedanken. Nora und Jack sind heute nicht beim Walk dabei, da sie im Babygehege bei Toby und Khaleesi geblieben sind: Dort sind auch ein paar kranke Affen, die immer wieder beobachtet werden müssen. Toby, denke ich und berühre mein Ohr, das zwar gut verheilt, sich aber dennoch leicht entzündet hat. Heute werde ich mich dem kleinen Beißer noch einmal stellen, nehme ich mir vor und damit ich mich nicht drücke, mache ich direkt Nägel mit Köpfen.

„Tina?“, rufe ich und sie dreht sich mit Barney und Blossom im Arm um. Barney fängt direkt an zu schimpfen und springt in meine Arme. Ich atme tief ein und lächle vor Glück. Eine Erfüllung breitet sich in mir aus, die ich bisher nicht gekannt habe.

„Wolltest du deinen neuen besten Freund?“, zwinkert Tina mir zu.

„Ja und nein. Gehst du nach der Arbeit mit mir ins Babygehege?“

„Na klar. Mit oder ohne Mütze?“, kichert sie.

„Nur mit Schutzanzug und Pfefferspray“, kontere ich.

„Abgemacht“, klopft sie mir auf die Schulter und wir bilden gemeinsam, mit zwei süßen Affenbabies, das Schlusslicht der Truppe. Am Fluss springen die großen Paviane durch die Bäume und buddeln im Matsch. Einer von ihnen gräbt mit beiden Händen wild im Sand, nur um das entstandene Loch sofort wieder aufzufüllen. Immer wieder entstehen kleine Streitigkeiten unter den Affen, weil einer etwas Interessantes findet, was der andere direkt klaut.

„Sie bilden jetzt schon eine Rangordnung“, erklärt Tina, als das kleine Weibchen, das ich für Kizzy halte, in Claires Arme stürmt, panisch kreischend und schreiend.

„Alles halb so wild“, versichert Tina, obwohl das Geheul wirklich dramatisch klingt. „Kizzy steht nicht sonderlich hoch im Rang. Wann immer sie etwas entdeckt, werden Jagger oder Tarzan es ihr stehlen. Sollte sie sich wehren, werden sie sie zurechtweisen und beißen. Es sind eher ‚Play-Bites‘. Diese spielerischen Bisse tun nicht sonderlich weh, aber es ist wie bei Kindern. Aus allem wird ein Drama gemacht, doch nach einer Minute ist die Welt wieder in Ordnung.“

„Verstehe“, nicke ich.

Kizzy streckt das freche Köpfchen über Claires Schulter, sieht, dass die anderen noch beschäftigt sind und krabbelt dann aus ihrem Schoss, um ein Blatt zu stibitzen, das sie entdeckt hat. Flink springt sie direkt zurück zu Claire und erkundet unter ihrem Schutz das tolle, vertrocknete Blatt, das knirscht und zerfällt, als sie es reibt. Vor Freude macht sie einen kleinen Purzelbaum gefolgt von einer verrückten Schwimmbewegung auf dem Boden. Wir alle lachen, während Kizzy uns verdutzt anblickt und sich vermutlich über unser Gelächter wundert.

Auch Barney scheint der Entdeckergeist zu packen: Nach langem Zögern krabbelt er aus meinem Schoss, was er direkt bereut, denn sämtliche größere Baboons sehen ihn als neuen, interessanten Spielkameraden. Jagger schnappt den kleinen Mann und rennt mit ihm im Arm für wenige Schritte auf zwei Beinen davon.

„Oh Gott!“, stöhne ich mit gemischten Gefühlen. Zum einen will ich am liebsten aufspringen und den schreienden Barney retten.

Zum anderen ist es gut, dass er endlich in Kontakt mit den anderen kommt. Am meisten verwundert mich jedoch, wie gut Jagger auf zwei Beinen läuft.

In dem Moment, als Barney sich voller Panik aus Jaggers Fängen befreit und zu mir stürmen will, wird er von zwei spielenden Pavianen über den Haufen gerannt. Nachdem er sich aufgerappelt hat, springt er kreischend an meinen linken Arm und krallt sich mit seinen spitzen Nägeln so eindringlich an mir fest, dass ich zu bluten beginne.

„Genug Abenteuer für heute?", frage ich ihn, als auch ich Opfer einer Attacke werde. Jagger kommt auf mich zugelaufen, reißt an Barney, der wie am Spieß schreit. Als ich meine Brauen hebe und ein Drohgesicht aufsetze, um ihn von mir fernzuhalten, beißt Jagger so fest in meine Wade, dass sich sofort ein Bluterguss bildet.

„Hat's weh getan?", fragt Tina, doch ich schaue Jagger noch immer mit hoch gezogenen Brauen hinterher, bereit ihn zurückzubeißen, sollte er nochmals versuchen, mich zu unterwerfen.

„Äh, ja", erwidere ich, als Jagger einen weiteren Angriff unterlässt – wohlweislich.

„Wolltest du ihn grade herausfordern und beißen?", blickt Tina mich verwundert an.

„Ich weiß es nicht", runzle ich die Stirn, noch immer etwas schockiert und voller Adrenalin. „Könnte sein. Ich habe nicht nachgedacht, was ich tue, sondern einfach gemacht. Aber ich glaube nicht, dass ich ihn geschnappt hätte."

„Ich glaube schon", schmunzelt Tina mit frecher Miene und erklärt mir, dass meine großen Augen und die hochgezogenen Brauen das Tier herausgefordert hätten, denn das ist bei Pavianen eine Drohhaltung. Diese „Challenge" bedeutet, dass ich meinen Rang verteidigt und ihn auf seinen Platz verwiesen habe. Ich zucke verlegen mit den Schultern: Soll ich nun stolz auf mich sein oder eher entsetzt über mein animalisches Verhalten?

„Du kletterst nach zwei Tagen auf die höchsten Bäume hier im Center und weist das Alpha-Tier der Affentruppe in Schranken.

Michi, auch wenn es vielleicht das schrägste Kompliment deines Lebens ist, aber du bist echt ein kleiner Affe!"

„Danke, du auch!", entgegne ich und wir beide grinsen, eine frecher als die andere.

Alpha-Michi

Nach dem Baboon Walk und der Mittagspause beginnen wir, wie könnte es auch anders sein, mit dem Sortieren einer neuen Lieferung des Food-Trucks. Weil wir mittlerweile sehr gut Hand in Hand arbeiten, sind wir früher als gedacht fertig und bekommen daher die ehrenvolle Aufgabe, noch Unkraut um die Gehege der Affen zu jäten und die Farm etwas in Schuss zu bringen. Mittlerweile weiß ich, warum es hier an manchen Ecken und Enden so chaotisch ist. Zum einen interessiert es niemanden, zum anderen bleibt tatsächlich keine Zeit für Ästhetik! Mit einer Hacke bewaffnet, spazieren wir zum Wildgehege für die großen Paviane. Wir entsorgen Gräser und Büsche, die nahe am Zaun wachsen, weil sie nicht nur für Stromausfälle sorgen, wenn sie die Zäune berühren, sondern auch dafür, dass die Paviane in Berührung mit dem elektrischen Zaun kommen, wenn sie die Gräser pflücken.

„Warum ist eigentlich Strom auf den Zäunen?", frage ich Claire, die gerade neben mir geht.

„Damit keine wilden Affen in das Gehege unserer Tiere geraten und ihnen das Essen stehlen oder sie angreifen. Unsere Paviane würden nicht weglaufen, aber andere würden eindringen. Das wäre umso gefährlicher. Gerade jetzt, wo die Truppe ein Baby erwartet, sind Stabilität und Sicherheit unerlässlich. Fremde Männchen können extrem rücksichtslos sein. Die töten sogar Babies, wenn sie sich paaren wollen. Daher ist das hier umso wichtiger", winkt sie mit ihrer Hacke.

Dieses Wissen motiviert mich nun tatsächlich dazu, bei 30 Grad im Schatten Unkraut zu jäten. Auch wenn all das hier Aufgaben sind, die ich daheim nicht mal für Geld machen würde, erledige ich sie hier mit Freude und Hingabe. Vielleicht ist das der Grund, warum viele Menschen unzufrieden sind, überlege ich. Sie gehen arbeiten, um Geld zu verdienen, haben daran aber keine Freude, sehen keinen Sinn oder fühlen sich nicht wertgeschätzt. Dabei ist genau das essenziell: Alles, was man tut, mit Liebe zu erledigen. Alles, was man bekommt, mit Liebe zu empfangen. Dazu gibt es auch keine Alternative. Folglich hacke ich freudestrahlend in der brütenden Hitze im Boden herum. Ergebnis? Die letzten 45 Minuten vergehen im Flug und allesamt machen wir uns auf den Rückweg. Oben angekommen stupst Tina mich von hinten an: „Bereit?"

„Mehr oder weniger", antworte ich und schnappe mir ein Poo-Shirt mit Kapuze. Sicher ist sicher!

Barney und Blossom begleiten uns ins Babygehege und toben direkt miteinander. Man merkt, dass Barney sich hier wesentlich wohler fühlt als in der großen weiten Welt, während ich diesen Käfig mit Toby dem Beißer als sehr einengend empfinde.

Wie beim ersten Mal kommt die kleine, zuckersüße Meerkatze direkt zu mir, kuschelt sich in meinen Schoss und leckt meine Hand sanft ab.

„Er ist ein kleines Arschloch!", lacht Tina, als Toby wie beim letzten Mal zu kreischen beginnt und mich beißen will. Jedoch reiße ich instinktiv die Augen auf und mache eine ruckartige Bewegung, sodass der kleine Kerl erschrocken mit großen Augen zurückspringt. Er schweigt für eine Sekunde, ehe er erneut schreit und dann in meinen Schoss springt. Verängstigt umklammert er meinen Unterarm. Sofort bekomme ich wahnsinniges Mitleid, weil ich einem Baby Angst eingejagt habe.

„Kein Grund für ein schlechtes Gewissen!", mahnt Tina, die scheinbar meine Gedanken lesen kann. Ich lehne meinen Kopf kichernd an ihre Schulter und blicke nach oben, als mich Barney mit großen Augen anblickt. Frech plumpst er auf meinen Kopf und verteilt freundlicherweise noch ein wenig platt gematschte Banane in meinem Haaransatz, während Blossom sich auf meine Wade gesetzt hat, um ihre Blase zu entleeren. Toby und Khaleesi streunen durch das Gras, das wegen ihrer kleinen Kämpfe quer durchs Gehege fliegt und ich bin mittendrin. Gelassen beobachte ich, wie die kleine Horde die Welt entdeckt, sich austobt und dabei eine Freude, Leichtigkeit und Zufriedenheit ausstrahlt, wie ich es noch selten erlebt habe. Im Allgemeinen herrscht hier, trotz Knochenjob, eine friedliche Stimmung, die sich im Gemüt eines jeden einnistet und dem anstrengenden Alltag seine Schwere nimmt.

Um fünf ist es Zeit zum Duschen. Bevor ich mich auf den Weg mache, lasse ich ganz bewusst die Zeit, die ich hier, 12.000 Kilometer von zu Hause entfernt, mit der wärmenden Abendsonne im Rücken zwischen Meerkatzen und Pavianen verbracht habe, an meinem inneren Auge vorüber ziehen: Vier Mal wurde ich in dieser halben Stunde angepinkelt, einmal kam sogar etwas mehr als nur Urin mit. Mein Haar ist übersät mit Papaya, Banane und Gras. Ich habe keine Ahnung, wie viele Haarwäschen nötig sein werden, um es sauber zu bekommen. Zu Hause bin ich so penibel, dass ich morgens, mittags und abends staubsauge und nun sitze ich vollkommen verdreckt in einem Affenkäfig und rieche wie ein Komposthaufen. Doch irgendwie stört mich das nicht wirklich. Ich würde lügen, würde ich behaupten, dass es mich nicht ärgert, wenn ich angepinkelt werde, aber irgendwie gehört es dazu. Es gehört zu den Affen, der Arbeit und dem Alltag hier. Und genau darauf liegt mein Fokus, dahin fließen all meine Gedanken und all meine Energie. Zwar freue ich mich, gleich unter einer kalten Dusche stehen zu können, denn sonst klebe ich vermutlich hier fest, aber der Dreck trübt meine Lebensfreude nicht. Warum auch immer, ich bin einfach glücklich an einem Ort, den ich noch vor 48 Stunden am liebsten wortlos verlassen hätte.

Ich schließe die Tür des Geheges. Mit dem Gequengel von Barney und Blossom im Ohr, laufe ich entlang des Reviers der wilden Affen auf der staubigen Straße zu den Hütten. Unten angekommen, stelle ich mich unter die Dusche – in voller Montur! Denn so stinkend und dreckig kann ich meine Klamotten keineswegs bis zum Waschtag im Wäschebeutel liegen lassen. Nach und nach schäle ich mich wie eine Zwiebel. Wie tags zuvor lassen die wilden Meerkatzen sich meine Show nicht nehmen. Neugierig beobachten sie meine neue Vorstellung. Ich hänge mein Top über den Verschlag und wasche meine Haare, als eine der kleineren Meerkatzen auf die Dusche springt, um mein Shirt zu klauen.

„Ey", rufe ich laut. An den türkisfarbenen Hoden sehe ich, dass der Dieb in spe ein Männchen ist. Es beginnt, mich herauszufordern. Mit Schaum in den Haaren und nichts in der Hand, womit ich mich verteidigen könnte, challenge ich das Tier zurück. Ein dunkles Grummeln ertönt. Der Affe wagt einen Schritt nach vorne. Auch ich trete einen Schritt vor, mache mich so groß ich kann und brülle mit ganz tiefer Stimme: „Hey!" Das Äffchen und seine Begleiter schrecken zurück und flüchten durch die Baumkrone davon. Ende der Show!

Beim Abendessen erzähle ich Tina von meinen Erlebnissen. Sie staunt nicht schlecht, gibt mir aber auch den Rat vorsichtig zu sein: In einer Truppe können selbst die Meerkatzen gefährlich sein, obwohl sie nicht größer sind als ausgewachsene Hauskatzen. Mit einem wilden Pavian sollte ich es bestenfalls erst gar nicht aufnehmen.

„Mit mir legt sich keiner an", trommle ich wie ein Gorilla auf meine Brust. „Ich bin nämlich die Alpha-Michi!"

Wir lachen und in diesem Moment habe ich tatsächlich das Gefühl, angekommen zu sein. Meine Eingewöhnung ist um. Das Abenteuer kann beginnen.

Dunkle Nächte

Das Abenteuer startet mit Unwetter und Stromausfall. Gegen halb sieben beginnt es wie aus dem Nichts in Strömen zu regnen, sodass wir an diesem Abend nicht draußen ums Feuer sitzen, sondern im

Speisesaal. Gegen sieben fällt plötzlich der Strom aus: Alles ist dunkel. Da die Farm nur ein kleines Notstromaggregat für die Sicherung der Zäune besitzt, haben wir weder auf der Farm noch unten im Camp Licht. Mit Taschenlampen räumen wir auf, verschließen die Tür und machen uns auf den Weg. Tatsächlich wird mir etwas mulmig, als die kleine Lampe unten am Camp nicht brennt und es dafür im Wald knackt und knarzt.

„Leuchtet unbedingt auf den Boden", mahnt Tina. „So wie ihr es eigentlich immer tun solltet", fügt sie hinzu.

„Schlangen", stelle ich fest.

„Genau!"

Ohne unerwünschte Begegnung erreichen wir das Camp und alle verziehen sich nach einer schnellen Katzenwäsche in ihre Hütte. Die Nacht bleibt unruhig, weil sich viele Tiere zu unseren Schlafhäusern trauen, die sonst von dem Licht ferngehalten werden. Es ist vier Uhr, als ich von einem lauten Grollen geweckt werde. Mein Kopf fragt sich, was für ein Tier das wohl ist. Zum ersten Mal bin ich sehr froh um das weiße Sicherheitsgitter vor unserer Tür. Dummerweise entscheidet sich meine Blase genau in diesem Moment, sich entleeren zu wollen. Dringend! Hochkonzentriert liege ich beinahe 30 Minuten wach, ehe das Grollen sich legt. Todesmutig schnappe ich mir die Schlüssel, öffne das Sicherheitsgitter und leuchte mir den Weg zu den Toiletten. Den Schein der Lampe richte ich stets auf den Boden: Viel zu groß ist meine Angst, funkelnde Augen im Dickicht zu erblicken und deshalb giftige Schlangen auf dem Boden zu übersehen. Die 50 Meter bis zu den Kabinen ziehen sich endlos! Als ich sie schließlich erreiche, verschanze mich schnell auf der ersten Toilette. Doch dort begrüßt mich ein rotes Insekt, groß wie meine Faust! Ich habe keine Ahnung, ob es giftig ist. Langsam will ich wieder aus der Tür treten und in die Toilette daneben gehen, doch als ich die knarzende Türklinke herunter drücke, entpuppt sich das Insekt als Riesenspinne. Von einer Sekunde auf die andere springt sie wortwörtlich auf und läuft die Wand hoch. Mit ausgebreiteten Beinen ist sie doppelt so groß wie vorher. Ich bin starr vor Schreck. Dann entringt sich ein Schrei meinem Mund, ich stoße die Tür auf, schlage sie zu, so schnell ich kann, schlüpfe in die Toilette nebenan und ziehe deren Tür fest hinter mir zu. Mein Herz pocht wie verrückt, meine Lippen beben und Tränen schießen in meine Augen. Vielleicht bin ich doch noch nicht angekommen, schnappe ich nach Luft. Zitternd leuchte ich die Kabine aus, bis ich sicher bin, dass nirgends eine Spinne, eine Schlange oder ein anderes Grauen lauert.

Es dauert eine Weile, bis ich mich beruhigt habe und mich daran erinnere, warum ich überhaupt zur Toilette bin: In all den Adrenalinschüben hat meine Blase es sich nochmal anders überlegt. Dennoch gehe ich lieber auf Nummer sicher, ehe ich zurück zur Hütte schleiche. Langsam, sage ich mir im Kopf! Wenn du rennst, machst du nur auf dich aufmerksam und außerdem verstärkt das die Angst. Ich atme tief ein, drücke die Klinke herunter und tue so, als würde ich gemütlich zur Hütte zurück schlendern. *Fake it till you make it*[11], sagt mein Kopf, doch plötzlich fällt ein Mülleimer in den Duschen um. Die Duschverschläge liegen direkt neben unserem Schlafsaal. Wer oder was ist dort? Ich bleibe stocksteif stehen, blicke zurück, blicke nach vorne. Die Toilette ist genauso weit weg wie die Hütte. Allerdings muss ich dort keine Tür aufschließen. Allerdings ist die Tür auch nicht sonderlich sicher. Allerdings kann ich nicht die ganze Nacht auf dem Klo sitzen. Was, wenn die Spinne zurückkommt? Was, wenn das Tier danach an die Kabinen geht, um sie zu durchsuchen? Etwas scharrt in der Dusche und ich beginne zu zittern. Mein Licht, Scheiße! Das macht auf mich aufmerksam, denke ich und schalte, obwohl all meine Sinne es verbieten, meine Taschenlampe aus. Es dauert eine gefühlte Ewigkeit, bis sich meine Augen an die Dunkelheit gewöhnen. Nun hebe ich langsam meine Fußsohlen an, bis ich nur noch auf den Zehenspitzen stehe. So tippele ich langsam in winzigen Schritten durchs Dunkel, bis ich vor dem

11 Tu so, also ob du's kannst, bis du es tatsächlich schaffst.

weißen Sicherheitsgitter stehe. Ich stecke den Schlüssel ins Schloss, doch als er sich dreht, quietscht es so laut, dass das Tier in der Dusche innehält. Plötzlich rennt ein kleines Äffchen, das sich vermutlich gerade zu Tode erschreckt hat, aus der Dusche und springt ins Geäst der umstehenden Bäume.

Erleichtert atme ich aus, öffne das Gitter und lege mich wieder hin. Ein Blick auf die Uhr verrät mir, dass mein wagemutiger Toilettengang eine gute halbe Stunde gedauert hat!

Mein Wecker klingelt mal wieder als erstes, doch dieses Mal bleibe ich liegen, bis die anderen aufstehen. Die Haare zum Zopf gebunden, das Gesicht gewaschen und die Zähne geputzt, bin ich nach zehn Minuten fertig und bereit für einen neuen Tag.

Als wir um sechs Uhr am Haupthaus ankommen, ist Gus bereits wach. Er schraubt an einem Stromkasten herum. Wir haben noch immer keinen Saft, benötigen aber Elektrizität für die Zubereitung der Fläschchen. Wieder einmal wird mir bewusst, dass in Südafrika ganz andere Sicherheitsstandards herrschen als in Europa! In Deutschland wechselt manch einer nicht mal seine Glühbirne selbst, mich eingeschlossen, und in Südafrika stochert man mit einem Schraubenzieher im Stromnetz.

Plötzlich fliegt das Werkzeug durch die Gegend und der kleine Mann in Capri-Hose und kariertem Hemd flucht wild, ehe er ins Büro geht und die Tür zuknallt. Der Strom bleibt allerdings aus.

„Und nun?“, frage ich Tina, die mit der Nachtbox um die Ecke kommt.

„Nun findet Gus einen anderen Weg! Keine Sorge, gleich wird es klacken und Strom fließen“, versichert sie mir. Tatsächlich: Keine zwei Sekunden später beginnt die Mikrowelle zu piepsen! Ich schaue sie entgeistert an. Sie lacht: „Ich bin eben nicht zum ersten Mal hier!“

Glücklicherweise können wir nun die Flaschen vorbereiten. Während ich das Wasser im Wasserkocher erhitze, frage ich mich, warum Gus mir heute Nacht, als ich auf Toilette musste, nicht auch für fünf Minuten das Licht angeschaltet hat. Mir ist völlig klar, dass dieser Gedanke total absurd ist, aber wenn ich an meine nächtlichen Abenteuer denke, hätte mir ein wenig Licht und, sofern es keine Umstände bereitet hätte, ein Elektroschocker für die fiese Spinne nicht geschadet.

Der Morgen verläuft wie der gestrige mit einer viel zu nassen Badeeinheit, dem Schrubben des Youngster-Geheges und drei Tassen Kaffee, die mich wiederbeleben. Auch am Nachmittag ist alles wie gehabt. Ich finde mich langsam in den Rhythmus. Zwar haben wir auch an diesem Abend keinen Strom im Camp, aber dafür machen wir bereits bei Tageslicht ein Lagerfeuer, sodass wir ab der Dämmerung gemeinsam unter freiem Himmel sitzen und auch bei Nacht ein wenig Licht haben, ausreichend für den Gang zur Toilette. Denn meine Geschichte sorgt nicht nur für reichlich Unterhaltung, sondern auch für gewisse Vorsichtsmaßnahmen. Nach zwei Tagen ohne Strom, Handy, WLAN und was auch immer, wird die Leitung repariert und wir sind wieder am Netz. Als ich mein Handy einschalte, hört es gar nicht erst auf zu vibrieren. Mein Freund ist schier tausend Tode gestorben, während der Rest nur belangloser Kram ist.

„Nichts Wichtiges verpasst", stelle ich lakonisch fest und schalte das Mobiltelefon wieder aus.

Der Rest der Woche vergeht ohne besondere Vorkommnisse: Jeder Tag ist wie der andere – schön, anstrengend und losgelöst.

Am Wochenende treten wir etwas kürzer und arbeiten nur das Nötigste, sodass wir an beiden Tagen ein wenig mehr Zeit mit den Affen verbringen können. Während die meisten sich in das Gehege der größeren Affen setzen, setze ich mich lieber zu den Babies. Nicht, weil ich die anderen nicht mag, sondern weil ich bei Barney sein will. Nach sechs Tagen kann ich mir kaum vorstellen, dass ich bald wieder heimfahren werde. Viel zu gerne habe ich den kleinen Mann mit seinem dunklen Gesicht, den funkelnden Augen und den Elfenohren. Sein Blick hat sich in mein Herz gebrannt. Seine Fingerchen haben meine Seele berührt. Auch mit Blossom, Khaleesi und Toby habe ich mich nach anfänglichen Startschwierigkeiten angefreundet. Es ist Sonntag und die Sonne steht bereits tief, als ich mich an diesem Tag von meiner kleinen Horde verabschiede. Ich lächle, während sie alle ein Drama daraus machen und gehe an diesem Tag mit einem besonders breiten Grinsen duschen. Am Montag, also morgen, werden Barney und Blossom immer mitgeduscht, damit ihr Fell sauber und gepflegt bleibt. Da Barney sehr fixiert auf mich ist, haben Claire und Matt mich gefragt, ob ich diese Aufgabe morgen übernehmen möchte. Natürlich will ich! Zwar haben die beiden mich bereits gewarnt, dass das Duschen mit einem Babyaffen absolut kein Vergnügen sei, trotzdem stelle ich es mir total aufregend vor.

Unten angekommen brause ich mich im Affentempo ab, föhne meine Haare und laufe den Weg, den ich gerade erst gegangen bin, in meinem gemusterten Kleid zurück. Sonntagabend ist immer Talentshow und „Award-Night", Preisverleihung also, dafür habe ich mich in Schale geschmissen. Wobei das übertrieben ausgedrückt ist: Tatsächlich trage ich nur ein einfaches Sommerkleid und Flip-Flops. Verglichen mit den Poo-Shirts jedoch, ist das wahnsinnig aufgedonnert.

Nach dem Essen führt jeder ein Talent vor und dann werden die Awards für besondere Leistungen verteilt. Die einen bekommen eine Auszeichnung als die besten Zaunputzer*innen, während Nora einen Preis als liebste und hilfsbereiteste Volontärin erhält. Ich werde zur besten Kletterin gekürt und Claire und Matt verleihen sich gegenseitig eine Auszeichnung als beste Teamleiter*in. Auch wenn jeder von uns nur ein Stück Papier in der Hand hält, fühlt es sich doch an wie ein Oscar. Ich genieße diese leichte, dankbare und freudige Stimmung. Gemeinsam verbringen wir den Abend auf der Veranda des Hauses und spielen bis spät in die Nacht – sprich: bis neun Uhr abends – Tabu, ein Gesellschaftsspiel.

Wo die Sterne die Welt berühren

Ich glaube, dass der afrikanische Kontinent der Ort ist, an dem die Sterne die Welt berühren und ihren Zauber hinterlassen. Die erste Woche im Camp verging wie im Flug. Jeden Morgen werde ich von einem schreienden Barney begrüßt und schrubbe die völlig verdreckten Wände seines Geheges. Tagtäglich gehen gefühlt zweitausend Stück Obst und Gemüse durch meine Hände und ich bin jeden Tag noch etwas erschöpfter als am vorherigen. Die Abende sind kurz und die Nächte lang, auch wenn die Arbeitstage noch länger sind. Doch nach sieben Tagen voller Geschrei, Pippiattacken, harter Arbeit, Käfern in der Dusche, Wasserknappheit und Stromausfällen, bin ich so sehr bei mir, wie nie zuvor in meinem Leben.

Es ist viertel vor sechs, ich springe aus dem Bett und atme so tief in den Bauch, dass sich meine Lungen komplett entfalten können. Gelassen schlüpfe ich in die Klamotten, die eben als oberstes liegen, streife mir die Sandalen über und trotte zum Waschbecken. Die Armada von Insekten begrüße ich mit einem herzlichen „Guten Morgen!“ Was habe ich für ein Glück, in der Morgensonne Südafrikas unter goldenen Blättern, inmitten von wunderschöner Natur und mit wilden Affen im Blick meine Zähne putzen zu dürfen! Wie konnte ich das hier je befremdlich finden, frage ich mein Spiegelbild und lächle mich an.

Der Zauber hat mich gepackt! Endgültig! Es fällt mir schwer, an zu Hause zu denken. Mein warmes Bett lockt mich nicht mehr. Auch das schnelle Internet oder warmes Wasser sind kein Anreiz. Denn ich genieße die Leichtigkeit dieses Lebens. Es klingt paradox, denn ich arbeite so hart, dass ich andauernd Muskelkater habe und dicke Ringe unter den Augen. Trotzdem fühle ich mich so erleichtert, weil ich keinen Alltagsballast mit mir schleppe. Ich bin in jedem Moment hier, in jedem Moment präsent und lebe in jedem Moment das Leben, das sich vor meinen Augen abspielt. Meine Gedanken drehen sich um die nächsten fünf Minuten. Was morgen ist? Das weiß nur der liebe Gott, während ich weiß, dass ich hier etwas aus

Leidenschaft und Liebe tue. Was könnte je sinnvoller sein, als in Liebe zu leben? Ich frage mich tatsächlich, warum manche Menschen einen Job machen, den sie nicht mögen, nur um Geld zu verdienen. Ist das einfach die Konsumgesellschaft, in der wir leben und die Art, wie wir überleben? Hier in Südafrika konsumiere ich Sonne, Liebe, Sinn und Lebensfreude. Alles Dinge, die unbezahlbar und wertvoll sind. Denn Glück kann man nicht kaufen!

Ich erblicke mein braungebranntes Spiegelbild und plötzlich drängt sich mir ein Gedanke auf: Bin ich jemand, der hierhergehört? Ich lächle und mein Körper kribbelt, als würden alle Insekten aus der Dusche meine Beine hochkrabbeln. Erfüllt atme ich tief ein und aus, spucke die Zahnpasta ins Becken und verwerfe diesen Traum, weil er viel zu absurd ist, als dass ich ihn leben könnte. Mit meinem Rucksack auf dem Buckel hinterlasse ich meine Spuren im Sand und hüpfe zum Haupthaus, wo Barney mich bereits erwartet. Ich kürze über die Wiese ab, die noch etwas feucht ist und öffne die Nachtbox. Der kleine Mann springt mir direkt entgegen, damit wir mit unserer Morgenroutine loslegen können: Waschen, Trocknen, Füttern. Beim Wiegen stellen wir fest, dass Barney in der letzten Woche zweihundert Gramm zugelegt hat. Ich bin unfassbar stolz und glücklich.

„Es geht bergauf", lächelt Tina. „Es sah nicht immer so gut für ihn aus. Eigentlich war sein Zustand sogar letzte Woche noch kritisch, weil er stetig an Gewicht verlor, aber jetzt, wo er regelmäßig trinkt, sich langsam öffnet und eine Bezugsperson annimmt, geht es ihm viel besser. Es scheint, als hätte er seinen Lebensmut zurückgewonnen."

Nicht nur er, denke ich und lächle in mich hinein.

Nach der Morgenroutine bin ich für die Klinik verantwortlich. Dorothea leitet mich an. Mit einem kargen „Morgen" begrüßt sie mich, hält mir ein Paar weiße Boots und Handschuhe hin und erklärt mir in besserwisserischem Ton meine Aufgaben. Ich nicke nur, während ich mich umziehe.

Aktuell haben wir drei Klinikaffen. Zwei große Meerkatzen aus einem Semi-Wild-Gehege und ein kleineres Mädchen namens Angel.

Angel ist sehr liebesbedürftig und greift ständig nach mir, um meinen Arm zu lausen. Sie scheint sehr schwach und da wir einfach nicht wissen, was ihr fehlt, können wir ihr aktuell kaum helfen. Gus hat uns aufgetragen, sie diese Woche zu beobachten, während wir auf die Ergebnisse der Blutuntersuchung warten. Um sicherzugehen, dass sie keine anderen Tiere ansteckt, ist sie nun in der Klinik.

„Armes kleines Äffchen", bemitleide ich sie und halte ihre Hand, ehe wir mit dem Saubermachen beginnen. Zuerst werden unsere tierischen Patienten nach draußen getragen, bevor wir die Klinik von innen komplett auswaschen und desinfizieren. Sogar die Wände und Decken werden abgewaschen und ich bekomme bereits nach kurzer Zeit auf der Leiter einen steifen Nacken. Die 15 Quadratmeter des Klinikzimmers sind mit Abstand die saubersten der ganzen Farm. Die Ecken der Tische, auf denen die Käfige der Tiere stehen, und die Ritzen der Fliesen wienere ich mit einer Zahnbürste. Nach einer guten Stunde blitzt und blinkt der Raum. Mit klarem Wasser spülen wir ihn im Anschluss aus und trocknen alles ab, ehe wir uns den Käfigen widmen. Ein Affe nach dem anderen wird in einen Transferkäfig gesetzt, damit wir mit der gleichen Sorgfalt die Käfige reinigen können. Am Ende werden unserer kleinen Patienten zurückgesetzt und ins Haus getragen. In das Klinikbuch tragen wir ein, ob und in welcher Konsistenz die Tiere gekotet haben, bevor wir den Helfer*innen von Food-Prep mitteilen, welche Nahrung wir für welchen Affen benötigen. Zuletzt geben wir den Dreien ihre Medikation, was tatsächlich schwieriger ist als gedacht. Vor allem einer der großen Affen wehrt sich sehr und schnappt und schlägt nach uns! Nach einer zehnminütigen Tortur schluckt er seine Medizin endlich. Sowohl er als auch wir sind schweißgebadet und völlig gestresst.

„Zeit fürs Frühstück. Danke!", sagt Dorothea klanglos und verschwindet in der Tür.

Ich blicke ihr erstaunt nach und kann ihr distanziertes Verhalten nicht verstehen. Muss ich aber auch nicht, sagt mir meine innere Stimme, während ich aus den weißen Klamotten schlüpfe und das kleine Äffchen beobachte, was einfach nicht essen möchte.

„Hallo kleine Angel", flüstere ich und müde, glasige Augen blicken in mein Gesicht. Ihre Hand greift nach meinem Finger und ich beginne sanft das Fell ihrer Arme zu glätten. Als die Glocke läutet, verabschiede ich mich von Angel, da Gus Wert auf Pünktlichkeit legt. Jedoch nehme ich mir nur einen schnellen Kaffee und bringe Angel im Anschluss ein wenig Porridge. Doch auch dieser Haferbrei scheint ihr nicht zu schmecken, sodass ich mit gesenktem Kopf und voller Schüssel zu Food Prep gehe und beim Entkernen von Papayas helfe.

Nach dem Mittagessen trommelt Tina alle Helfer*innen zusammen.

„Wir machen heute einen Ausflug, also cremt euch ein, füllt eure Wasserflasche auf und kommt in fünf Minuten an den Truck."

Cool, ein Ausflug, denke ich mir, traue dem Braten aber nicht so ganz. Meine Intuition behält Recht: Unser Ausflug besteht in einer Tomatenernte auf der benachbarten Farm! Zusammen nehmen wir auf der Ladefläche Platz und fahren los.

Mit Kopfhörern im Ohr lausche ich Totos Song *Africa* und genieße den Fahrtwind. Mit jedem Atemzug spüre ich die Luft in meinen Lungen, fühle die wärmenden Strahlen der Sonne auf meiner Haut und lebe im Moment. Würden wir jetzt nicht zur Ernte fahren, würde es sich anfühlen wie Urlaub. Doch für diese kurzen, ruhigen zehn Minuten schließe ich die Augen und gebe mich der puren Entspannung hin.

An der Farm angekommen, begrüßt uns ein kleiner, alter Südafrikaner mit Sonnenhut, Capri-Hose und kariertem Hemd – ganz wie Gus. Er händigt jedem von uns einen Eimer aus und wünscht uns viel Spaß, ehe er sich mit seinem Hund Sally auf die Veranda verzieht und wir zum Feld marschieren. Nach einer guten Stunde sind all unsere Eimer voll und wir bedanken uns bei dem Senior, ehe wir zurückfahren. Die Rückfahrt ist weniger entspannt, denn wir riechen alle wie alte Sportsocken und quetschen uns zwischen die Eimer auf die Ladefläche des Trucks. Zurück auf der Farm lagern wir alles im Kühlhaus und dann ist der Arbeitstag auch schon wieder um, was für mich bedeutet, dass ich nun mein erstes Mal erleben werde!

Freudestrahlend nehme ich den kleinen Mann in Empfang. Mein Herz pocht ganz nervös. Diese Unruhe färbt direkt auf Barney ab: Die ganze Zeit schaut er verdutzt zu mir auf. Dabei fummeln seine Fingerchen unruhig an meinem Oberteil.

„Keine Sorge, wir schaffen das!“, zwinkere ich ihm zu, während er in seinem Öhrchen bohrt. Gemeinsam schlendern wir den sandigen Pfad zum Camp und ich überlege, wie ich das gleich mit dem Bikini am besten mache. Langsam dämmert es mir, dass das Duschen wirklich komplizierter sein könnte als gedacht. An unserer Hütte angekommen wird allein das Aufschließen des Gitters zu einer Herausforderung, denn Barney erschrickt zu Tode, als das Schloss laut und quietschend aufspringt. Vor Schreck pinkelt er mich an.

„Na, herzlichen Dank!“, sage ich, bin aber tatsächlich sehr froh, dass das Malheur draußen passiert ist. Viel schlimmer wäre es im Zimmer, auf dem Bett oder gar auf meinem Koffer gewesen. Daher beschließe ich, mich auch draußen umzuziehen. Wenn dort nochmal ein Missgeschick passieren sollte, wäre auch das kein Problem. Mit Bikini, Handtuch, Shampoo und Spülung in der Hand und Barney auf der Schulter stelle ich mich hinter den großen Baum im Camp und ziehe mich so schnell um, wie es mit einem Affenbaby auf dem Kopf eben möglich ist.

Stolz, dass es wesentlich besser geklappt hat als gedacht, marschieren wir zur Dusche. Doch bevor das Wasser läuft, schreit Barney aus vollem Leib. Panisch hüpft er auf meinen Kopf, klammert sich dann an meine Hüfte, reißt mein Bikinioberteil ab, springt auf den Boden und macht zwei Schritte, ehe er sich an meinem Bein festhält und zu schimpfen beginnt.

„Du weißt auch nicht, was du willst, oder?“

Ich binde mir mein Oberteil zu und weiß nicht so recht, ob ich lachen soll, denn er schüttelt unentwegt sein kleines Köpfchen, was wie ein „Nein, nein, nein“ wirkt.

„Schon gut“, beruhige ich ihn sanft.

Da Barney ziemlich wasserscheu und gestresst zu sein scheint, ist es vermutlich einfacher, ihn im Sitzen zu waschen, damit er sich festhalten, aber auch weglaufen kann. Schmunzelnd spüle ich die Insekten weg und setze mich auf den Boden. Barney springt direkt in meine Arme. Mittlerweile sieht das kleine nasse Affenbaby aus wie eine Wasserratte. Immer wieder grummelt er, während ich ihn mit der organischen Seife einschäume, die kleinen Knoten aus seinem Fell lause und seinen knochigen Rücken kraule. Skeptisch rümpft er die Nase, leckt sich den Schaum von den Fingern und beobachtet, wie ich das Fell auf seiner Brust aufnestele. Fasziniert beginnt auch er meine Haare hin und her zu schieben. Zwar verknotet er sie so eher als sie zu entwirren, aber es ist ein sehr gutes Zeichen. Paviane sind soziale Tiere und die Fellpflege, „grooming" genannt, gehört zu einer der wichtigsten Sozialkompetenzen, um sich in die Rangordnung einer Truppe einfügen zu können. Mit etwaigen Kleintieren in ihrem Fell hat sie nichts zu tun. Affen haben nämlich keine Läuse – von wegen „mich laust der Affe". Es sieht von außen betrachtet nur immer wie ein Entlausen aus, ist aber ein Teil ihres Zusammenlebens, den die Paviane sehr genießen. Den Beweis dafür liefert mir das Baby in meinem Arm, denn Barney ist gerade mit erhobenen Händchen an mir eingeschlummert. Ich halte ihn fest und spüle seinen Körper ganz sachte ab. Als ich etwas Wasser aus meiner Hand über sein Köpfchen laufen lasse, wird er allerdings wach, niest ganz erschrocken und schmatzt friedlich, bevor er mich umklammert, anpinkelt und in einen Tiefschlaf fällt.

„Gut, dass ich schon unter der Dusche sitze", lächle ich Barney an und drücke ihn fest an mich.

Es ist ein ganz schöner Drahtseilakt, sich mit einem schlafenden Affen im Arm und nur einer freien Hand schulterlange Haare zu waschen. Der Rest der Dusche sowie das Abtrocknen sind aber auch nicht einfacher und ich bin froh, als ich auf meinem Bett in der Hütte sitze. Dort wartet allerdings der schwerste Teil auf mich: das Umziehen. Doch bevor ich mich in meine Jogginghose schlängele, machen Barney und ich ein Erinnerungsfoto, damit ich dieses

Erlebnis, meine erste Affendusche, nie vergessen werde: Wir sind gemeinsam in ein rotes Handtuch eingewickelt. Eine der Helferinnen nimmt ein Bild auf, was mich nun ein Leben lang begleiten wird. Als ich das Foto ansehe, bemerke ich, dass Barney die Augen offen hat. Mein Blick auf Barney zeigt mir hungrige Pavianaugen mit großen Pupillen. Zügig und – wie könnte es anders sein – begleitet von Barneys Geschrei, ziehe ich mich um und schlüpfe zuletzt in meine Jacke, für den Fall, dass der kleine Mann wieder Pippi muss, bevor wir oben angekommen sind.

Im Haupthaus empfangen uns Tina und Blossom. Als hätten wir nie etwas Anderes getan, wickeln wir die beiden, füttern sie und legen sie in ihre Nachtbox. Mittlerweile sind wir ein eingespieltes Team, bei dem jeder Handgriff sitzt, sodass wir für unsere Abendroutine gerade einmal 15 Minuten benötigen.

Gemeinsam lassen Tina und ich uns auf der Treppe vor dem Haus nieder, beobachten, wie die Sonne untergeht und beginnen zu quatschen, als würden wir uns ewig kennen. Ich erzähle Tina von meinen Gedanken am Morgen, der Affendusche und dass ich mir kaum vorstellen kann, diesen Ort in sechs Tagen zu verlassen. Geduldig hört sie mir zu und nimmt mich am Ende in den Arm.

„Ich verstehe dich nur zu gut", flüstert sie. Für einen Moment schließe ich die Augen, mein Herz füllt sich mit Tränen und ich will Tina nicht loslassen. In ihren Armen fühle ich mich wie ein kleines Kind, das für seine Flausen Liebe und Verständnis erfährt, anstatt angemeckert und zurechtgewiesen zu werden. Das fühlt sich so unfassbar gut an, dass ich diesen Moment einfach nur festhalten möchte. Tina spürt das und hält mich solange, bis sich mein Griff löst. Mit geröteten Augen blicke ich sie an.

„Du musst nicht gehen, wenn du nicht willst. Du musst gar nichts, außer für dein eigenes Glück sorgen. Also hör in dich rein und vertrau auf deine innere Stimme. Sie kennt den Weg!"

Dann drückt Tina mich nochmal fest an sich, ehe wir einander loslassen. Ich greife ihre Hände und bedanke mich aus tiefstem Herzen. Zwar habe ich keine Ahnung, was es zu tun gilt, aber ich weiß, dass ich die kommenden sechs Tage von einer wahren Freundin begleitet werde – egal, wie ich mich entscheide! Eine Erfahrung, die ich als Einzelgängerin und Streberin nicht allzu häufig gemacht habe. Das Atmen fällt mir nun schwer, so ergriffen bin ich, und auch wenn ich immer wieder tief Luft hole und meine Gedanken sammle, läuft eine kleine Träne meine Wange hinab. In ihr spiegeln sich all meine Gedanken und all meine Fragen.

„Warum weinst du, Baby Girl?", fragt Gus, der gerade die Stufen der Veranda hinabsteigt, und klopft mir auf die Schulter. Der kleine Mann drückt mich an sich und hält mich im Klammergriff, obwohl er einen guten Kopf kleiner und 50 Jahre älter ist als ich.

„Ich will nicht gehen", sage ich wehleidig.

„Dann bleibst du halt hier. Du bist immer willkommen!"

In diesem Moment löst sich all meine Last! Ich kann meinen Gedanken freien Lauf lassen. Gus zieht an seiner Kippe, drückt mich nochmal und marschiert dann zum Grill, um unser Abendessen vorzubereiten. Ich blicke ihm nach und beobachte die kleine, alte Gestalt, die sich selbst ein außergewöhnliches Leben erschaffen hat. Man kann über Gus sagen, was man will. Er ist ungeduldig, manchmal unfair und er hat eine veraltete Weltsicht. Doch bei all dem hat er auch ein Herz für jede seiner Helfer*innen, für jeden seiner Affen und für jeden neuen Tag, den er in seinen Lebenstraum investiert.

Schlangenfalle

Der zweite Morgen in der Klinik verläuft ähnlich wie der erste: Dorothea ist genauso distanziert und von oben herab, wie tags zuvor. Gegen acht stößt Gus zu uns, da er einen Notruf wegen einer verwaisten Weißkehlmeerkatze erhalten hat.

Zum Glück beauftragt er sie und Elaine, eine Helferin, die im Laufe der vergangenen Woche angekommen ist, das Waisenkind abzuholen. Elaine ist eine Engländerin, Mitte 50 und die coolste alte Socke, die ich je kennengelernt habe. Sie hat einen trockeneren Humor als den Wein, den sie abends trinkt und die größte Abneigung gegen Kinder, die mir bisher begegnet ist. Als vor zwei Tagen eine Familie, die sich als Gus' Verwandte herausstellen, auf der Farm ankam, begrüßte sie die Kinder mit „Little Shits" – kleine Scheißer! Ich sah sie entsetzt an, doch sie zuckte nur mit den Achseln: „Das Leben ist zu kurz, um unehrlich zu sein!"

Nachdem Dorothea weggefahren ist, bin ich alleine für die Klinik verantwortlich. Nach der Säuberung widme ich mich der Fütterung meiner kleinen Patienten. Leider isst die kleine Angel sehr schlecht. Zu allem Übel hat sie auch noch starken Durchfall. Gus bittet mich, das Äffchen mit alternativem Essen zu locken, daher laufe ich zum Kühlschrank und hole ein wenig Tomate, Traube und Ananas, die ich mir vergangene Woche in der Stadt gekauft habe.

„Hier, kleiner Schatz", sage ich und halte der kranken Meerkatze ein Stück Tomate hin. Müde blickt sie mich an, schnuppert an dem roten Gemüse und dreht dann den Kopf weg.

Meine Mundwinkel sinken nach unten. Trotzdem halte ich ihr ein Stück Ananas hin. Dieselbe ablehnende Reaktion! Erst bei den Trauben wird das kleine Mädchen munter und greift zu. Gierig isst sie eine Traube nach der anderen. Mit jedem Bissen fällt mir ein Stein vom Herzen. Ich lächle glücklich und zufrieden, als alle drei Träubchen verputzt sind.

„Gut gemacht!", lobe ich Angel und lege ihr noch zwei Trauben in ihre Futterschale.

Nach dem Frühstück trommelt Gus alle Helfer*innen zusammen, da ein größerer Affe aus der Quarantäne in ein Semi-Wild-Gehege gebracht werden soll. Dafür betäuben wir die Meerkatze, vermessen und wiegen sie, ehe sie in den Auslauf getragen wird, wo alle anderen Affen den Neuankömmling erst einmal beschnuppern können, ohne das neue Mitglied unter Stress zu setzen. Gus erklärt uns jeden einzelnen Schritt und versucht, so viele Helfer*innen wie möglich miteinzubeziehen. Dann teilt er alle in Monitoring-Teams ein, damit zwei Leute für jeweils eine Stunde dokumentieren, wie sich das Tier einlebt, um gegebenenfalls einzugreifen und den elektrischen Zaun abzuschalten, sollte die neue Meerkatze versuchen, daran hochzuklettern. Ich bin mit einer Schweizerin im Team, die ebenfalls vor ein paar Tagen angekommen ist. Wir lassen uns auf einem alten Baumstamm vor dem Gehege nieder und beschreiben alle zwei Minuten das Geschehen. Plötzlich beginnen alle Affen zu schreien. Ich springe auf, weil ich vermute, dass die anderen Tiere das neue Äffchen angreifen, doch auch dieses blickt kreischend in unsere Richtung. Ich drehe mich fragend zu meiner Kollegin um, als mein Herz stehen bleibt! Ein Speikobra kriecht unter unserem Baumstamm hervor.

„Nicht bewegen!", kann ich nur flüstern. Ich kneife die Augen zusammen, bekomme Gänsehaut und bin starr, als sich die gut zwei Meter lange Schlange aufstellt. Versteinert vor Angst vergesse ich zu atmen! Ich weiß, dass diese Giftnatter ihr Toxin drei Meter weit spucken kann. Ich weiß, dass dieses Gift Nerven und Zellen zerstört: Getroffenes Gewebe zerfällt, schwere Wunden bleiben. Menschen mussten sich Arme oder Beine amputieren lassen, weil sie dort gebissen wurden.

„Ich rufe Gus!", zische ich nach dieser Schocksekunde. Langsam bewege ich mich rückwärts am Gehege entlang, bis ich eine sichere Distanz zur Schlange aufgebaut habe.

„Gus!", brülle ich aus vollem Hals und renne so schnell ich kann zum Workshop, wo er meistens Zäune baut und repariert.

„Eine Schlange", keuche ich. Gus springt direkt auf, greift nach seinem Gewehr und folgt mir. Wo hat er das Gewehr nur her, frage ich mich. Das habe ich noch nie bei ihm gesehen!

Gemeinsam gehen wir zum Gehege. Gus leitet die andere Helferin an, langsam aufzustehen und rückwärts zu uns zu kommen. Die Cobra ist bereits gefährlich nahe am Gehege der Meerkatzen. Erneut stellt sie sich auf. Gus legt an. Ein Schuss fährt wie ein Peitschenhieb durch den heiteren Himmel ... die Schlange fällt in sich zusammen. Reglos stehe ich neben Gus. Alles kommt mir so surreal vor. „Was ist gerade passiert?", frage ich mich. Ein kalter Schauer durchfährt meinen Körper, als mir bewusst wird, dass ich gerade in tödlicher Gefahr war. Die Affen haben uns das Leben gerettet! In diesem Moment muss ich an die Schlangendokumentation von Steve Irwin denken, die ich zu Anfang meiner Reise geschaut habe. Wie mutig, waghalsig oder naiv dieser Mann gewesen sein musste, denn auch wenn ich Schlangen an sich interessant finde und keine panische Angst vor ihnen habe, wurde mir in diesem Moment ganz anders.

Für eine ganze Weile sitze ich am Käfig und beobachte die Meerkatzen, die friedlich miteinander spielen und ihr neues Mitglied voller Liebe aufnehmen. Während ich diesem Treiben zusehe, bin ich erfüllt von einer Wärme, einem Kribbeln und einem unbeschreiblichen Gefühl namens Dankbarkeit.

„Danke", flüstere ich der Truppe zu und gehe der untergehenden Sonne entgegen: „Danke für alles!"

Vor dem Abendessen schaue ich bei Angel vorbei, um meinen Schützling mit ein paar Trauben zu überraschen. Freudig und schon etwas lebendiger als gestern greift sie nach den Früchten und isst sie genüsslich. Ich lächle froh, denn neben Angel sind auch die anderen beiden Meerkatzen auf dem Weg der Besserung. Zufrieden gehe ich zum Essensraum und setze mich neben Elaine, die mir Bilder von unserem Neuankömmling Robin zeigt.

Nach dem Essen nutzt Gus die Gunst der Stunde, um uns nochmals darauf aufmerksam zu machen, dass wir vorsichtig sein sollen, uns nicht alleine fortbewegen dürfen und, dass wir niemals, niemals, nie versuchen sollen, eine Schlange selbst zu bezwingen. Er erklärt aber auch, dass er Schlangen nur tötet, weil sie uns und den Tieren äußerst gefährlich werden können. Was wie ein kurzer Appell klingt, ist bei Gus allerdings eine einstündige Rede mit vielen Ausschweifungen und noch mehr schlechten Witzen.

Nach dem langen Vortrag spülen wir alle ab und gehen dann zu den Hütten. Für viele war heute ein anstrengender, aufwühlender Tag, denn die Helfer*innen, die nicht für das Monitoring zuständig waren, haben sich um das neue Baby namens Robin gekümmert. Robin ist eine wenige Wochen alte Weißkehlmeerkatze. Seine Mutter starb durch ein Auto. Das kleine Baby hing während des Zusammenstoßes am Muttertier, blieb jedoch unversehrt. Elaine erzählt mir auf dem Weg ins Camp, dass es bei ihrer Ankunft noch an dem leblosen Körper klammerte und seit Stunden unentwegt schreit, das Essen verweigert und zittert. Gus versicherte ihnen allerdings, dass das normal sei. Wie er uns aufgetragen hat, decken wir das Baby in der Box ab und bieten ihm jede Stunde das Fläschchen an, damit es die Möglichkeit hat zu trinken. Wenn es bis morgen nichts zu sich genommen hat, müssen wir das kleine Äffchen zwangsernähren, denn in diesem Alter ist bereits ein Tag ohne Nahrung lebensgefährlich!

„Schlange", brüllt Claire wie aus dem Nichts und ich erstarre. Wir alle treten einen Schritt zurück und leuchten das Tier an.

„Eine schwarze Mamba!", klärt Matt uns auf. Dann nimmt er einen Stein, so groß wie ein Handball, und wirft ihn zielsicher auf das Reptil. Der Brocken teilt das Tier entzwei. Doch obwohl die Mamba tot ist, schlängelt ihr Schwanz sich noch eine ganze Weile weiter. Ich werde blass und still. Wie alle. Zaghaft verabschieden wir uns vor unseren Hütten. Ich schlafe wie ein Stein, denn es war wirklich ein nervenaufreibender Tag!

Angel

Nach der gestrigen Aufregung kehrt heute langsam wieder der Alltag ein, der, wie könnte es auch anders sein, mit dem Bad von Barneyboy beginnt. Der Rest des Tages ist so unvorhersehbar und gewöhnlich wie immer. Beim Baboon Walk ist Barney ganz aufgeweckt und tastet die Rinde eines Baumes ab. Langsam beginnt er, seinesgleichen zu beobachten und ein Interesse an ihrem Verhalten zu entwickeln. Aber auch wenn alles, was die anderen Affen machen, immer stärker sein Interesse erweckt, beobachtet er das Geschehen in der Regel lieber von meinem Schoss aus und macht sich nur zu kurzen Expeditionen auf. Dazwischen lauscht er den Gesprächen von mir und Elaine. Die Helferin, die etwa im Alter meiner Mutter ist, wächst mir bereits ans Herz. Elaine spricht stolz von ihrer Tochter Becky, erzählt mir von ihrer gescheiterten Ehe und ihrem Versprechen an sich selbst, aus jedem einzelnen Tag ihres Lebens das Beste zu machen.

In den kommenden Tagen verbringe ich viel Zeit im Babygehege und übe mit Barney das Klettern. Immer wieder setze ich ihn auf eine Box und lasse ihn in meine Arme springen oder locke ihn die Äste und Stangen hoch. Mit jedem Tag, jedem Fläschchen und jedem Kuss gewinnt das kleine Kerlchen an Energie, auch wenn er noch immer untergewichtig ist und einiges zulegen muss. Aber er ist auf dem richtigen Weg. Das beweist auch die Waage: Barney hat erneut 80 Gramm zugenommen.

„Chaka!", lobt Tina, als sie sein Gewicht in der pinkfarbenen Mappe dokumentiert und gibt mir ein High Five. Auch ich bin wahnsinnig stolz und lobe Barney unentwegt. Zur Feier des Tages gibt es für ihn ein paar Trauben. Apropos Trauben, denke ich, und spaziere in der Klinik vorbei, um Angel auch ein paar abzugeben. Doch noch ehe ich die Klinik erreiche, kommt Carly, die Büroangestellte, mir mit Angel im Arm entgegengelaufen. Das Tier zittert am ganzen Körper und Carly bricht in Tränen aus.

„Ruf Gus!", kreischt sie hysterisch. Tränen schießen mir in die Augen, mein Atem stockt und für einen Moment bin ich starr, als ich das leidende, kleine Äffchen in ihren Armen sehe, bevor ich zum Workshop laufe und Gus rufe. Er eilt mit mir zu Carly, die Angel, die sich mittlerweile angemacht und vollgespuckt hat, im Arm hält.

Gus tastet das kleine Affenmädchen ab, schaut sich ihre Pupillen und das Erbrochene an und schüttelt dann den Kopf. Wortlos gehen wir zur Klinik. Obwohl ich weiß, was nun geschieht, hoffe ich, das Unvermeidbare noch stoppen zu können. Doch Angels Schicksal ist vorbestimmt. Meine roten Augen blicken in Carlys, als wir die Türen öffnen und Angel auf den Tisch legen. Gus gibt ihr, als letzten hoffnungslosen Versuch, nochmal eine Dehydrationsflüssigkeit und Schmerzmittel, doch noch ehe er die Spritze gesetzt hat, hört Angel auf zu zittern.

„Hol eine Decke", befiehlt Gus. Schluchzend bringe ich unsere kuscheligste Decke, eine hellblaue mit kleinen Teddies drauf. Sanft wickeln wir Angel ein. Alle atmen schwer. Gus reicht mit das kleine Bündel. Ich weiß, dass Angels letzte Minuten geschlagen haben. Dass ich sie dabei halten darf, ist eine unfassbare Ehre und eine unglaubliche Bürde zugleich. Lautlos beginne ich zu zittern, während ich in die glasigen Augen des kleinen Äffchens blicke, die sich mit jedem Atemzug ein Stück weiter schließen. Ich setze mich nieder und wende meine Blicke nicht von ihr ab. Immer wieder will ich zusammenbrechen, doch ich versuche ruhig zu bleiben, damit das kleine Mädchen keine Angst vor dem Tod bekommt.

„Schlaf ein, kleiner Engel", sage ich, lächle Angel an und streichle ihren Kopf. Zwei Mal schließt sie ihre Augen und öffnet sie wieder. Jedes Mal halte ich die Luft an und atme erleichtert aus. Ich flüstere ihr alle Abenteuergeschichten zu, die sie erleben wird, sobald sie ausgewildert ist. Doch beim dritten Mal stockt ihr Atem. Ihre Augenlider bleiben geschlossen. Mein Atem stockt auch. Ich halte die Luft an und warte. Doch Angel regt sich nicht. Fassungslos drücke ich das kleine Mädchen an mich und rede ganz leise und sanft, mache uns Mut und schenke ihr meine ganze Liebe, in der Hoffnung, dass sie diese Worte mitnimmt, wohin auch immer sie nun geht. Mein Körper beginnt unkontrolliert zu zittern, als ich meine Hand vorsichtig auf ihre Brust lege. Unter dem grau-grünen Fell regt sich nichts mehr. Nichts ist zu spüren. Kein Atem, kein Herzschlag, kein Leben. Sie ist tot.

Ich weiß nicht, wie lange ich dort sitze, Angel anschaue und einfach nicht aufhören kann zu weinen. Die Zeit steht still und doch rennt sie an mir vorbei. Carly und Gus legen mir eine Hand auf die Schulter und sagen etwas, doch ich höre sie nicht. Viel zu laut sind meine Gedanken, die immer wieder sagen, dass das nicht passiert sein kann. Angel kann nicht tot sein. Sie hatte doch angefangen zu essen, war doch lebendiger geworden, war doch auf dem Weg der Besserung. Ich hebe meinen Kopf, ziehe die Nase hoch und halte das Mädchen, in die Decke gewickelt, vor mich.

„Mach's gut!", schluchze ich, gebe ihrem kalten Köpfchen einen Kuss und reiche sie dann Gus, der das jetzt notwendige Prozedere beginnt: Der kleine Leichnam muss gekühlt werden, da Gus sie morgen obduzieren möchte. Er vermutet, dass ihr eine Herzkammer fehlt und will sicher gehen, dass er richtig liegt. Außerdem muss der ganze Raum gereinigt und desinfiziert werden, ebenso wie Angels Käfig. Ich sitze reglos da und schaue den beiden zu, wie sie ganz routiniert ihre Arbeit machen. Irgendwann stehe ich auf und helfe Carly, alles abzuwaschen. Meine Gedanken sind noch immer bei Angel und ich bin unfähig, mich auf irgendetwas anderes zu konzentrieren, aber es tut gut, nicht zu sitzen. Es tut gut, sich zu bewegen, etwas zu machen, denn ich will irgendwas tun, an was anderes denken, mich ablenken. Doch egal wie viele Wände, Käfige und Körbe ich an diesem Nachmittag putze, die Bilder von Angels letzten Atemzügen bleiben präsent.

Nach der Arbeit verziehe ich mich zu Barney, Blossom, Toby und Khaleesi. Mit einer verspielten Leichtigkeit toben die Babies, als sei nichts geschehen, denn sie wissen nichts von unserem Verlust. Auch wenn sie mir damit zeigen, dass die Welt noch in Ordnung ist und sich weiterdreht, schaffen selbst sie es kaum, mir Trost zu spenden, obwohl Toby heute richtig handzahm und Barney sehr verkuschelt ist: Noch nie war ich dem Tod so nah. Noch nie war ich beim Sterben dabei. Noch nie war ich das Letzte, was ein Lebewesen gesehen hat. Noch nie, ja noch nie, habe ich mich so hilflos, so voller Liebe, so leer und so erfüllt zugleich gefühlt. Am Abend schreibe ich in mein Tagebuch, während alle anderen beim Essen sitzen.

Liebes Leben,
heute hast du jemandem das Leben genommen.

Ich fühle mich leer. Selbst nach einer Stunde Affentheater im Babygehege, einer Kuscheleinheit mit Barney und drei Pippiattacken fühle ich mich noch immer leer. Und doch ist Leere nicht das richtige Wort, denn in jenem Moment, als Angel von uns ging, hinterließ sie keine Leere.

Da war Liebe. Reine, bedingungslose Liebe hat uns begleitet und erfüllt. Ich hoffe, dass sie es auch gespürt hat. Ich hoffe, dass ich ihr die Angst nehmen konnte. Ich hoffe, dass sie friedlich und frei als kleine Affenseele irgendwo umhergeistert und durch die Bäume Südafrikas springt.

Angels Bild in einem großen Baobab-Baum bringt mich zum Lächeln. Ich stelle mir vor, wie sie von Ast zu Ast hüpft, sich ab und an nach mir umdreht, ehe sie mit ihrer Truppe im Sonnenuntergang weiterzieht. Ich stehe dort, blicke ihr nach und sehe nur noch ihren schwarzen Schatten, der irgendwann ganz verschwindet.

Mit diesem Verschwinden kommt sie zurück, die Trauer. Ich klappe mein Tagebuch zu, weil ich nicht die richtigen Worte finde und lege mich draußen auf den Betontisch, um die Sterne zu beobachten. Eine ganze Weile bleibe ich stumm dort liegen, ohne an irgendwas zu denken, bis die anderen zurückkehren. Tina gesellt sich zu mir und meine vermutlich rot unterlaufenen Augen blicken in ihr sanft lächelndes Gesicht.

„Warum bist du hier unten?“, frage ich sie, da sie oben im Haus und nicht im Camp schläft.

„Ich wollte nach dir sehen.“

„Danke, das ist lieb von dir“, flüstere ich und betrachte wieder die kleinen, hellen Punkte im tiefschwarzen Nachthimmel.

„Geht es dir gut?“, fragt sie und blickt ebenfalls zu den Sternen.

„Es geht. Ich weiß nicht, wie ich mich fühlen soll. Noch nie ist jemand in meinen Armen gestorben. Es war so ein komisches Gefühl von bedingungsloser Liebe, Verbundenheit und Vertrauen, gepaart mit Leere, Trauer, Wut und Verzweiflung. Es fühlt sich an, als würde es mich zerreißen. Ich weiß, dass es Angel nun besser geht, weil sie erlöst ist, aber gleichzeitig wünsche ich, dass wir sie hätten retten können.“

„Ich weiß, wie du dich fühlst“, erwidert Tina. „Wirklich! Aber wir haben alles getan, was in unserer Macht steht.“ Sie seufzt: „Auch, wenn man es nicht wahrhaben möchte, ist die grausame Wahrheit, dass man nicht jeden retten kann!“

Für eine ganze Weile bleiben wir beide stillschweigend nebeneinander liegen, beobachten die Sterne und sagen nichts, bevor eine jede von uns schlafen geht, in der Hoffnung, so ein wenig Ruhe und Frieden zu finden.

Abschied

Als ich erwache, stelle ich schockiert fest, dass meine letzten 48 Stunden angebrochen sind: Heute in zwei Tagen werde ich abreisen. Heute in zwei Tagen fliege ich nach Kapstadt. Heute in zwei Tagen muss ich Abschied nehmen. Von Barney und Blossom, Gus und Tina, Claire und Matt, von diesem Ort und diesem wunderschönen, einfachen Leben.

Als ich am Morgen die Klinik reinige, fehlt Angel.

Ich lächle meine verbleibenden beiden Patienten an. Sie dürfen heute zurück in ihr Semi-Wild-Gehege. Ein letztes Mal dokumentiere ich ihre Ausscheidungen, die so gut riechen, wie Stuhlgang eben riechen kann.

„Eine letzte Fütterung, bevor ihr euch wieder mit den anderen Affen darum streiten müsst", zwinkere ich ihnen zu und sie reißen mir die Papaya aus der Hand.

Um acht Uhr wird Gus Angel obduzieren, doch ich will nicht dabei sein. Für mich spielt der Grund ihres Todes keine Rolle. Sie ist fort und das hinterlässt eine Lücke. Mein einziger Trost ist Barney, der mich den ganzen Tag über aufmuntert. Beim Baboon Walk traut er sich das erste Mal auf einen Ast und mit meiner Hilfe klettert er einen kleinen Busch hinauf. Das kleine schwarze Gesicht mit den dunklen Augen blickt zu mir auf und streckt mir die Arme entgegen. Voller Vertrauen springt der kleine Affe los, weil er weiß, dass ich ihn fange. Dieses Gefühl der bedingungslosen Liebe macht mich so stolz wie glücklich. Am liebsten würde ich alles aufgeben, um hier bei ihm, hier bei den anderen, hier am anderen Ende der Welt zu bleiben.

„Bleib!", sagt eine Stimme in mir immer wieder. Doch ich kann nicht. Auf der anderen Seite des Globus warten mein Job, meine Eltern, mein Partner und eine Entscheidung. Ich schnaube, stehe auf und stapfe mit der Sonne im Rücken zurück zur Farm. Der Rest des Tages verfliegt. Auch der Folgetag fühlt sich wie ein Wimpernschlag an und ehe ich mich versehe, wache ich auf und weiß, dass ich heute gehen muss. Ich beginne zu weinen, bevor ich überhaupt die Augen aufgeschlagen habe.

An diesem Morgen stehe ich absichtlich früher auf, um etwas mehr Zeit mit Barney rauszuschinden. Ich schnappe mir mein liebstes Poo-Shirt und hole die Nachtbox bei Tina ab. Vor der Küche öffne ich sie. Der kleine, süße Mann springt mir blitzmunter entgegen und kuschelt sich an mich. Ich beginne bereits jetzt zu zittern und muss mich bemühen, nicht zu weinen, während Barney sein Köpfchen an meiner Brust reibt und nochmal einschlummert. Als ich diese kleinen herzförmigen Nasenlöcher sehe, die dunklen langen Brauen, das tiefschwarze Gesicht und seinen sanften, entspannten Atem spüre, kann ich mich jedoch nicht mehr zusammenreißen. Ich schluchze laut auf und Barney erschrickt, brüllt los und blickt mich an.

„Alles gut", sage ich mit Tränen in den Augen, küsse sein Köpfchen und lege meine Hand beruhigend auf seinen knochigen Rücken. Voller Vertrauen schläft der kleine Pavian, mit einer Hand am Saum des grünen Shirts, ein und gluckst vor sich hin.

„Oh Gott, wie soll ich dich nur zurücklassen?", flüstere ich. Es ist nicht, dass ich ihn mitnehmen wollen würde. Niemals. Er gehört hierher und eines Tages wird er in Freiheit leben, so wie es ein wilder, wunderschöner Affe verdient. Doch wenn ich ihn nicht mitnehmen kann, sollte ich dann nicht bleiben? Ich könnte ..., ich kann ..., aber ...

„Bereit für deinen letzten Morgen?", fragt Tina mich mitleidig.

„Wie könnte ich jemals bereit für einen Abschied von hier sein", schluchze ich.

„Ich weiß", haucht Tina sanft und nimmt mich in den Arm. Gemeinsam bereiten wir ein letztes Mal die Fläschchen vor, baden die Kleinen und bringen die Schreihälse ins Babygehege. Wie ich es gelernt habe, blicke ich nicht zurück, während Barney und Blossom laut schimpfen. Doch noch nie ist es mir so schwergefallen. Am ganzen Körper zitternd falle ich Tina hinter dem Bretterverschlag um den Hals.

„Du musst nicht gehen", flüstert sie.

„Doch!", schluchze ich los. „Meine Eltern, mein Freund, mein Job. Ich muss zurück, auch wenn ich nicht will. Ich muss!"

„Du musst gar nichts", erwidert sie, „aber eines solltest du sein – glücklich!"

Wenn Tina das sagt, klingt es so einfach und die Lösung scheint so eindeutig, doch ich kann nicht. Ich kann nicht bleiben. Wie soll ich das zahlen? Was soll ich meinen Eltern sagen? Wie erkläre ich das meinem Partner? Wo finde ich dann einen neuen Job? Fragen über Fragen, die mir niemand beantworten kann. Ich weiß nur, was mich glücklich machen würde, aber wäre es das Risiko wert, alle anderen unglücklich zu machen?

Für meine letzte Morgenroutine helfe ich bei Food Prep, um auf der Reise nicht nach Fäkalien zu riechen. Nach dem Frühstück gehe ich ins Camp, um meine Sachen zu packen. Auf dem Weg nach unten höre ich die Tiere, beobachte die Bäume, versuche mit jedem Wimpernschlag, ein weiteres Bild aufzunehmen, um mir diesen Ort mit allen Sinnen einzuprägen. Die Dusche mit den wilden Affen. Meinen Koffer unterm Bett. Den Betontisch – mein Kraftort. Die Bäume, die jeden Morgen so wunderschön singen. Den Duft des Flusses, der unweit von uns rauscht. All das prägt sich ein, als mein Zuhause, als vertrauter, sicherer Ort, als Paradies. Ein Paradies, das ich nun verlassen werde.

Claire und ich fahren im weißen Truck vor und die versammelte Mannschaft steht an der Veranda, um mich zu verabschieden. Ich steige aus und in dem Moment, als mein Fuß den Boden berührt, beginne ich zu weinen. Als ich Tina um den Hals falle, beginnt auch sie zu weinen. Gleiches geschieht mit Elaine. Die anderen Helfer*innen werde ich auch unwahrscheinlich vermissen, aber zu den beiden hatte ich eine besondere Bindung!

Ich nehme jeden in den Arm, wir alle wünschen uns nur das Beste und lächeln einander zum Abschied an. Ich stehe am Truck und blicke in eine Menge von großartigen Menschen, die die zwei erfülltesten und erfüllendsten Wochen meines Lebens mit mir geteilt haben. Es wäre eine Lüge zu sagen, dass es die einfachsten Wochen waren, denn ich habe zwar viel gelacht, aber genauso oft geweint. Ich habe die ganze bunte Farbpalette an Gefühlen abgegrast und diese Mischung aus rot, blau und grün sorgte für eine Fülle, eine Erfülltheit und ein Bild im Herzen, das für immer eines meiner liebsten sein wird.

„Danke!", flüstere ich ganz leise und weine eine Träne nach der anderen, aus Liebe, aus Trauer, aus Dankbarkeit. Dann kehre ich diesen wundervollen Menschen den Rücken und gehe ans Babygehege, wo mein kleiner Schatz am Gitter hängt und darauf wartet, dass ich ihn fürs Paprika sortieren, Blätter sammeln und Bäume fällen abhole. Mit jedem Schritt, den ich ihm näherkomme, weine ich mehr und auch Barney beginnt plötzlich zu brüllen. Ich öffne die Tür und er springt mir panisch in den Arm, krallt sich fest und lässt nicht los.

„Wir haben noch fünf Minuten, kleiner Barney. Also überleg dir gut, ob du mich jetzt nochmal anpinkeln willst", mahne ich den kleinen Kerl, denn ich bin bereits bereit zum Abflug und würde nur ungern für die nächsten Stunden nach Affenpipi riechen.

„Ich weiß gar nicht, wie ich mich verabschieden soll", fahre ich fort. „Ich muss dir doch noch so viel zeigen, mit dir weiter am Klettern arbeiten und das Giggeln üben. Wer duscht dich denn jetzt? Wer pflegt dein Fell? Wer kribbelt dich in den Schlaf, wenn du niemanden außer mir magst." Ich schlucke schwer und vergrabe meinen Kopf in Barneys weichem Fell, ehe ich die Nase hochziehe und mich wieder sammle.

„Aber als deine zeitweise Ersatzmama muss ich dir noch etwas mit auf den Weg geben und eine Bitte aussprechen. Weißt du noch, vor zwei Wochen, als du mir das erste Mal in die Arme gesprungen bist und direkt gepinkelt hast? Das war zwar sehr süß, aber für dein erstes Date mit deiner zukünftigen Affendame oder Ersatzmama empfehle ich dir, es langsamer anzugehen. Erst reden, dann pinkeln, verstanden? Außerdem musst du mir versprechen, dass du immer ausreichend isst und kämpfst, dass du jede Woche zulegst und ein großes starkes Alpha-Männchen wirst. Hast du das verstanden, mein kleiner Schatz?"

Seine großen Augen blicken mich nur unsicher und fragend an, weil er genau spürt, dass etwas nicht stimmt, dass dies ein Abschied ist und wir gleich nicht zwischen Obstbergen spielen werden.

„Und im Gegenzug verspreche ich dir etwas", atme ich tief ein und gehe mit Barney in den Wald.

„Da, dort drüben, in Freiheit, wirst du eines Tages leben und du wirst mich vergessen haben, dich nicht an diesen Moment oder meine Liebe erinnern und das ist okay, denn dann habe ich alles richtig gemacht. Aber ich verspreche dir, dass ich genau hier stehen werde, wenn du deinen ersten Schritt in Freiheit machst, dass ich auf dich aufpasse und immer über dich wache. Ich werde da sein und wir werden uns wiedersehen! Ich verspreche es dir!"

Das sind meine letzten Worte, ehe ich mich von Barney trenne. Gefolgt von seinen lauten Schreien und von panischem Kreischen, steige ich in den weißen Truck. Claire gibt Gas. Im Rückspiegel werden die Tore der Farm immer kleiner.

Der Pakt

Ich erkenne die Straße, die ich vor zwei Wochen gefahren bin, kaum wieder. Viel zu verschwommen ist das Bild vor meinen Augen, denn selbst nach zehn Minuten kann ich mich noch immer nicht beruhigen. Völlig übermannt, kann ich nicht aufhören zu weinen. Dieses Gefühlschaos reißt mich einfach mit und mir bleibt keine andere Wahl, als alle Emotionen freizulassen. Im Wechselspiel atme ich schwer und langsam, dann wieder flach und hektisch. Immer wieder schließe ich die Augen, ehe ich ein jammerndes „Nein" hervorstoße. Aber wozu sage ich da nein? Zu meiner Heimkehr? Zu einer Rückkehr? Was ist richtig? Was ist falsch? Verdammt! Ich schüttle den Kopf, um das Chaos loszuwerden, aber sobald ein Gedanke verschwindet, drängt sich der nächste nach vorne.

Claire dreht das Radio etwas auf. Der Moderator spricht etwas von Motivation Monday, ehe er die schnulzigsten Balladen aller Zeiten spielt, angefangen mit Robbie Williams' *Angels*. Schnell schaltet Claire den Sender um, weil sie weiß, dass mir diese Musik emotional den Rest geben würde. Doch alle Sender scheinen heute in Liebeskummer-Stimmung, sodass sie das Radio abstellt und versucht, mich mit Small Talk abzulenken: „Was möchtest du in Kapstadt alles besichtigen?"

„Das Kap der Guten Hoffnung, Table Mountain, Lions Head, die Pinguine von Boulders Beach und ansonsten lasse ich mich überraschen", zähle ich auf und ziehe die Nase hoch.

„Cool", antwortet Claire, die bemerkt, dass auch dieses Ablenkungsmanöver scheitert.

„Bist du damals einfach hiergeblieben oder wiedergekehrt?", frage ich sie neugierig.

„Weder noch. Ich sollte nach der Arbeit mit Primaten in ein Projekt für den Schutz von Großkatzen. Dort angekommen stellte sich die Farm allerdings als Zuchtfarm heraus, die mit Großkatzen handelt. Ich hielt es für genau eine Nacht aus und bin dann zurück."

„Die Farm hieß nicht zufällig so wie meine oder?", frage ich schmunzelnd.

„Nein, sie hatte einen anderen komischen Namen. Nun ja, dann blieb ich für insgesamt drei Monate, bin für vier Wochen heimgeflogen und kam wieder zurück. Seitdem ist das hier mein zu Hause und mit Matt an meiner Seite ist das Leben perfekt!"

„Das glaube ich dir", lächle ich und beneide Claire leise um ihren Mut, der sie in ihr ganz persönliches Glück führte.

„Und du? Kommst du zurück?", zwinkert sie mir zu.

„Ich denke schon! Aber ich habe leider keine Ahnung, wann ich wiederkommen kann", seufze ich und mustere die schwarze Gummimatte unter meinen Füßen. Ich weiß nämlich wirklich nicht, ob ich mir die teure Flugreise in naher Zukunft nochmal leisten könnte.

„Am besten so bald wie möglich“, schlägt Claire schmunzelnd vor.

„Am besten würde ich gar nicht erst fahren“, korrigiere ich sie. Wieder verliere ich mich in meinen Träumen, hier zu leben, doch die Zeit dafür ist abgelaufen, die Chance vertan. Die Flüge können nicht storniert werden und da wir in diesem Moment auf dem Parkplatz des Flughafens halten, ist meine Entscheidung gefallen. Hier endet mein Abenteuer mit den Affen. Vorerst jedenfalls.

Zum Abschied umarmen Claire und ich einander. Ihre letzten Worte sind: „Lass uns nicht zu lange warten.“

Dann steigt sie in den Truck und fährt zurück an einen Ort, der dem Himmel sehr nah ist. Ich wiederum stelle mich am Check-in-Schalter an.

Dieser Flughafen ist so winzig, dass er genau zwei Schalter hat, von denen man direkt auf die Landebahn schauen kann, weshalb es hier auch keine Sicherheitskontrollen gibt. Ich gebe meinen Koffer ab und nehme auf einer Bank am Rollfeld Platz. Der Wind weht durch meine Haare und da ich noch gut eine Stunde Zeit habe, bis wir starten, nehme ich mein Tagebuch zur Hand und schreibe meine Gedanken nieder.

Liebes Leben,
vor vier Wochen bin ich in Südafrika angekommen und wenn ich nun zurückblicke, war das eine ganz schön chaotische Erfahrung. Ich bin froh, dass wir die Chance für eine Wende der Ereignisse bekommen haben und ich nach der holprigen Zeit am Anfang einen schönen Aufenthalt hier in Limpopo hatte. Zum Abschluss geht es nun nach Kapstadt, ehe ich zurück nach Deutschland fliege. Doch mein Herz sagt mir, dass ich hätte bleiben sollen. Es wäre verrückt, absurd, bescheuert und verdammt naiv gewesen, aber gleichzeitig auch abenteuerlich, mutig und befreiend. Ich bin traurig, dass ich es nicht gewagt habe, zu bleiben, aber ich verspreche dir und mir hier und jetzt, dass ich wiederkommen werde! Ich werde zurückkehren und Barney, Blossom, Toby, Khaleesi, Tina, Claire und Carly sehen. Ich

verspreche es! Und weil ich es ernst meine, schließe ich genau hier, am Flughafen von Phalaborwa, einen in den Sand geschriebenen Pakt.

Entschlossen stehe ich auf, greife nach einem kleinen Zweig und kritzele mein Versprechen in den sandigen Boden. Skeptisch begutachte ich meine kaum leserliche Kinderschrift: Nur mit Mühe kann man mein „Ich komme wieder!" entziffern. Dann drücke ich meine Hand in den Sand unter den Worten, mein Siegel, das Zeichen meiner Zustimmung und schließe die Augen. Als ich sie öffne, hat der Wind meine Zeilen bereits verweht und mein Versprechen fortgetragen. Ich atme tief ein und bin nun bereit zu fliegen, weil ich weiß, dass ich zurückkehren werde!

Liebeskummer in Kapstadt

Der Rückflug in der kleinen Propellermaschine gestaltet sich ebenso holprig wie der Hinflug. Ich bin überglücklich, als ich lebendig in Johannesburg lande. Da ich dort einen längeren Aufenthalt habe, ehe mein Anschlussflug nach Kapstadt geht, beschließe ich, mir die Zeit mit Bildern und Videos der Paviane zu vertreiben. Eine Welle der Melancholie überkommt mich, als ich mein erstes Affen-Selfie mit Barney entdecke. Gefolgt von dem Video, in dem er mit der grünen Paprika kämpft, dem Bild unserer ersten gemeinsamen Dusche, einem Schnappschuss von Angel und unzähligen Erinnerungen an die kleinen Freuden des stressigen Arbeitsalltages. Entzückt lache ich laut auf, als ich ein Bild von Tina entdecke, das ich während unserer Morgenroutine geschossen habe. Sie hat das Bild gehasst, aber sie schaut darauf so ulkig vor Glück, dass ich es einfach nicht löschen kann. Während ich ein Foto nach dem anderen durchsehe, sortiere ich alle Bilder mit Tina bereits in einen gesonderten Ordner, um ihr die Aufnahme später zukommen zu lassen. Zwei Stunden später habe ich alle Daten gesichert und es wird Zeit für mich, weiterzuziehen, denn der Flieger nach Kapstadt wartet.

Mit Affi geht es durch die Sicherheitskontrolle und dann zum Boarding. Die Maschine scheint nicht ausgebucht, weshalb alles recht zügig geht und ich schon eine halbe Stunde vor Abflug an meinem Platz sitze.

Es ist bereits dunkel draußen, als ich durch das kleine ovale Fenster auf die Startbahn blicke. In meinem Ohr singt Ed Sheeran sein sanftes Lied *Photograph*. Verträumt summe ich die beruhigende Musik leise mit, nachdem ich meinen Rucksack unter den Vordersitz geschoben habe, während die anderen Passagiere noch ihr Gepäck verstauen. Der Platz neben mir bleibt leer, weshalb ich die Füße hochlege und döse, bis wir nach einer kurzen Flugphase bereits zur Landung ansetzen. Zum Glück komme ich nicht nur sehr zügig aus dem Flugzeug, sondern erhalte meinen Koffer als eine der ersten. Cool, denke ich mir und folge den Exit-Schildern. Dabei kontrolliere ich nochmal meine Buchungsbestätigung: Sie informiert mich, dass mein Abholer in dem kleinen Wartebereich bei der Ankunft stehen wird, ein Schild mit meinem Namen in der Hand. Als ich jedoch durch die Schiebetür in jenen Bereich trete, kann ich keinen Fahrer finden. Ein Déjà-vu! Allerdings will ich den Teufel nicht direkt an die Wand malen und beschließe daher, mir ein wenig Nervennahrung in dem Laden mit den Süßigkeiten hinter dem Wartebereich zu kaufen. Ich freue mich wie ein kleines Kind, als ich mir meine bunte Wundertüte zusammenstelle und staune nicht schlecht über den stattlichen Preis, den der Verkäufer nach dem Wiegen verlangt. Nun gut, ich bin auch am Flughafen, da ist ja immer alles doppelt so teuer.

Mit meiner weiß-roten Tüte in der Hand nehme ich in der Wartehalle Platz und verputze eine saure Gummibärenstange nach der anderen. Die Zeiger der großen Uhr drehen sich immer weiter und als ich nach einer Stunde völlig alleine zurückgeblieben bin, rufe ich im Hotel an. Erschrocken teilt mir der Mann am anderen Ende mit, dass sie vergessen hätten, meinen Transfer zu organisieren. Peinlich berührt verspricht er mir, die bereits geleistete Zahlung dafür zu erstatten und empfiehlt mir im selben Atemzug, ein Taxi für die Fahrt zu nehmen, da Bus und Bahn um diese Uhrzeit bedenklich sein könnten. Vor allem, wenn man mit Koffern bepackt als Tourist aus der Menge sticht.

„Das klingt ja toll", murmele ich ein wenig eingeschüchtert auf Deutsch und begebe mich zum Ausgang. Dort hat eine Horde Taxifahrer scheinbar nur auf mich gewartet und überfällt mich nun mit Angeboten. Nur ein Fahrer, Mitte fünfzig, bleibt an seinem Wagen stehen, zieht gelassen an seiner Kippe und lacht rauchig, als er den „Überfall" beobachtet. Genau diesen frage ich, ob er mich zum Hotel bringen könnte.

Er nickt, wirft seine Kippe auf den Boden und lädt mein Gepäck in den Wagen. Dann reicht er mir die Hand und stellt sich vor: „Shawn. Freut mich dich kennenzulernen."

„Michi. Die Freude ist ganz meinerseits", grinse ich und gebe ihm einen Handschlag.

Kapstadt ist eine hektische Stadt, in der jeder nach seinen eigenen Regeln fährt und man scheinbar lieber hupt als bremst. Auch Shawn benutzt das Warnsignal in unserer vierzigminütigen Fahrt öfter, als ich in meiner bisherigen Karriere als versierte Autofahrerin. Zudem scheinen die Geschwindigkeitsbegrenzungen eher obligatorisch zu sein: Mit über 100 km/h rasen wir durch die Innenstadt. Mit starrer Miene sitze ich wie versteinert auf dem Beifahrersitz und halte mich an der Tür fest. Shawn ist dieses rasante Tempo gewohnt: Er macht während unserer Rallye keine Anstalten, sein Handy oder seine Zigarette beiseite zu legen.

„Bist du alleine unterwegs?", fragt er mich, als er seine Kippe ausdrückt.

„Ja."

„Mutig", schmunzelt er. „Hier in Kapstadt solltest du abends allerdings Acht auf dich geben und immer nur in einer Gruppe unterwegs sein. Ich will dir keine Angst machen, aber Vorsicht ist besser als Nachsicht und hübsche Frauen wie du sind nicht selten das Opfer sexueller Übergriffe. Also tu dir selbst einen Gefallen, kauf dir eine Packung Kondome und such dir Freunde."

„Äh“, sage ich verwundert und peinlich berührt von seiner direkten Art. „Wenn mir jemand zu nahe kommt, behaupte ich einfach, dass ich schlimmen Durchfall habe. Das schreckt die Männer mit Sicherheit ab! Oder?“, ziehe ich die rechte Braue hoch und grinse frech.

Shawn lacht herzlich und schmunzelt ein wenig, ehe er weiterspricht: „Durchfall hin oder her. Pass auf dich auf!“

Es erscheint mir wie ein Wunder, als wir mit einer Vollbremsung halten und Shawn mir mitteilt, dass wir da seien. Verwundert blicke ich aus dem Fenster: Dieses Haus mitten im Wohnviertel sieht ganz anders aus als das Hotel, das ich gebucht habe. Doch als mir ein großgewachsener Mann mit Brille entgegenläuft und sich mehrfach für die Unannehmlichkeiten entschuldigt, bin ich mir sicher, dass ich richtig gelandet bin.

Mit einer Umarmung verabschiede ich mich von Shawn. Der erinnert mich aufmerksam nochmals an die Sache mit der Verhütung. Ich nicke verlegen und verspreche ihm, gleich morgen Früh in eine Drogerie zu gehen.

Der Hotelier zeigt mir mein Zimmer, präsentiert mit einer perfekt einstudierten Rede die Aussicht aus den großen Fenstern, wo ich so viele Menschen, Lichter und Autos sehe wie seit Wochen nicht. Er erklärt mir dann die Stadtpläne auf dem Tisch, bevor er die Tür hektisch zuknallt und davon trampelt.

Erschöpft lasse ich mich mit Sack und Pack aufs Bett fallen und starre an die beige Decke mit der Stuckleiste. In diesem Moment wird mir bewusst, dass ich heute Nacht zwar in einem super bequemen King-Size Bett schlafen werde, aber morgen Früh kein Barney, kein Food Prep und kein Gestank auf mich warten. Stattdessen werde ich eine ausgiebige, warme Dusche erleben, die Stadt erkunden und faulenzen. Klingt eigentlich nicht schlecht! Und doch fühlt es sich irgendwie komisch an.

Irgendwann überkommt mich die Müdigkeit und ich schlafe zwischen meinem Gepäck, in voller Montur, die Füße vom Bett hängend ein. Erst die aufgehende Sonne, die durchs Fenster scheint, weckt mich am nächsten Morgen.

Den ersten Tag in Kapstadt verbringe ich mit einer Hop-on-Hop-Off-Tour per Bus, um mir einen Überblick über die Stadt zu verschaffen. Danach setze ich mich ans Meer, sammle Muscheln und schreibe all meinen Freunden, Bekannten und Verwandten, dass ich sicher angekommen bin. Zurück im Hotel, buche ich mir zwei Tagestouren und frage den Hotelier Neil, wo der nächste Supermarkt ist. Aus einer einfachen Frage macht Neil eine ganze Philosophie: Er zeigt mir jeden Laden im Umkreis von fünf Kilometern, sodass ich am Ende genauso schlau bin wie vorher. Wie ein waschechter Tourist navigiere ich mich dank Google Maps zu einem Supermarkt. Dort kaufe ich mir etwas Obst und ein paar Snacks. Als ich durch die Drogerieabteilung schlendere, muss ich an Shawn denken. Entgegen meines Versprechens decke ich mich nicht mit Verhütungsmitteln ein.

Den Abend verbringe ich auf dem Zimmer, durchforste nochmal all meine Aufnahmen und simse Tina, die allerdings nie auf ihr Handy schaut. Daher erhalte ich an diesem Abend kein Barney Update und schlafe ziemlich früh mit Affi im Arm zwischen zwölf Kissen und in drei Decken gehüllt ein.

An meinem zweiten Tag besichtige ich das Kap der Guten Hoffnung. Die Tour beginnt mit einer Bootsfahrt, auf der ich schmerzlich erkenne, dass aus mir wohl nie eine Matrosin werden wird: Während die anderen sich an Robbenkolonien und steilen Felswänden sattsehen, besichtige ich die Toilettenkabine von innen. Nach einer Stunde bin ich erlöst. Doch es dauert eine weitere Stunde, ehe ich nicht mehr permanent aufstoßen muss. Vom Hafen aus fahren wir ans Kap der Guten Hoffnung. Auch wenn die Tour wirklich spannend und unser Fahrer sehr nett ist, kreisen meine Gedanken permanent um Affen, Bananenberge und die Spaziergänge zum Fluss. Was Barney jetzt wohl macht? Wie geht es ihm ohne mich?

Der Tag vergeht wie im Flug und als wir am späten Nachmittag am Boulders Beach ankommen, sonnen sich die kleinen Pinguine in der Abendsonne. Ich lasse mich auf dem hölzernen Steg nieder.

Meine Beine baumeln in der Luft und ich entspanne etwas abseits, während der Rest der Gruppe sich für Fotos anstellt. Von meinem ruhigen Platz aus beobachte ich die Vögel, die ein bisschen ulkig wirken. Einer von ihnen, ein kleiner dicker Pinguin mit einem schwarzen Punkt unter seinem linken Auge, tapst auf mich zu und flattert wild mit den Armen, als er nur noch wenige Meter entfernt ist. Ich blicke ihn mit hochgezogener Braue an und überlege, was er da versucht. In dem Moment frage ich mich, ob Pinguine fliegen können und suche in den Tiefen meines Gehirns nach einer Antwort. Doch anders als für Haie, Giraffen und Krokodile hatte ich nie ein großes Interesse an Pinguinen, sodass ich schlichtweg über kein Wissen verfüge. Um ehrlich zu sein, sieht der Kamerad aber ziemlich bauchig aus: Ich halte es für unwahrscheinlich, dass er heute noch abheben wird.

Meine Gruppe kehrt langsam von ihrer Fotosession zurück und ich schließe mich ihr an, ehe unser Fahrer alle wieder zu ihren jeweiligen Hotels bringt. Den Abend genieße ich mit einer Apfeltasche, Affi und einem Roman im Bett. Mir ist nicht nach Altstadt, Partyleben oder Feiern. Am liebsten würde ich wieder am Lagerfeuer sitzen, singen und die Sterne beobachten, aber sobald ich auf meinen kleinen Balkon gehe, um den Nachthimmel zu beobachten, dröhnt der Verkehrslärm in meinen Ohren. Nicht ganz mein gewohntes Flair!

Die kommenden Tage verlaufen ähnlich. Ich besichtige den botanischen Garten, „Lions Head" – einen der Hausberge Kapstadts – und den Hafen. Tina schickt mir zwei Mal ein Update. Als ich in einem Café an der Waterfront sitze, traue ich mich schließlich zum ersten Mal einen Gedanken auszusprechen, der seit Tagen in meinem Kopf herumschleicht.

„Ich überlege zu bleiben", tippe ich in den Chat mit meiner Mutter. Prompt liest sie mir die Leviten. Ich hatte nichts anderes erwartet: Meine Eltern kommen vermutlich beinahe um vor Sorge, weil Südafrika für sie Armut, Kriminalität und tödliche Gefahren bedeutet. Ihre jüngste Tochter fliegen zu lassen, war schwer genug und ich bin mir sicher, dass meine Mutter seither die Tage zählt, bis ich wieder durch unsere weiße Haustür spaziere. Dennoch fühlt es sich erleichternd an, diese Worte endlich auszusprechen und den Gedanken zu Ende zu denken. Ich wäge alle Argumente ab, die dafür und dagegen sprechen. Ich sehe Barney. Ich sehe die Kosten, die auf mich zukommen. Ich stelle mir das behütete Leben, den Alltag in Deutschland vor. Die Bilder in meinem Kopf springen zwischen zwei Welten hin und her. Als ich die Internetseite meiner Fluggesellschaft öffne, um meinen Flug umzubuchen, kribbelt es mich im ganzen Körper. Trotzdem schließe ich das Buchungsfenster wieder und entscheide mich dagegen. Warum, weiß ich nicht genau. Es ist eine Mischung aus Angst, Verantwortung und schlechtem Gewissen den Menschen gegenüber, die auf mich warten.

Ich packe meinen Laptop in den Rucksack, zahle den Kaffee und spaziere gedankenversunken am roten Leuchtturm entlang der „V and A Waterfront“[12]. Immer wieder lese ich die Nachricht meiner Mutter. Immer wieder blicke ich auf das weite Meer. Die Frage nach meinem Sein keimt immer wieder in mir auf. Neben dem erdrückenden Gefühl von Schuld, meine Eltern zu enttäuschen, wenn ich nicht nach Hause komme, macht sich eine Angst breit, dass ich nicht meine Wahrheit lebe. Was, wenn die Antwort auf meine Frage genau hierin liegt? Wäre das des Rätsels Lösung? Wäre das überhaupt möglich? Ich als Affenschützerin Schrägstrich Schlangenbezwingerin Schrägstrich Indiana Jones Schrägstrich Abenteuer-Michi? Ich halte inne und blicke meinem Spiegelbild in die Augen. Kritisch mustere ich mich von oben bis unten. Eine Michi in meinen braunen Shorts, in meinem weißen Hippie-Top mit den goldenen Ringen sieht mir mit roten Lippen entgegen. Ich sehe heute so anders aus als im Busch, aber auch ganz anders als in Deutschland, wo ich immer nur Jeans und weiße Shirts trage.

12 Diese Uferpromenade ist nach Queen Victoria und ihrem Mann Albert benannt.

Gerade bin ich aber ein bunter Vogel, den mein Opa einen Landstreicher nennen würde. Verrückt und frei in den abgedrehten Klamotten, die sonst keiner tragen würde. Dieser Gedanke fühlt sich gut an. Genauso gut wie der Gedanke, mir ein altes Poo-Shirt überzuziehen und in Gummistiefeln durch Affenmist zu stapfen. Das bin ich. Vielseitig. Und seit ich hier bin, habe ich keine Angst mehr, diese Seiten zu zeigen, diese Seiten zu leben, dieses Mädchen, diese Frau, dieser Mensch zu sein.

„Verdammt, das bin ich!", lächle ich in mich hinein, berühre die Hand meines Spiegelbildes und erschrecke zu Tode, als ein skeptisches Gesicht im Glas auftaucht. Verwirrt blicke ich nach oben und sehe, dass ich vor dem Schaufenster eines Friseursalons stehe. Bei genauerem Hinsehen erkenne ich mehrere alte Damen mit Hauben oder Folienstreifen in den Haaren, die mich kritisch mustern. Verlegen grinse ich sie an und lache laut los, während ich weitergehe. Ich bin eine ganz schön verrückte Nudel!

Mit dem Rauschen der Wellen im Ohr lasse ich mich auf einer Bank nieder, von der aus ich zu meiner Rechten den Tafelberg sehe und zu meiner Linken das offene Meer. Kapstadt ist wirklich wunderschön, murmele ich, bevor meine Gedanken wieder bei meiner Heimreise sind. Ständig sage ich mir, dass ich die Tage genießen sollte, weil die Entscheidung gefallen ist, aber mein Inneres hadert so sehr mit meiner Abreise. Vielleicht ist all das auch nur, weil ich noch in Südafrika bin und mich gerade alleine fühle, vermute ich, doch als mein Handy aufblinkt und ich Bilder von Tina geschickt bekomme, bricht mein Herz: Ein Bild zeigt Barney und Blossom beim Herumtoben, ein zweites einen Truck voll mit schimmeligem Brot[13], ein drittes Gus beim Betonmischen. Die Bilder sind grottenschlecht fotografiert und teilweise verwackelt, doch im Grunde geht es nicht um das, was sie zeigen, sondern um das, was sie in mir auslösen: Trauer.

13 Gus nimmt jede Futterspende an, auch wenn seine Helfer*innen oft mehr als die Hälfte aussortieren müssen. Anders kann er die Farm nicht halten.

Heimweh. Liebeskummer! Ich sitze an einem der schönsten Orte der Welt und denke unentwegt an kleine Paviane und Affenkacke. Ist das normal? Mein Herz nickt. Mein Kopf widerspricht. Die Liebe sagt ja. Mein Verstand schimpft nein. Doch was soll ich nun tun: Gehen oder bleiben? Hatte ich denn nicht gerade erst eine Entscheidung getroffen? Wieso kann ich die nicht einfach akzeptieren?

Unter Tränen steige ich die Treppen ans Ufer hinab, atme tief ein und öffne meine Arme. Salziger Wind peitscht mir ins Gesicht und plötzlich beginnt es zu regnen. Ich blicke nach oben in den Himmel, der sich binnen Sekunden grau gefärbt hat. Über dem Tafelberg, dem Wahrzeichen von Kapstadt, liegt eine dicke Nebelschicht: Ein Unwetter braut sich zusammen. Alle Menschen packen ihre Sachen und flüchten, doch ich nehme auf dem kiesigen Strand Platz, beobachte das aufziehende Gewitter und finde im Auge des Sturms für einen Moment, für eine Sekunde, für einen Atemzug Ruhe. Ich sitze dort und weine einfach nur. Lasse all die Angst, all die Anspannung, all den Abschiedsschmerz los.

„Scheiß Liebeskummer", murmle ich schließlich, als ich bereits völlig durchnässt bin, packe meine Sachen und spüre für einen kurzen Moment eine Art Wärme im Rücken, obwohl ich ziemlich friere. Als ich mich umdrehe, ergießt sich dort jedoch nur der gleiche graue Regenschauer wie zuvor.

Zitternd erreiche ich das Hotel. Schon unter der warmen Dusche spüre ich, dass ich mir gerade vermutlich eine fiese Blasenentzündung eingefangen habe.

Follow your heart

Bitterlich weinend stehe ich am Check-in-Schalter des Kapstadter Flughafens. Die Schlange vor mir verkürzt sich stetig. Mit jeder Sekunde werde ich unruhiger: Noch immer habe ich keinen Frieden mit meiner Wahl getroffen und wünsche mir, einfach die Uhr anhalten zu können, um nachzudenken. Doch die läuft unaufhaltsam weiter und schließlich bin ich an der Reihe. Der Flughafen-Mitarbeiter mustert mich verwirrt, als ich ihm zitternd meinen Reisepass über den Tresen schiebe.

„Wo soll die Reise hingehen?", fragt er mich sanft lächelnd.

„Düsseldorf, Germany", sage ich kaum hörbar mit einem riesigen Kloß im Hals.

„Sind Sie sicher?"

Meine Unterlippe beginnt zu beben und mein Herz schreit: Jetzt oder nie! Ich könnte mein Gepäck auch nur bis Johannesburg schicken und mich dort nochmal entscheiden, ob ich bleiben oder nach Hause fliegen will. Bis dahin habe ich mich sicher entschieden und kann noch immer erneut einchecken, sofern ich genug Zeit dafür habe.

„Würde ich meinen Anschlussflug in Johannesburg bekommen, wenn ich dort nochmal neu einchecken müsste? Könnten Sie das einsehen?"

„Ich sehe nach", antwortet er und tippt in seinem Computer herum.

Dann schüttelt er den Kopf und verzieht nachdenklich das Gesicht.

„Es könnte eng werden. Wenn Sie den Anschlussflug wirklich bekommen wollen und schnell laufen können, würden Sie es vielleicht schaffen."

Ich blicke nachdenklich nach unten und ziehe die Brauen zusammen. Was soll ich nur tun?

„Ist es für die Liebe?", fragt mich der Mann hinterm Tresen plötzlich. Mit feuchten Augen beginne ich zu zittern, Tränen laufen meine Wangen hinab, ich nicke.

Langsam erhebt der Mann sich von seinem Stuhl, greift meine Hand und flüstert: „Folgen Sie Ihrem Herzen!"

Ich weiß, dass ich diesen Satz schon einhundert Mal gehört habe, aber noch nie hat er so sehr gepasst wie in diesem Moment. Es ist egal, wo mein Flieger hingeht oder welchen Weg andere für mich bereithalten. Es ist egal, ob ich es schaffen würde, erneut einzuchecken oder wie schnell ich laufen kann. Es ist egal, was mein Kopf mir sagt und was andere tuscheln werden. Es geht nämlich darum, meinem Herzen zu folgen und das schlägt nun mal für Affen in Südafrika. In diesem Moment der Erkenntnis kann ich wieder atmen. In diesem Moment erscheint alles so klar. In diesem Moment entscheide ich mich für mich. Ich schicke mein Gepäck nur bis nach Johannesburg, denn ich habe gar nicht erst vor, es wieder aufzugeben. Ich bleibe!

Mein Herz schlägt so laut, dass die Welt um mich still wird und dann hauche ich, erfüllt von Dankbarkeit für diesen Unbekannten: „Thank you!“

Erleichtert macht sich ein Lächeln auf meinem Gesicht breit, so strahlend wie die Sonne. Eine ganze Steinlawine purzelt von meinem Herzen. Mein Inneres fühlt sich so befreit an. Und all das nur wegen eines Menschen, der mich überhaupt nicht kennt. Grinsend greife ich nach der Hand des Mannes, drücke sie fest und nicke ihm zu.

„Von Herzen danke!“, wiederhole ich laut. Verträumt blicke ich auf mein Handy. Es zeigt ein Bild von mir und Barney im Babygehege.

„Ist er das?“, zwinkert der Mann hinterm Tresen mir zu.

„Ja“, lächle ich vertieft. Dann drehe ich mein Mobiltelefon um und zeige ihm ein Bild meiner großen Liebe. Beim Anblick des Fotos wird der Mann kreidebleich und starr. Er dachte wohl, ich würde für einen Mann dortbleiben wollen. Aber da hat er die Rechnung ohne Michi aus Deutschland gemacht.

„Sie sind verrückt!“, schüttelt er ungläubig den Kopf.

„Ich weiß“, grinse ich stolz. „Das bin ich!“

Selbstbewusst drehe ich mich um, kaufe mir eine heiße Schokolade und lasse die Bombe so sanft wie möglich platzen. Kritik, Ängste und Vorwürfe anderer hageln auf mich ein und auch wenn es mir leid tut, meine Eltern, meine Arbeit und meine Freunde zu enttäuschen, fühle ich keine Reue.

Nur ein Mensch schreibt mir, dass ich genau das Richtige gemacht habe. Er bestärkt mich und freut sich, dass es mir endlich gut geht. Mein damaliger Freund. Zwar haben wir seit meiner Abreise kaum voneinander gehört und entfremden uns immer mehr, aber dennoch ist er der Mensch, der mein Herz kennt und sieht. Denn auch wenn ich in den letzten Wochen gemerkt habe, dass er nicht meine große Liebe ist, so ist er garantiert mein bester Freund!

Lange bevor mein Flieger startet, schalte ich mein Handy in den Flugmodus, um dieses Gefühl, hier außerhalb meiner Komfortzone zu leben, genießen zu können. In meinem Inneren breitet sich etwas aus, was ich Lebensfreude nenne und plötzlich fällt es mir nicht mehr schwer, mich in diese Freude fallen zu lassen. Ich bin Lebensfreude! Überwältigt von diesem Gefühl schwelge ich in Gedanken über die vergangenen Wochen und nehme mein Tagebuch zur Hand, um noch mal durch meine Gefühle der vergangenen Wochen zu blättern. Nach einer unterhaltsamen Stunde mit einer gewaltigen Portion Selbsthumor, steige ich in den Flieger, der mich meinem Lieblingsort ein wenig näherbringen wird.

In Johannesburg angekommen, lasse ich mein Handy erneut eine ganze Weile ausgeschaltet. Statt meine Mails zu checken und mich mit den Vorwürfen der anderen rumzuschlagen, trinke ich eine Tasse Kakao und schaue in aller Ruhe, mit einem Gefühl von Frieden im Herzen, dem Flieger Richtung Düsseldorf beim Starten zu. Ich lächle, als er abhebt, wissend, dass ich heute nicht nach Hause fliegen werde. Im Gegenzug weiß ich aber auch, dass ich gerade viele hundert Kilometer von Barney entfernt bin, jetzt weder ein Flieger nach Phalaborwa startet noch ein Bus dorthin fährt und ich zu allem Übel nicht einmal einen Schlafplatz habe. Da es bereits dunkel ist, sollte ich den Flughafen besser nicht verlassen und so lasse ich mich mit Affi, meinem Rucksack und dem viel zu großen Koffer in der Wartehalle nieder.

„Was nun?", blicke ich den Stoffaffen an. Zuerst schreibe ich eine Mail an Gus, dass ich zurückkommen werde und versuche dann, Tina zu erreichen. Doch vermutlich ist das Internet oder der

Strom wieder ausgefallen, denn meine Nachricht an sie geht gar nicht erst durchs Kabel. Dann googele ich nach preiswerten Unterkünften in der Nähe. Allerdings finde ich nur ziemlich teure Hotels. In den billigeren Hostels erreiche ich niemanden. Langsam freunde ich mich mit dem Gedanken an, die Nacht am Flughafen zu verbringen. Die Zeit, die vorher so gerannt ist, fließt jetzt schleppend. Nach und nach schließen alle Geschäft um mich herum, Menschen verlassen das Gebäude und plötzlich bin ich fast alleine in diesem riesigen Airport.

Meine Augen werden müde und es fällt mir immer schwerer nicht einzunicken. Doch ich muss wach bleiben, um nicht beklaut zu werden, denn Johannesburg ist eine sehr kriminelle Stadt und gerade am Flughafen streunen immer wieder Taschendiebe und Betrüger herum. Als ich jedoch merke, dass ich mich nicht mehr auf den Beinen halten kann, schleppe ich mich zu den Toiletten, wo ich mich im Behinderten-WC einschließe. Der muffige Geruch stört mich nach zwei Wochen Affenzirkus glücklicherweise kaum und so klappe ich meinen Koffer auf und lege mich mit Affi im Arm auf mein Gepäck, um zu schlafen. Es dauert tatsächlich keine fünf Minuten und ich bin im Traumland angekommen: Bei meinen Affenfreunden!

Heinz

Ich reibe meine Augen und frage mich, woher dieses Poltern kommt, das mich gerade geweckt hat. Noch nehme ich meine Umgebung nur verschwommen war, doch mit jeder Sekunde schälen sich weiße Fliesen, ein Waschbecken und eine behindertengerechte Toilette besser aus dem verschwommenen Grau unter meinen Lidern. Ich atme schwerfällig aus und blicke auf mein Handy. Wir haben es halb zwei in der Früh. Wo bin ich nur?

Plötzlich hämmert es nicht nur gegen die Tür, sondern es dringen auch wütende Schreie in gebrochenem Englisch an mein Ohr.

Erst unverständlich, ergibt das Echo der Worte nach und nach einen Sinn: „Open the door! Security! Or we will call the police!"[14]

„Ach du Scheiße", sage ich und springe aus meinem Koffer. Hektisch schließe ich die Tür auf. Ein groß gewachsener Security-Mitarbeiter und eine Reinigungskraft marschieren auf mich zu. Der Mann brüllt dermaßen laut, dass ich kaum verstehe, was er schreit. Dann packt er mich hart am Arm und schiebt mich samt Koffer vor die WC-Tür. Noch ehe ich verstehe, was hier geschehen ist, kommt mir sein Gesicht ganz nah, zu nah! Drohend zischt er: „Next time police!"[15]

Benommen nicke ich. Die Tür der Toilette knallt von außen zu und ich stehe total verschlafen und total durcheinander auf der Stelle. Es dauert eine Weile, bis ich das Geschehen der letzten Minuten verarbeitet habe. Hier kann ich mich definitiv nicht mehr hinlegen, soviel steht fest. Also muss Plan B herhalten: Übermüdet raffe ich auf, was aus dem Koffer gefallen ist, stopfe es wieder hinein und schließe den Koffer. Mit Sack und Pack laufe ich die dunklen Schaufenster der Flughafengeschäfte entlang: Eine sehr müde Michi spiegelt sich in den Scheiben. Als ich in der Wartehalle ankomme, sind dort nur zwei Menschen zu sehen. Erschöpft lasse ich mich in einer komplett leeren Stuhlreihe nieder, Auswahl ist ja genug. Ich lege mein Gepäck auf die Stühle, bleibe aber selbst stehen, um ja nicht einzuschlafen. Trotzdem fallen meine Augen immer wieder zu. Ich atme tief ein und aus, um meinen Körper irgendwie wach zu halten. Um die Zeit totzuschlagen, checke ich immer wieder meine Mails und Nachrichten. Weder Gus noch Tina haben mir geantwortet.

„So ein Mist!", fluche ich, lege meinen Kopf in den Nacken und schnaube wie ein Pferd. Was, wenn es doch ein Fehler war, meinen Flug sausen zu lassen? Wenn ich nie wieder heil bei Barney ankomme? Wie soll es denn nur von hier aus weitergehen? Einen Flug

14 Öffnen Sie die Tür! Sicherheitspersonal! Andernfalls rufen wir die Polizei!
15 Nächstes Mal Polizei!

kann ich mir nicht leisten, aber Bus und Bahn könnten gefährlich sein, weil mein Gepäck laut ruft: „Hallo, Touristin unterwegs zum Ausrauben!" In diese Diskussionen mit mir selbst vertieft, bemerke ich weder, dass ich laut denke, noch, dass direkt neben mir ein Mann Platz genommen hat. Daher erschrecke ich ziemlich, als ich in ein lächelndes, von grauen Haaren umrahmtes Gesicht mit kurzem Bart blicke.

„Alles okay?", fragt er mich. Ich schaue ihn entgeistert an: Er spricht Deutsch! Vor Erstaunen kommt nicht mehr als ein langes „Ähhh" als Antwort über meine Lippen. Der Mann hebt seine Braue und schaut mich fragend an.

Ein „Ja" stolpert aus meinem Mund, obwohl nichts okay ist.

„Das sieht aber anders aus", widersprechen mir die Lippen zwischen dem grauen Bart. „Ein junges, deutsches Mädchen sitzt mitten in der Nacht und ganz alleine am Flughafen einer der gefährlichsten Städte der Welt und führt Selbstgespräche. Unterbrich mich, wenn ich mich täusche, aber normalerweise ist in solchen Situationen nicht alles okay."

„Es ist kompliziert", gebe ich zu, fühle mich ertappt und blicke den Mann verlegen an.

„Okay. Fangen wir mal von vorne an. Ich bin Heinz", sagt er und reicht mir die Hand.

„Ich bin Michi", schlage ich ein. Heinz erzählt mir, dass er ein Hostel in Johannesburg betreibt und auf zwei Backpacker wartet, die innerhalb der nächsten zwanzig Minuten hier ankommen sollen. Außerdem bietet er mir an, mich mitzunehmen. Für umgerechnet 15 Euro kann ich in einem gemischten Schlafsaal übernachten. Er kennt die Busverbindungen und er verspricht, mich morgen früh zum Bahnhof zu fahren, wo ich den Bus nach Tzaneen[16], einer Stadt in der Nähe von Phalaborwa, nehmen kann.

16 Tzaneen ist ein Verwaltungssitz in der südafrikanischen Provinz Limpopo und liegt etwa 400 km nordöstlich von Johannesburg. Phalaborwa ist etwa 120 km westlich von Tzaneen.

Ich überlege für zehn Sekunden. Schlimmer als das Behinderten-WC kann ein gemischter Schlafsaal unter keinen Umständen sein. Da Heinz mit seinem schwäbischen Akzent und seiner typisch deutschen Kombination von Sandalen und Socken sehr sympathisch wirkt, nehme ich seinen Vorschlag an. Obwohl die Backpacker, anders als vereinbart, nicht eintreffen, folge ich Heinz zu seinem Van. Für eine Sekunde spielt sich in meinem Kopf ein absolutes Horrorszenario ab, weil mir plötzlich der Film *Hostel* durch den Kopf schießt – ein amerikanischer Gewaltschocker voller Folterszenen in der Kellerkulisse eines Hostels. Doch ich vertraue meinem guten Gefühl, lade meinen Koffer ein und ziehe die Tür des schwarzen Kleinbusses zu.

Das Hostel

Wir verlassen das Parkhaus des Flughafens. Es ist fast zwei Uhr nachts. Die Straßen Johannesburgs sind mehr oder weniger verlassen. Heinz dreht das Radio auf und summt leise mit.

„Brauchst du noch was?", fragt er und deutet auf ein blau leuchtendes Tankstellenschild. Ich überlege einen Moment und grinse, als mir in den Sinn kommt, worauf ich jetzt wirklich große Lust habe!

„Wenn du schon so fragst. Ja: Gummibärchen!"

„Um die Uhrzeit?", lacht Heinz laut auf. „Meine Frau sagt zwar immer, dass Kohlenhydrate nach fünf auf die Hüfte gehen, aber du kannst ruhig noch was vertragen!"

Er setzt den Blinker und wir biegen in die holprige Einfahrt ab. Das Neonlicht in der Tankstelle flackert. Eine gelangweilte Bedienung feilt sich die Nägel. Als ich in den Laden hüpfe, zwei Packungen Gummibärchen auf die Theke lege und ein nettes Lächeln dazu, schaut sie noch immer so genervt und ausdruckslos wie zuvor. Vermutlich würde ich auch so leer gucken, wenn ich Nachtschichten an einer Tankstelle schieben müsste, denke ich.

Nun fahren wir ohne Umwege ins Hostel und Heinz zeigt mir meine Zimmertür. Da alle schlafen, erklärt er mir an der Schwelle, welches Bett in diesem 24-Personen-Schlafsaal noch frei ist. Bestenfalls soll ich das dritte Bett auf der rechten Seite nehmen, denn sonst könnte es passieren, dass ich mich zu einem fremden Mann lege. Ich nicke und bin heilfroh, gleich schlafen zu können. Endlich! Da mein Bus morgen um 9:15 Uhr startet und ich noch ein Ticket kaufen muss, empfiehlt Heinz, um 8:15 Uhr loszufahren.

„8:15 Uhr an der Rezeption?", frage ich nochmal zur Sicherheit. Er nickt und geht seiner Wege.

„Heinz?", flüstere ich, als er schon ein paar Meter entfernt ist.

„Ja?", dreht er sich fragend um.

„Danke!"

Ich versuche die knarrende Holztür so leise wie nur möglich zu öffnen, doch als mich ein vielstimmig schnarchender Chor begrüßt, bin ich mir sicher, dass ich hier laut wie ein Elefant trampeln und tröten könnte, ohne einen der Schläfer zu wecken. Dennoch husche ich auf Zehenspitzen zu meinem Bett, schmeiße Affi aufs Kopfkissen und lege mich in voller Montur hin. Es gelingt mir, erstaunlich schnell einzuschlafen, obwohl hier gefühlt zwanzig schwer alkoholisierte Männer schnarchen.

Nach nur vier Stunden Schlaf fühle ich mich am nächsten Morgen erstaunlich fit. Als ich aufstehe, regt sich noch keiner der anderen. Das ist mir nur Recht, denn Toilette und Dusche befinden sich ebenfalls direkt im Zimmer. Beides ist nur durch einen mehr oder weniger transparenten Vorhang abgegrenzt.

„Augen zu und durch, Michi, die schlafen alle!", mache ich mir Mut und stelle mich unter die eisige Dusche, die gefühlt noch fünf Grad kälter ist als die der Farm. Im Affentempo wasche ich mich. Nach rund zehn Minuten bin ich gekämmt und gestriegelt. Alle anderen Gäste schlummern noch immer tief und fest, was mich beruhigt. Eine Toilette werde ich mir dennoch woanders suchen.

Lächelnd packe ich meine Sachen zusammen und schleiche nach draußen, wo Heinz bereits auf mich wartet. Nach einer Tasse

Kaffee tragen wir mein Gepäck zu einem zweiten Wagen, einem älteren, silbernen Mercedes mit getönten Scheiben.

„Ganz schön stark", kommentiert Heinz, als ich mein Gepäck ohne Anstrengung in den Kofferraum hieve.

„Waschechte Muckis", präsentiere ich ihm die kleine Beule auf meinem Oberarm, meinen winzigen Bizeps. Er lacht und klopft mir wortlos auf die Schulter, bevor wir einsteigen und losfahren. Die Fahrt zum Bahnhof dauert gute zehn Minuten. Die Bushaltestelle ist heruntergekommen und wirkt wenig einladend. Gruppen von Jugendlichen und Männern lungern davor herum. Nicht gerade vertrauenserweckend. Heinz fährt mich so nah wie möglich an den Eingang.

„Okay", beginnt er und drückt seine Kippe aus. „Ich lade jetzt dein Gepäck aus. Dann gehst du unverzüglich in das Gebäude. Du schaust nicht nach links und nicht nach rechts. Drinnen finden seltener Überfälle statt. Lass keines deiner Gepäckstücke los. Nimm dein Handy nicht heraus, auch nicht im Gehen. Diese Bushaltestelle ist sehr, sehr gefährlich! Sei vorsichtig!"

Ich schlucke. Zum ersten Mal, seit ich in Südafrika angekommen bin, fühle ich mich wirklich unsicher. Heinz lädt mein Gepäck aus. Ich spüre viele fremde, abschätzende Blicke auf mir. Glücklicherweise sind es nur rund 50 Meter bis zum Eingang, doch selbst im Gebäude ist höchste Vorsicht geboten. Heinz bemerkt meine Anspannung und versichert mir zu warten, bis ich drinnen bin, um mir im Notfall beispringen zu können. Ich bedanke mich und umarme ihn zum Abschied.

„Du bist verrückt", schnaubt er.

„Ich weiß", grinse ich verlegen.

„Mach's gut, verrücktes, deutsches Mädchen", klopft er mir zum Abschied auf die Schulter und steigt in seinen Wagen. Affi und ich machen uns auf den Weg, während Heinz mit Kippe im Mund und runtergelassenen Scheiben ein Auge auf mich hat – wie mein privater Bodyguard! Bevor ich durch die Schiebetür gehe, drehe ich mich ein letztes Mal um und lächle den graubärtigen Mann voller

Dankbarkeit an. Er nickt mir lächelnd zu, fährt die dunkel getönten Scheiben hoch und braust davon.

In dem großen Gebäude angekommen, blicke ich mich erst einmal um, um mich zu orientieren. Die Busse starten eine Etage tiefer. Dort bekomme ich auch mein Ticket. Heinz sagte, dass ich den „Trans Lux Bus" nach Tzaneen buchen soll, daher stelle ich mich in die Schlange des Busunternehmens mit dem leuchtend roten Logo und warte geduldig, bis ich an der Reihe bin. Am Schalter angekommen, bestelle ich mein Ticket, was beinahe reibungslos abläuft: Der Mann am Ticketschalter spricht kaum Englisch. Unter seine schiefen Sätze mischt er immer wieder Worte einer Sprache, der ich nicht mächtig bin. Mit Händen und Füßen erkläre ich ihm, wo ich hinmöchte und er stellt mir ebenso bemüht wie verwirrt mein Ticket aus. Erleichtert setze ich mich bis zur Abfahrt in den überwachten Wartebereich. Geschafft! Als mein Bus vorfährt, springen alle Menschen auf und drängeln sich nach vorne, weshalb ich beschließe, noch ein wenig sitzen zu bleiben, bis der Andrang sich aufgelöst hat. Die Passagiere sind eine bunte Gruppe aus Familien, Alleinreisenden, Jugendlichen und Senior*innen. Keiner von ihnen fällt auf und auch ich würde gut ins Bild passen, wäre ich keine weiße, vollbepackte Touristin: Als ich mit Kuschelaffe und Koffer an den Fahrer herantrete, mustert er mich durchaus kritisch. Auch beim Einsteigen in den Bus ernte ich aus allen Reihen skeptische Blicke. Ich versuche, sie mit einem unsicheren Lächeln abzuwehren. Zum Glück ist in einer der letzten Reihen Platz für mich. Ich lasse mich auf einen Sitz fallen und atme erleichtert aus.

„Ich bin auf dem Weg", nuschle ich leise, stecke mir die Kopfhörer in die Ohren und schließe die Augen. Jetzt kann vorerst nichts mehr schiefgehen, denke ich. Zwar habe ich noch immer keine Antwort von Gus oder Tina und weiß daher auch nicht, wie ich von Tzaneen aus weiterkommen soll, aber die ersten fünfhundert Kilometer sind bald geschafft. Warum sollte ich die letzten einhundert nicht auch noch schaffen?! Ich bin auf meinem Weg, der sich nach und nach, Schritt für Schritt, ebnet. Alles was mir bleibt, ist darauf zu vertrauen, dass mein Herz den Weg kennt! Bisher hat es jedenfalls Recht behalten, auch wenn es mir gerade die chaotischste Nacht meines Lebens beschert hat.

Aus Übermüdung habe ich mein gesamtes Gepäck, abgesehen von meinem Affen und meinem Handy, in die Ladefläche unten im Bus gepackt. Zwar bin ich mir nicht sicher, ob Koffer und Rucksack dort sicher sind, aber so kann ich nun immerhin ein wenig schlafen. Vorsichtshalber schiebe ich mir das Handy in den BH und umklammere Affi. Mein Kopf lehnt an der Scheibe. Nach und nach verschwimmt die asphaltierte Straße vor meinen Augen. Ich nicke ein.

Nach zwei Stunden weckt mich eine Hand auf meiner Schulter. Wir haben einen Stopp gemacht und der Fahre kontrolliert nun erneut unsere Fahrkarten, damit sich kein blinder Passagier an Bord befindet. Ich nehme das Ticket aus meiner Hosentasche und er nickt kurz, ehe er zurück ans Lenkrad geht und weiterfährt. Kaum erwacht, döse ich wieder ein.

Nach der Hälfte der Strecke legen wir eine größere Pause ein. Netterweise lässt der Fahrer mich an mein Gepäck: Ich kann mir etwas Geld aus meiner Tasche nehmen. An der Raststätte decke ich mich mit Getränken und Snacks ein, um die restlichen drei Stunden Fahrt totzuschlagen. Nur noch 250 Kilometer! Immer wieder aktualisiere ich meine Mails: keine Antwort von Gus oder von Tina! Langsam beunruhigt mich dieses Schweigen und ich mahne mein Herz, nochmals im Navi nachzusehen, ob es mich gerade wirklich richtig leitet. Schließlich lache ich über mein unruhiges Selbst, nehme einen Schluck von meiner glänzend blauen Limonade und vertrete mir noch ein wenig die Beine. Die Sonne scheint mir ins Gesicht, und als ich mich auf der Bordsteinkante niederlasse, weiß ich: Was auch immer kommen mag, ich bin glücklich, dass ich geblieben bin!

Die letzten Kilometer fahren wir entlang der Berge. Ich wünschte, ich könnte jetzt nochmal die Augen schließen und schlafen: Obwohl es links von uns einen steilen Abhang heruntergeht, rast unser Fahrer die Serpentinen hinab, als würde er einen kleinen Käfer steuern. Jedes Mal, wenn uns ein anderes Auto entgegenkommt, legt er eine Vollbremsung hin. Jedes Mal halte ich den Atem an und bete, dass dies nicht meine letzten Sekunden sind. Wenn ich schon in Südafrika sterben soll, will ich wenigstens von einem Löwen gefressen werden, nicht mit einem Bus verunglücken. Mein Herz pocht so stark, dass es die Musik aus meinen Kopfhörern übertönt. Es beruhigt sich erst wieder, als wir an der Bushaltestelle von Tzaneen anhalten und ich endlich austeigen kann.

Und was sehe ich als erstes? Einen Arbeiter von Gus' Farm mit dem vertrauten, alten, weißen Pick-up! Auf der Ladefläche sitzen Jack und ein Mädchen, das ich noch nicht kenne. In diesem Moment plumpst mir ein dicker, fetter Felsbrocken vom Herzen und ich falle allen um den Hals. Ich habe es tatsächlich geschafft!

„Was machst du denn hier?", fragt Jack mich entgeistert, als ich mein Gepäck unter dem Bus hervorhole.

„Ich bin zurück!", rufe ich laut und strahle vor Freude.

„Wie? Wo? Was?", fragt er verwundert. Beflügelt erzähle ich ihm von meiner Zeit in Kapstadt, meinem Liebeskummer, meiner Last-Minute-Entscheidung am Flughafen und der letzten Nacht. Entgeistert schlägt er die Hände überm Kopf zusammen und schaut mich an, als würde ich ihm gerade ein Märchen schildern.

„Wie konntest du zu einem fremden Mann in einen schwarzen Van steigen? So beginnen alle Vergewaltigungen, Entführungen und Morde! Mensch, du musst auf dich achten!"

„Ich habe ihm vertraut", zucke ich mit den Achseln und lächle, um Jack zu beruhigen. Doch der schüttelt nur fassungslos den Kopf, während ich den Fahrtwind, die Sonne, die Luft, einfach alles und jeden um mich herum genieße. Eine tiefe Dankbarkeit erfüllt mich. Auch wenn ich gerade vor Aufregung springen könnte wie ein Gummiball, bin ich ganz ruhig und besonnen, für einen Augenblick in mich gekehrt und verweile in einem Gefühlscocktail aus Liebe, Vertrauen und Dankbarkeit.

Doch als Jack das Tor zur Farm öffnet und wir hindurchfahren, kann ich mich kaum noch halten. Jetzt bin ich ein Gummiball. Schon bevor wir richtig angehalten haben, springe ich vom Pick-Up, renne an das Babygehege, um zwei Meter davor abrupt zu bremsen. Mein Herz versetzt mir einen Stich. Mein ganzer Körper kribbelt. Plötzlich schießen mir Tränen der Erleichterung in die Augen und ich fühle mich so erlöst und frei.

„Ja, ich habe es geschafft!", schluchze ich. Langsam gehe ich auf das Gehege zu und weine wie eine Braut an ihrem Hochzeitstag – oder schlimmer. Barney sieht mich nicht sofort. Mir bleiben wenige Augenblicke, um das Bild, das sich mir bietet, einfach zu genießen. Da ist er! Mein kleiner Mann, mit den goldenen Augenbrauen und den noch immer viel zu dünnen Ärmchen, wie er sich den drahtigen Zaun unbeholfen entlang hangelt und versucht, mit den anderen Affenkindern mitzuhalten. Er wird besser, schmunzle ich! Und eines Tages wird er alle einholen.

Als Barney mich wahrnimmt, bleibt er wie versteinert stehen. Seine dunklen Augen fixieren mich ungläubig. Für wenige Sekunden verharrt der kleine Mann stocksteif. Doch dann dämmert es ihm, dass ich wirklich und leibhaftig vor ihm stehe. Hektisch schreiend, quietschend vor Freude und vor Glück pinkelnd springt er in meine Richtung. Als ich die Tür öffne, klammert er sich an mich und beginnt zu giggeln.

„Ich habe dich auch so vermisst", halte ich sein kleines Köpfchen und schwinge ihn in meinen Armen hin und her. Ich rede wie ein Wasserfall und auch Barney hört nicht auf zu giggeln. Als würden wir beide unsere jeweilige Sprache perfekt verstehen, tauschen wir uns aus.

Erst nachdem wir diese kurzen Momente für uns hatten, fallen mir alle Menschen auf der Farm um den Hals. Wir lachen und weinen und ich feiere die Party meines Lebens – ganz ohne Musik, Alkohol oder hohe Schuhe. Eine Dankbarkeitsparty der Lebensfreude. In diesen Augenblicken fühle ich mich, als stünde die Zeit still. Als ich in all die strahlenden Gesichter blicke, die sich nur für mich freuen, breche ich innerlich zusammen: Ich bin überwältigt, kann mich nicht halten und muss mich setzen. Tränen laufen meine Wangen hinab und niemand wundert sich darüber, denn sie alle wissen: Ich weine vor Glück. Es sind Freudentränen!

Die kommenden Stunden sind so magisch, dass ich nicht mehr sagen kann, was genau eigentlich passiert ist. Ich weiß nur, dass ich den Nachmittag in der Sonne, unter freiem Himmel mit Barney und den anderen verbracht habe. Für Außenstehende ist nichts Besonderes vorgefallen, aber die Gewissheit, dass dieses Leben mich zurückhat und dass ich dieses Leben zurückhabe, fühlt sich an wie eine Droge, eine Betäubung, ein Rausch. Ja, meine Ängste und Sorgen sind betäubt, während ich durch Liebe und Lebensfreude rausche.

Als ich an diesem Abend vollgepinkelt unter der Dusche stehe, veranstalte ich mit mir selbst noch einen ganz persönlichen Freudentanz, winke den wilden Affen zu und werfe ihnen sogar mein Top entgegen. Das große Männchen, mit dem ich mich beim letzten Mal angelegt habe, ergreift es gierig und geht bereits in die Kampfhaltung, doch ich grinse ihn nur an: „Wenn es dich glücklich macht, behalt es einfach!"

Dann tanze ich weiter, als gäbe es kein Morgen und spüre das Leben in jeder Faser meines Körpers.

Heimkehr

In vier Decken gehüllt sitze ich auf meinem Bett unter der Dachschräge und zeichne eine Lebenslinie der letzten drei Monate: Ein chaotisches Auf und Ab liegt hinter mir. Noch immer zittere ich am ganzen Körper bei der Erinnerung daran, wie ich im Löwenkäfig eingesperrt war. Ich lächle, wenn ich an Clumsys Pippiattacken denke und schmunzle mittlerweile sogar über die Narbe an meinem linken Bein, die von Mickys Bissen geblieben ist. Mein Herz tanzt vor Freude, wenn ich an diesen einen Moment am Flughafen denke und ich kann mich kaum halten, sobald ich die Bilder von meinem kleinen Barney anschaue. Wie verrückt war ich nur, mit einem Fremden quer durch eine gefährliche Stadt zu trampen? Wie wahnsinnig, diese ungeplante, unsichere Busreise anzugehen? Kopfschüttelnd fällt es mir noch immer schwer zu glauben, welches Abenteuer hinter mir liegt.

Die letzten Wochen auf Gus' Farm waren ein Traum: anstrengend, wunderschön und viel zu schnell um. Nachdem Barney in meiner ersten Woche mehr und mehr zu giggeln begann, kletterte er in der zweiten Woche von alleine auf Büsche und kleine Bäume. Jeden Tag machte er Fortschritte und wurde mutiger. Einmal klaute er mir sogar meine Zahnbürste beim Duschen, um vor mir wegzulaufen und mit ihr im Matsch zu wühlen – glücklicherweise packe ich immer Ersatz ein.

Nach drei Wochen zeigte ich Barney, wie man schwimmt oder eher wie man ins Wasser springt. Denn obwohl Paviane eigentlich absolute Wasserratten sind und von Natur aus schwimmen können, sträubte sich der kleine Mann. Also musste ich mit ihm in den Pool springen. Völlig beleidigt flüchtete er vor mir und ließ sich von Jagger, dem großen, angriffslustigen Pavian, zurück zum Gehege tragen. Diese Erfahrung war eine bittersüße Mischung aus Stolz und Wehmut für mich: Dass Barney Schutz bei seinesgleichen suchte, war ein gutes Zeichen. Tags darauf sprang er dann von alleine ins kühle Nass.

In der vierten Woche legten Tina und ich einen morgendlichen Freudentanz hin! Barney hatte endlich so viel zugenommen, dass er nicht mehr im bedenklichen Untergewicht war. Zur Feier des Tages gab es für den kleinen Mann Ananas, Trauben und Marulas.

Meine vorletzte Woche stand für Barney ganz im Zeichen des Erkundens. Es hielt ihn nichts mehr bei mir. Er lief ständig fort und verbrachte zum ersten Mal Zeit im Gehege bei den größeren Pavianen, die ihn liebevoll aufnahmen. Dennoch war er immer heilfroh, wenn ich ihm für den Mittagsschlaf ein ruhiges Plätzchen in meinen Armen schenkte.

In meiner sechsten und letzten Woche begann Barney, sich mit einer anderen Helferin namens Becky anzufreunden. Becky wollte für sechs Wochen bleiben. So stark mein Gefühl von Liebeskummer war, wenn ich daran dachte, dass mein kleiner Prinz sich anderen Menschen anvertraute, so sehr war es an der Zeit, dass er eigenständig wurde. Und so glücklich war ich, dass er endlich aus sich heraus kam.

Am Ende meiner Reise hatte Barneyboy kaum noch etwas mit dem panischen Bündel vom Anfang gemein. Auch wenn es mein Herz erneut brach, als ich ihn zurücklassen musste, so wusste ich doch, dass es nun ein guter Moment war, um zu gehen. Er würde essen, er würde wachsen, er würde alleine klarkommen und dieses Leben als gesunder, glücklicher und eines Tages als freier Affe erleben! Wir hatten ihn durchgebracht und ihm damit das größtmögliche Geschenk gemacht: eine Zukunft als wilder Pavian.

„Du hast ihn gerettet", waren Gus' Worte zum Abschied. Sie erfüllen mich noch immer mit Glück. Noch nie habe ich etwas Sinnvolleres getan, als drei Monate am anderen Ende der Welt zu arbeiten, um jemandem das Geschenk des Lebens zu machen!

Genau deswegen bin ich mittlerweile unendlich glücklich darüber, dass wenig an dieser Reise nach meinen Vorstellungen verlaufen ist. Niemals wäre ich verrückt genug gewesen, mir auszumalen, dass ich einen Flug sausen lasse, auf einer Behindertentoilette nächtige, zu einem Unbekannten ins Auto steige, nur um zu meiner kleinen, großen Liebe zu gelangen – einem Affen! Nein, hätte ich die Wahl gehabt, hätte ich meine Abenteuerreise ganz anders geschrieben. Zum Glück hielt nicht ich, sondern das Leben die Fäden in der Hand. Es hat mich auf einen Weg gebracht, den ich sonst nie gegangen wäre: den von meinem Kopf zurück in mein Herz.

Denn nur, weil alles chaotisch, verrückt, enttäuschend und wundervoll verlaufen ist, kenne ich die Melodie des Windes und weiß wie Lebensfreude schmeckt. Nur deswegen kann ich Liebe riechen und mit geschlossenen Augen sehen. Blicke ich auf mein Leben zurück, wollte ich immer die Kontrolle über alles haben, um mich genauso zu fühlen: erfüllt, voller Liebe und im Einklang mit mir selbst. Ironischerweise fand ich all das, als ich begann, dem Unbekannten zu vertrauen. Nun kann ich mir endlich die alles entscheidende Frage beantwortete: Wer bin ich und wer will ich sein?

Liebes Leben,
hier sitzen wir nun. An derselben Stelle wie vor einigen Monaten: in meinem Kinderzimmer auf dem 1,40 m breiten Bett unter der Dachschräge. Damals habe ich dich gefragt, wer ich wohl bin. Doch anstatt mir einfach einen Post-it mit der Antwort an die Tür zu heften, hast du mich auf eine Reise geschickt. Eine Reise ans andere Ende der Welt, zurück zu mir und meinem wahren Ich. Eine Reise, auf der ich nicht nur Erfahrungen gesammelt, sondern auch Erinnerungen wiedergefunden habe: Die Erinnerungen an den Klang meines Herzens und die lebensfrohe Michi, die ich einst war und jetzt wieder bin.

Blicke ich zurück, hat meine Suche, mein Abenteuer oder mein Weg schon viel eher begonnen und ich möchte dir heute einfach nur danken. Gemeinsam haben wir meine Phasen als freche Räubertochter, Rebell, Streberin, Model und Suchende überwunden. Du warst da, als ich meine Hausaufgaben nicht mehr machen wollte und auf niemanden gehört habe. Du warst da, als ich rebelliert habe, die Schule wechseln musste, nur um mich am neuen Gymnasium um 180 Grad zu drehen und Klassenbeste zu werden. Du warst da, wenn ich mich traurig und alleine gefühlt habe, daran zweifelte, richtig oder gut zu sein und mich immer wieder fragte, wer ich eigentlich bin. Du hast alle meine Verwandlungen mitgemacht, mit mir vor der Kamera gestanden und das Cover von Zeitschriften geziert. Dabei hast du gemerkt, dass all das nie mein wahres Ich war, sondern immer die Meinung anderer, die ich aufgeschnappt und umgesetzt habe, um mich „richtig" zu fühlen. Ich habe solange die Erwartungen und Träume anderer gejagt, bis ich mich völlig verloren hatte. Dann hast du gesagt „jetzt reicht's" und mir die gelbe Anzeige in meinen News Feed gespielt. Mit ihr hast du mich an die kleine Michi erinnert, die sich unendlich viele Tierdokumentationen angeschaut hat und immer am anderen Ende der Welt durch Büsche und Sträucher jagen wollte. An die Michi, die sich nie gefragt hat, was andere von ihr erwarten, wer sie sein soll und ob sie gut genug ist. Diese kleine Michi hat ganz einfach das Leben gelebt, das sie geliebt hat. Und sei es, dass sie Käfer gesammelt, Matsch gegessen und jede Blume, jeden Stock und jeden Stein bewundert hat. Sie hat einfach gelebt, um glücklich zu sein. Vielleicht ist genau das dein Geheimnis, mein Leben? Es geht nicht darum, jemandem nachzueifern, der besonders ist oder bewundert wird. Es geht nicht darum, es jemandem Recht zu machen, der von dir erwartet, dein Leben nach seinen Idealen zu leben. Es geht auch nicht darum, in jemandes Fußstapfen zu treten, sondern darum, an uns selbst zu wachsen, unseren eigenen Weg zu gehen und ein Mensch zu werden, der strahlt – von innen und vor Glück!

Denn erst, wenn wir aufhören uns zu fragen, wer wir sind und wer wir sein wollen, sind wir voll und ganz im Hier und Jetzt, befreit und mit uns selbst im Reinen. Die Antwort auf die Frage „Was will ich werden?" lautet nämlich ganz einfach: glücklich.

Nie war ich glücklicher, als in jenem Moment, in dem ich entschied, ich selbst zu sein: unbändig, wild und frei.

Epilog

Bitterlich weinend stehe ich am Check-in-Schalter des Frankfurter Flughafens. Die Schlange vor mir verkürzt sich, während die Liste meiner Zweifel länger wird.

„Soll ich wirklich fliegen?“, frage ich Gus zum zehnten Mal.

„Mach dir keine Sorgen!“, versucht er mich zu beruhigen. Doch kein Passagier vor mir hat bisher sein Gepäck aufgegeben. Viele machen stattdessen kehrt und fahren mit ihren gepackten Koffern nach Hause. Das bereitet mir Sorgen. Aufgrund eines neuen, unbekannten Virus wird Reisenden aktuell davon abgeraten, ins Ausland zu fliegen. Tatsächlich sprechen die ersten Länder davon, ihre Grenzen zu schließen und Einreisende in staatliche Quarantäne zu stecken, um eine Ausbreitung des unbekannten Virus zu verhindern – unter anderem Südafrika, mein Zielland. Für mich ist all das so unwirklich. Es gibt kaum Fälle in Deutschland. In Südafrika sind gerade einmal 19 Fälle bekannt. Könnte all das also wirklich passieren? Könnten wir gerade vor einer Pandemie stehen? Könnten Grenzen wirklich schließen und der Flugverkehr aussetzen? Ist all das möglich? Sollte ich dann besser zu Hause bleiben und abwarten? Aber dann würde ich ihn nie wieder sehen! Die Stimme des Flughafenmitarbeiters, mit dem ich vor dem Telefonat gesprochen hatte, hallt wie ein Echo in meinem Ohr: „Überlegen Sie sich das gut!“

Ich schließe meine Augen und denke an ihn. Den Pavian, der mein Leben so sehr verändert hat: Barney. Fast fünf Jahre ist es her, dass ich zum ersten Mal einen Fuß auf den südafrikanischen Kontinent gesetzt habe. Fünf Jahre sind vergangen, seit ich auf Gus’ Farm ankam. Eine halbe Ewigkeit ist es her, dass Barney mir an einem Morgen in die Arme sprang. Hätte mir damals jemand gesagt, dass ich Jahre später meine eigene Tierschutzorganisation für Affen gründen würde, ausgebildete Primatologin wäre und einen affenverrückten Ehemann geheiratet hätte, hätte ich ihn ausgelacht.

Ohne Barney wäre nichts davon wahr geworden. Unsere Begegnung hat mich daran erinnert, wie es sich anfühlt, mit jeder

Faser seines Körpers das Leben zu spüren und was es bedeutet, der Mensch zu sein, den man in seinen kühnsten Träumen bewundert. Jeden Tag ein Stück mehr.

„Überlegen Sie sich das gut!", tönt es noch ein letztes Mal in meinem Ohr.

„Das habe ich", flüstere ich nun entschlossen.

„Bist du noch da?", fragt Gus irritiert und reißt mich damit aus meinen Gedanken.

„Ja, wir sehen uns dann morgen", sage ich und wir legen auf. Dann drehe ich mich um, zu Marc, meinem affenverrückten Ehemann.

„Ich werde fliegen", breche ich unter Tränen hervor, denn auch wenn ich mich entschlossen habe, heißt das noch lange nicht, dass ich keine Angst im Gepäck habe. Auch Marc beginnt zu weinen. Eigentlich würde er mich in vier Wochen besuchen kommen, um bei der Auswilderung mitzuhelfen, doch da sich die Welt momentan jede Minute in eine andere Richtung zu drehen scheint, ist nichts gewiss. Nichts außer der Tatsache, dass ich diese Entscheidung nur hier und heute treffen kann und dass es sonst vielleicht zu spät sein wird – für immer.

„Du bist der mutigste Mensch der Welt. Schläfst nachts auf Flughafentoiletten und fliegst ganz alleine in einem riesigen Flieger ans andere Ende der Welt", schnieft Marc und streicht mir eine Locke aus dem Gesicht. „Baust eine Tierschutzorganisation aus dem Nichts auf und setzt dich unermüdlich für das ein, was du liebst. Ich bin so stolz auf dich", zittert seine Stimme. Fest drückt er mich an sich. „Ich hoffe und bete nur, dass Gus Recht behält. Genauso groß wie mein Stolz ist auch meine Angst um dich. Du bist nicht nur mutig, sondern auch tollkühn. Bitte, pass auf dich auf, Michi!"

„Ich schwöre hoch und heilig, morgen nicht zu trampen", lächle ich durch mein tränennasses Gesicht und Marc schüttelt nur den Kopf. Hand in Hand schreiten wir zum Check-in-Schalter. Marc wuchtet meinen schweren Koffer auf die Gepäckwaage, während ich meinen Reisepass über den Tresen schiebe.

„Wie lange wollen Sie in Südafrika bleiben, denn wir müssen Sie nochmals darauf hinweisen, dass es aktuell vermehrt zu Flugausfällen kommt und von Reisen für die kommenden Wochen abgeraten wird“, belehrt der Flughafenmitarbeiter mich.

„Ich bleibe vier Monate“, nicke ich.

„Okay“, sagt er und wir beide scheinen uns sicher, dass sich die Welt bis dahin vielleicht wieder normal drehen wird. Nachdem alle Standardfragen abgehakt sind, reißt der Mann mein Ticket ab und grinst: „Trotzdem sind Sie schon ein bisschen verrückt. Passen Sie auf sich auf!“

„Das mache ich“, lächle ich. Mit Marc an der Hand lasse ich mich vor der riesigen Glaswand des Terminals nieder. Wir halten einander jetzt noch ein wenig fester als sonst – nicht nur, weil wir uns für eine lange Zeit nicht sehen werden, sondern auch, weil keiner von uns so genau weiß, wann wir einander überhaupt wiedersehen.

„Glaubst du, dass du in vier Wochen nachkommen kannst?“, frage ich und traue mich nicht, ihm in die Augen zu sehen, denn ich kenne seine Antwort.

„Unter den momentanen Voraussetzungen nicht“, antwortet er monoton. Marc hat weniger Freiheiten als ich: Er ist Kriminalbeamter. Seine drei Wochen Urlaub lassen sich nicht einfach so ausdehnen, sollte sein Flug gestrichen werden. Sofern sich die Situation in den kommenden 28 Tagen also nicht deutlich stabilisiert, werden aus vier Wochen vier Monate. Dieser Zeitraum macht mir Angst, macht uns beiden Angst.

Doch jetzt ist nicht die Zeit für Angst, es ist die Zeit für Liebe. Es ist die Zeit, sich diesen Moment einzuprägen, um ihn im Herzen zu behalten. Also lehne ich meinen Kopf an Marcs Schulter und schließe die Augen. Mit einem tiefen Atemzug blende ich alles aus, was mich umgibt. Den Trubel, die weinenden Leute, die heute nicht verreisen, die Werbung, die immer wieder durch das Gebäude dröhnt und den allgegenwärtigen Flughafenlärm. Ich konzentriere mich auf seine Hand in meiner, auf den Herzschlag meines Mannes, den ich in seinen weichen Fingerkuppen spüre, auf die Sicherheit, die von unseren im Einklang trommelnden Herzen ausgeht. Dieser Moment gibt mir so viel Kraft und doch scheint genau darin die Schwere zu liegen: Liebe.

Es war nie leicht, der großen Liebe zwei Mal zu begegnen. Und auch wenn der Spagat zwischen Organisation und Ehe, dem afrikanischen Kontinent und Deutschland, Abenteuer und Alltag nicht so groß ist, wie manch einer vermuten könnte, so liegt doch die größte Herausforderung darin, einen Teil des Weges immer alleine zu gehen – entweder ohne Marc oder ohne meine Primaten. Manchmal sogar ganz alleine.

„Es ist Zeit", flüstert Marc nach einer Weile. Wortlos nickend erhebe ich mich von meinem Platz. Entlang der überteuerten Shops trotten wir wie ein altes Ehepaar zur Sicherheitskontrolle. Mit jedem Schritt werden wir langsamer und die Anspannung in unseren sich haltenden Händen wird größer. Als die Metalldetektoren und die Beamten bereits in Sicht sind, treten Tränen in meine Augen.

„Ich habe Angst", sage ich nun. Angst, alleine in diesem großen Flugzeug zu sein. Angst, dass sich über Nacht die Bestimmungen ändern und ich morgen in staatliche Quarantäne muss. Angst, dass Marc und ich uns vier Monate nicht sehen werden. Angst, zu klein für diese große Herausforderung zu sein.

„Ich weiß", sagt Marc, nimmt mein Gesicht in seine Hände und küsst meine Stirn. „Ich auch. Ich habe so große Angst, aber ich weiß, dass das die Reise deines Lebens ist. Du wirst Barney auswildern und deine Organisation ins Ausland erweitern. Du wirst über dich hinauswachsen und sicher eines Tages vielen Menschen von diesen Abenteuern erzählen. Du wirst sie damit inspirieren, ihrem Herzen zu folgen. Michi, Angst ist normal! Wir alle haben Angst. Doch das, was ich am meisten an dir liebe ist, dass es nichts gibt, was am Ende des Tages größer sein könnte als deine Liebe!"

Unaufhörlich treten Tränen aus meinen Augen, während ich die Lider geschlossen halte. Marcs Finger fangen eine Träne nach der anderen auf und ich bin unendlich dankbar dafür, heute nicht alleine zu sein. Mit pochendem Herzen und abgehacktem Atem schiebe ich Marcs Hände vor meinen Mund und küsse sie sanft: „Ich liebe dich!“, hauche ich. Für eine kleine Unendlichkeit halten wir einander im Arm, ehe sich unsere Umarmung löst. Es ist Zeit, einander loszulassen. Wir sagen beide „bis in vier Wochen“, auch wenn wir genau wissen, dass es nicht so sein wird.

„Piep piep“, sind meine letzten Worte. Marc erwidert: „Ich habe dich lieb.“

Dann drehe ich mich weinend um, die Luft bleibt mir weg und auch wenn die Angst mich am liebsten lähmen würde, gehe ich weiter. Ich weiß, dass Marc und ich uns wiedersehen werden. Ich weiß auch, dass dieser Flug meine letzte Chance ist, Barney wiederzusehen. Ehe ich um die Ecke gehe, drehe ich mich noch einmal um und winke Marc mit beiden Armen zu. Dann verschwindet er aus meinem Sichtfeld.

Ohne anstehen zu müssen, werde ich von einem Sicherheitsbeamten nach vorne gewunken. Schniefend und mit aufgequollenen Augen packe ich meine Elektrogeräte aus dem Rucksack und schiebe mich durch den Metalldetektor. Glücklicherweise piepst das Ding ausnahmsweise nicht und ich kann einfach weitergehen. Mein Flug geht von Gate 20, sodass ich noch ein gutes Stück laufen muss. Um mich abzulenken und um auf neue Gedanken zu kommen, stecke ich mir meine Kopfhörer ins Ohr und schalte meine Playlist ein. Sofort ertönt *All of me* von John Legend. Ehe ich in einen weiteren Heulkrampf verfalle, klicke ich das Lied schnell weg und lösche es aus der Liste. So schön es auch sein mag, die nächsten 48 Stunden möchte ich keinen Ton davon hören. Stattdessen begleitet mich Calvin Harris nun auf dem Weg und seine Gute-Laune-Musik beruhigt mich tatsächlich.

Mein Gate ist leer, abgesehen von vier Passagieren. Und das, obwohl ich unpünktlich bin wie immer. Gerade als ich mich hinsetzen will, öffnet das Personal das Boarding.

„Alles Südafrikaner*innen?“, fragt die Flugbegleiterin ihren Kollegen, der den Kopf schüttelt.

„Eine Deutsche“, antwortet er und tippt auf der Tastatur rum.

„Oh“, bringt die Flugbegleiterin nur hervor und erneut beginnt mein Herz zu rasen. Immer wieder habe ich das Gefühl, etwas verpasst zu haben, weshalb ich die Nachrichten-App auf meinem Handy stetig aktualisiere, doch noch hat kein Land seine Grenzen gesperrt oder Quarantänen verhängt – noch.

Das Boarding dauert keine zwei Minuten. Alle Passagiere sind im Flugzeug. Gerade als ich mich auf meinen zugeteilten Platz 22B niederlassen will, ruft die Frau der südafrikanischen Airline laut „No“ durch das Flugzeug. Ich könne als Deutsche nicht hier sitzen und müsse vom Rest der Passagiere abgegrenzt werden. Daher weist sie mir einen neuen Platz in der letzten Reihe des Flugzeuges zu. Auch vom Boardservice werde ich ausgenommen. So langsam bekomme ich Panik. Auf mein Klingeln und meine Nachfragen geht niemand ein. Empfang habe ich über den Wolken keinen und die Frage, ob ich es nach der Landung überhaupt bis in die Station schaffe, bleibt unbeantwortet. So wie viele weitere Fragen.

Nach der Hälfte des Fluges reißt mich die emotionale Erschöpfung in einen mehrstündigen Tiefschlaf. Als ich aufwache, sind wir bereits im Landeanflug. Meine Hoffnung, all das bisher nur geträumt zu haben und mich auf einem ganz normalen Flug nach Südafrika zu befinden, wird zunichte, als nach der Landung niemand das Flugzeug verlassen darf. Stattdessen betreten vier bewaffnete Soldaten und eine Frau im Anzug das Flugzeug. Sie wirkt wie eine strenge Politikerin. Die fünf kommen geradewegs auf mich zu. Mein Herz beginnt zu rasen. Ich bekomme einen Schweißausbruch. Tränen steigen in meine Augen. Jeder meiner abgehackten Atemzüge brennt sich tief in meine Lunge. Als sie vor mir stehen bleiben, bin ich kurz davor, mit erhobenen Händen aus dem Flugzeug zu marschieren und mich verhaften zu lassen. Anstatt mich abzuführen, stellt die Frau mir jedoch nur Fragen zu meinem gesundheitlichen Zustand. Die bewaffneten Soldaten stehen hinter ihr. Ich beantworte alle Fragen mit einem „Nein“, ehe man meine Temperatur misst und mich gehen lässt.

„Das war alles?“, frage ich nochmal zur Sicherheit und die Dame nickt emotionslos. Dann schnappe ich mir mein Gepäck und husche schnurstracks aus dem Flugzeug, ehe sie es sich nochmal anders überlegt.

Von dort aus geht es für mich auf direktem Wege in Gus' Station, wo ich die ersten vier Wochen der Auswilderung mit vorbereite. Gespannt besuche ich den Ort, wo Barney ausgewildert wird und sehe ihn vor meinem inneren Auge schon in die Freiheit stürmen. Überglücklich dokumentiere ich die Geburt eines neuen Babies in der Truppe. Mein Herz platzt schier vor Freude, als ich das kleine pinkfarbene Paviangesicht sehe, wie es sich zufrieden, glücklich und friedlich in die Arme seiner Mama kuschelt. Voller Elan, streiche ich das alte Gehege bei 40 Grad im Schatten und repariere alle Löcher im Zaun, bis meine Finger blutig sind. Mein Bizeps wächst von dem Tragen all der schweren Teile des mobilen Geheges für die Auswilderung innerhalb von zwei Wochen beachtlich an und mit jedem Tag, den ich Barneys Auswilderung näherkomme, steigt meine Vorfreude.

Doch plötzlich verschärft die südafrikanische Regierung die Corona-Maßnahmen im Land und schließt alle Grenzen. Niemand kann in das Land einreisen. Niemand darf es verlassen. Hotels müssen schließen, der Tourismus wird eingestellt. Natürlich betreffen alle diese Maßnahmen auch mich. Es ist unklar, wie lange ich noch auf der Farm beherbergt werden kann. Gleichzeitig informiert mich die deutsche Regierung, dass sie noch einen freien Platz im Rückholprogramm hat. Ihre E-Mail erreicht mich an einem Sonntagabend. Mittwochs soll dieser Flug gehen – die letzte Möglichkeit für mich, sicher nach Deutschland zurückzukehren.

Was soll ich tun? Mein Herz bricht! Ich will hierbleiben, weitermachen und Barney auswildern. Anderseits kann seine Auswilderung unter diesen Auflagen gar nicht wie geplant stattfinden. Die Station dürfte mich nicht weiter beherbergen. Ich hätte keine Möglichkeit, nach Deutschland zurück zu kehren. Unter Tränen treffe ich eine Entscheidung, die mich mehr zerreißt als all die Momente am Check-in-Schalter. Ich entscheide mich für den Heimflug!

Barney bekommt von all dem nichts mit. Er lebt mittlerweile in einem viele Hektar großen Gehege, das Helfer*innen nur von einer Seite aus zugänglich ist. Als rangniederem Tier erlauben die dominanteren Paviane ihm nie, an den Zaun zu kommen. Also konnte ich ihn seit unserem „Bis bald!" vor fünf Jahren nie wieder sehen. Zugleich hätte ein Wiedersehen kaum einen Unterschied gemacht: Auf keinen Fall hätte ich in diesem Stadium seiner Auswilderung mit ihm interagieren können und dürfen. Dieses Miteinander ist von uns aus verboten, damit die Paviantruppe sich von Menschen fernhält. Mir steht nun also der schwerste Abschied meines Lebens bevor: Das Lebewohl, ohne Lebewohl sagen zu können.

Mit einem Brief, den ich in der Nacht vor meiner Abreise geschrieben habe, marschiere ich los. Wie in einem Museum der Erinnerung laufe ich entlang der Mauer, auf der ich Barney das erste Mal gefüttert habe. Ich gehe vorbei an dem Gehege, an dem der kleine Pavian die Augen so weit aufgerissen hat, als er mich wiedersah. Meine Füße tragen mich weiter und ich erinnere mich daran, wie oft sich Barney an meine Wade geklammert hat, um auf meinem Spann zu sitzen. Trotz tränennasser Augen kann ich beim Gedanken an all diese Momente nicht aufhören zu lächeln – bittersüß und so präsent ist jeder einzelne von ihnen. Es ist, als sei all das erst gestern passiert und trotzdem bin ich nun nur noch einen Wimpernschlag davon entfernt, Lebewohl zu sagen.

Nach einem kurzen Fußmarsch lasse ich mich zitternd auf einem Stein nieder, von dem aus ich Barneys Truppe sehen kann. Er selbst bleibt verborgen. Wie in Trance atme ich tief ein und aus, beobachte die spielenden Affen und lasse meinen Blick nach einer kleinen Ewigkeit einem Schmetterling folgen, der mein Sichtfeld kreuzt. Ein ungewohntes Gefühl von Frieden breitet sich in mir aus. Ich spüre Vertrauen und Heimat. Auch wenn ich ihn nicht sehen kann, weiß ich, dass Barney da ist. Ganz in meiner Nähe. Ein Lächeln breitet sich auf meinen Lippen und in meinem Herzen aus und plötzlich habe ich keine Angst mehr, mich zu verabschieden.

Denn in unserer verrückten Beziehung geht es nicht um das klassische Happy End. Es geht nicht mehr nur um meine Worte – das Versprechen eines Mädchens an einen Affen, ihn in die Freiheit zu tragen –, sondern um das, was diese Worte aus mir gemacht haben: Eine Tierschützerin, die sich nicht nur für das Leben eines Affen stark macht, sondern dafür, dass alle Paviane, Primaten und Lebewesen ein Recht auf ein glückliches, wildes, unbändiges Leben in Freiheit haben. Das haben wir einander geschenkt: Leben. Ganz egal, ob wir jeden Schritt auf diesem Weg gemeinsam gehen oder unsere Pfade sich trennen. Denn in Wahrheit sind wir nie getrennt. Diese Erkenntnis, diese Liebe und dieses Leben kann uns niemand mehr nehmen.

„Wir sind unbändig. Und wild. Und frei", flüstere ich stolz. „Genau das ist unser Happy End!"

Der Wind wirbelt durch mein Haar. Die Sonne bescheint mein strahlendes Gesicht, als ich meinen Brief auseinanderfalte und zu lesen beginne:

Mein kleiner Mann,
wann immer ich meine Geschichte erzähle, bewundern mich viele, dass ich alles aufgeben habe, um Dein Leben zu retten. Doch in Wahrheit habe nicht ich Dich gerettet, sondern wir uns. Tief im Inneren war ich das gleiche verängstigte, traumatisierte und unterernährte Kind auf der Suche nach Liebe, Heilung und Frieden wie Du. Du warst der Spiegel meiner Seele! Vielleicht hast Du das erkannt und vielleicht bist Du gerade deswegen an jenem Morgen vor 1709 Tagen in meine Arme gesprungen. Mit jedem Tag, den ich an Deiner Seite verbrachte, hast nicht nur Du an Gewicht zugelegt, sondern auch ich. Mit jedem Baboon Walk ist nicht nur Deine Angst vor der Welt verflogen, sondern auch meine. Mit jedem Mittagsschlaf hast nicht nur Du begonnen, Frieden und Vertrauen zu spüren, sondern auch in mir breitete sich all das aus. Und mit unserer Begegnung habe nicht nur ich den Lebensmut in Dir geweckt, sondern auch Du in mir!

Deine Liebe, Dein Vertrauen und Deine tiefschwarzen Kulleraugen mit den schönen, goldenen Augenbrauen haben mir einen Ort zur Heilung gegeben, einen Raum, in dem ich mich entfalten konnte, Zeit, um mich selbst zu finden. Damit hast Du mir mein Leben geschenkt und meinen ganz persönlichen Auswilderungsprozess in Gang gesetzt. Denn heute bin ich nicht mehr das Mädchen von damals. Ich bin eine Frau, die bereit ist, ihr Leben für Dich und Deine Artgenossen zu geben, die ihrem Herzen stetig folgt und auf einmal spürt, was es bedeutet unbändig, wild und frei zu sein.

Auch wenn es mir nun das Herz bricht, Dich nicht auf diesem letzten Schritt in Deine Freiheit begleiten zu können, auch, wenn ich nicht ein letztes Mal deine sanften Hände halten kann, während du schlafend in meinem Arm liegst und auch, wenn ich Dir diese Erkenntnis niemals ins Ohr flüstern werde, so weiß ich, dass Du sie spürst! Wir sind verbunden – tief im Herzen!

Also lauf los, sobald sich die Tore öffnen, erkunde die Bäume und passe auf Dich auf. Ich hoffe, dass Du ab und an ein paar Paprika stibitzen kannst und hin und wieder an einem Papaya-Baum vorbeiziehst. Genieße Deine Freiheit mit jedem Deiner Atemzüge, so wie ich es tue, denn sie ist das größte Geschenk, das wir einander machen konnten! Danke für alles, kleiner Barney. Danke, dass Du an jenem Morgen mein Herz berührt hast!

Nachwort

Liebe Leserin, lieber Leser,
ich freue mich sehr, dass Du es bis zum Ende des Buches geschafft hast und danke Dir dafür von Herzen!

Dieses Buch erzählt meine persönliche Geschichte: Wie eine Reise meine Welt komplett auf den Kopf stellte und ich mich in einem turbulenten Abenteuer im Herzen Südafrikas wiederfand, wo ich meiner Leidenschaft für Primaten begegnet bin.

Obgleich ich nichts lieber tue, als über „meine Affen" zu sprechen, gibt es drei Gründe für dieses Buch: Motivation, Appell und Nächstenliebe.

Ich weiß, dass nach dem Lesen solcher Geschichten und nach dem Ansehen meiner Bilder viele Menschen den Wunsch hegen, auch in Südafrika mit wilden Tieren und süßen Affen zu arbeiten. Das ist großartig, denn im Tierschutz werden häufig helfende Hände und offene Herzen benötigt.

Dennoch ist es wichtig, dass wir bei all dem nie vergessen, dass das Wohl der Tiere im Mittelpunkt steht – Wesen, die alles verloren haben.

Leider gibt es nämlich unzählige Projekte und „Schein"-Stationen, die unter dem Vorwand des Helfens Freiwillige anlocken! Dieses Buch soll Dich daher nicht nur inspirieren und motivieren, sondern vor allem ein Appell sein, offen, aufmerksam und achtsam mit anderen Lebewesen umzugehen. Egal ob vor Deiner Haustür oder am anderen Ende der Welt.

Jede dieser Zeilen ist mit Liebe geschrieben worden, so wie jede Seele, jeder Mensch und jedes Tier auf dieser Welt mit Liebe behandelt werden soll. Wir alle sind gleich! Niemand hat mir das je mehr gezeigt als die Paviane, die mich in ihrer Mitte aufgenommen, mich akzeptiert und mich angenommen haben. Ich wünsche mir, dass wir alle lernen, mit uns, unserer Umgebung und der Natur gütig und liebevoll zu sein, denn nur so können wir alle überleben.

Das Leben ist kein Kampf, es ist ein Geschenk! Ein Geschenk, das ein jeder von uns erhalten hat – einmalig, unbezahlbar und wertvoll!

In tiefer Dankbarkeit und grenzenloser Liebe,
Michi

PS: Wie Du Barney und seine Freunde schützen kannst?

Falls Du einmal vor Ort mithelfen möchtest, dann bewirb Dich sehr gerne als Freiwilligenhelfer*in unter: **www.michischreiber.de**

Und falls es Dich nicht in die Ferne zieht, Du aber dennoch ein Herz für Affen hast, dann kannst Du hier unseren Verein unterstützen: **www.affenstark.org**

Danksagung

Dieses Buch ist ein Lebenstraum. Sowohl sein Inhalt – meine bedingungslose Liebe für Primaten – als auch das Verfassen sind wahr gewordene Träume. Diese Träume wurden nur wahr, weil ich sie gesehen habe, bevor sie Realität waren. Das ist das Geheimnis der Wunder im Leben: Du musst sie sehen, spüren und schmecken, bevor sie da sind. Das eben macht es so beschwerlich, Menschen zu finden, die dich auf deinem Weg begleiten, weil sie genau das schon in dir sehen und an dich glauben, ehe das Wunder Realität geworden ist. An dieser Stelle möchte ich genau den Menschen danken, die das Wunder in mir gesehen haben, bevor ich es sehen konnte.

Stefanie: So ungern ich an meine Schulzeit zurückdenke, so gern erinnere ich mich an Dich! Es gab eine Zeit in meinem Leben, da habe ich niemandem vertraut außer Dir und der sicherste Ort der Welt schien mir ein kleiner Kunstraum im Keller der Schule, in dem Du mir immer wieder Mut und Hoffnung geschenkt hast, mich selbst nicht zu verlieren.

Harald: „Verhindern Sie nicht, dass Ihr Kind die Goldmedaille gewinnt!" – Deine Worte! Worte, die ich nie vergessen habe, weil Du hinter dem unsicheren Mädchen mit den guten Noten das Potential erkannt hast, die Welt zu verändern. Vermutlich, bevor es auch nur irgendwer anders sehen konnte.

Carlo: Ich erinnere mich an die unzähligen Tassen Tee, die Gespräche und die Worte, die mir immer Licht geschenkt haben – egal, wie dunkel es im Außen wurde. Du warst einer der Menschen, die den kleinen Funken Wildheit in mir bewahrt haben, bis er bereit war, entfacht zu werden.

Laura: Wann immer ich meine kleinen, verwaisten Schützlinge ansehe, sehe ich in ihnen nur die beste, stärkste und schönste Version, die sie sein können. Ein Wildtier, das ein Stück Wildnis in sich trägt und eines Tages wieder unbändig und frei sein wird. Ich glaube, wir alle sind dazu geboren wild, unbändig und frei zu sein – auch wenn die wenigsten dieses Ideal leben. Denn manchmal braucht es jemanden, der diese Wildheit, diesen Funken und die Erinnerung an unser wahres Potential in uns entfacht. Ich bin dieser Jemand für die Affen, aber Du warst diese Erinnerung für mich. Ohne Dich würde es dieses Buch, diese Organisation und diese Michi nicht geben.

Horst, Karin, Vicky, Ben, Mathilde & Bruno: Kein Affe überlebt ohne seine Truppe. Und so sehr man diese Truppe an manchen Tagen verfluchen will, so sehr trägt man sie immer bei sich – tief im Herzen! Was auch immer passiert, Affen halten zusammen. Danke, dass ihr mich zu der Frau gemacht habt, die ich heute bin.

Kimi: Vermutlich wäre ich nie mutig genug für dieses große Abenteuer gewesen, wenn ich nicht von klein auf alltägliche Abenteuer mit Dir erlebt hätte. So wild und frei, wie man nur an der Seite seines Hundes sein kann. Ich danke Dir für jedes Abenteuer, jedes Laufen durch die Felder, für jeden Nachmittag in Freiheit und dafür, dass ich an Deiner Seite fliegen lernen durfte.

Marc: Wie soll ich je die passenden Worte finden, um Dir zu danken. Dir – meiner zweiten großen Liebe. Aber ich versuche es einmal: Ich danke Dir, dass Du der einzige Mensch warst, der von Anfang an „ich glaube an Dich“ gesagt hat. Der Mensch, der mit mir seine Wohnung, ein Auto und viel Privatsphäre aufgeben hat, um uns dieses Leben zu ermöglichen. Der Mensch, der mit mir durch jedes Hoch und jedes Tief gegangen ist, der die korrigierten Blätter dieses Buches aufgesammelt hat, wenn ich alles hinschmeißen wollte. Der Mensch, der mich am Boden gehalten hat, wenn ich wieder nach Südafrika abhauen wollte. Ohne Dich, Deine Liebe, Dein Vertrauen, Deinen Glauben und Dein Sein hätte ich noch immer nicht den Mut aufgebracht, meine Wahrheit auszusprechen. Danke, dass Du mich immer liebst und mir damit die Möglichkeit gibst, mich vollkommen, ohne Scham und Angst, zu entfalten. Dank Dir zeige ich mich in einem Licht, das mir selbst wohl am meisten Angst gemacht hat: dem strahlenden Glanz von Affenkacke und Glückseligkeit. An Deiner Seite habe ich es zum ersten Mal ausgesprochen: Ich möchte ein Leben als Tierschützerin leben. An Deiner Seite habe ich diese Worte Realität werden lassen: Ich bin Michi, verrückt, wild, unbändig, frei, Tierschützerin für Primaten und zum Glück auch Deine Ehefrau! Ich liebe Dich – genauso sehr wie ich Affen liebe.

Impressum

Originalausgabe
Veröffentlicht im Malia Verlag, Berlin, März 2022

www.malia-verlag.com

1. Auflage
ISBN 978-3-949822-01-8

Satz: Karina Moschke, Kirchheim unter Teck
Lektorat: punktgenau – Gabriele Hoffmann
Korrektorat: Christine Bittner
Umschlaggestaltung: Paulina Merta | paulinamerta.com
Innenklappengestaltung: Christin Fischer
Umschlagabbildungen: © Michelle Schreiber und iStock

Druck und Bindung: grün-gedruckt.de | Schloemer & Partner GmbH, Düren

grün gedruckt.de®

Printed in Germany

Diese Publikation wurde nach den Kriterien von grün-gedruckt.de erstellt, d. h. unter weitgehender Schonung natürlicher Ressourcen sowie unter Verwendung von Papieren für den Innenteil, die vom FSC (Forest Stewardship Council) zertifiziert wurden, also aus nachhaltiger Forstwirtschaft stammen.

Kein Plastik!
Aus Liebe zur Umwelt ist dieses Buch nicht in Plastik eingeschweißt.

Das Buch wurde klimaneutral und mit mineralölfreien und veganen Druckfarben auf Pflanzenölbasis gedruckt.

FSC www.fsc.org
RECYCLED
Papier aus Recyclingmaterial
FSC® C022878

www.blauer-engel.de/uz195
• ressourcenschonend und umweltfreundlich hergestellt
• emissionsarm gedruckt
• überwiegend aus Altpapier
CS4
Dieses Druckerzeugnis ist mit dem Blauen Engel ausgezeichnet.

ClimatePartner